라 인 강 변 에
꽃 상 여 가 네

라인강변에
꽃상여 가네

조병옥 수기

한울

고향을 그리는 사람들

오재식 | 월드비전 전 회장

나는 '일초(一楚) 조병옥의 수기'를 읽고 나서 한동안 정신이 어벙벙해졌다. 멋진 교향악을 듣고 일어서서 박수를 칠 때의 기분 같다가도 슬픈 엘레지에 묻혀버린 불 끈 방 모서리에 서서 창 밖을 내다보는 자기 같기도 했다. 또한 그것은 마치 마지막 순간까지 손을 맞잡고 주고받은 공광덕 선생과의 사랑이야기 같다가도 행간 사이로 터져 나오는 한 맺힌 통곡소리다. 그것은 숱한 동시대인들이 겪었던 한 가정의 개인사 이야기이면서 같은 말을 쓰고 고향이 같은 사람들 모두의 사회사임에 틀림없다.

일제 말기에 어린 것이 동구 밖에서 당한 모멸과 충격은 함석헌의 『성서적 입장에서 본 조선역사』 끝머리에 잘 정리되어 있다. 민족수난의 수치와 자학의 코마에서 깨어나라고 외치던 그의 선동이 뼈아픈 시대를 살아온 한 여인의 개인사에서 성취된 것을 읽는다.

해방되고 15년에 동족상잔의 비극을 이기고 터져 나온 4·19. 그것은 세계를 감동시킨 함성이었다. 한국에서의 민주주의는 '쓰레기통에서 장미

꽃 찾기'라던 어느 영국 신문의 비아냥 속에서 젊은이들이 몸으로 보여준 영감이었다. 식민시대의 수치와 동족상잔의 고통을 이기고 총칼 앞에 맨손으로 서서 합창하던 자유, 평화, 그것은 우리 모두가 그리던 고향의 노래였다. 그 고향은 그때의 우리 모두가 '바라는 것들의 바탕'이었고 '보이지 않는 것들의 증거'였다.

그러나 그때 우리에게 보였던 고향은 '나타나 있는 것에서 생기지 않았음을' 우리는 깨닫지 못했었다. 고향은 떠나온 곳이 아니라 나아갈 곳이라는 것을 우리는 그때 새겨놓지 못했던 것이다.

그때 한 큰 별을 보고 어깨동무하고 합창했던 우리네 동시대인들, 공광덕 선생과 일초 그리고 또 수많은 숨결들. 그로부터 40년, 모두 다 감동 어린 세월의 증인들이다.

많은 사람들이 유신공화국의 횡포 앞에 노출되었다. 많은 사람들이 친구들을 좇아서 조직을 만들고 고향의 노래를 부르기 시작했다. 많은 토론과 논쟁도 있었다. 〈잘살아보세〉가 고향의 노래를 대치해서는 안 된다고 저항하는 사람들이 많았다. 그러나 또 많은 사람들은 '잘사는 것'이 고향이라고 우기고 나섰다. 이렇게 해서 우리는 '고향 찾기'로 30여 년간 몸부림을 했다. 그리고 끝없이 이어지는 사건들, 동백림, 민청학련, 인혁당, 위장결혼, 김대중 납치, 광주 등등. 그런 사건들이 연달아 터지는 상황에서도 '고향 찾기 운동'은 꺾이지 않았다. 서울에서 제네바로, 독일, 스웨덴으로, 미국, 캐나다로 그리고 일본으로 해서 아시아로 퍼져나갔다. 이런 파장들이 다시 서울로 밀려들어서 계속 파도를 일구었다. 그때는 위대한 지도자가 있었던 것이 아니다. 그렇다고 막강한 재원이 있어서 바람을 일으킨 것도 아니었다. 고향은 이미 각 사람 마음속에 새겨져 있었다. 흔들리는 잎새를 보고도 목청을 가다듬을 신바람이 사람들을 지휘하고 있었다. 지금 생각하면 고향은 각 사람의 마음속에 그려진 '상상의 공동체'였다.

근 30년 동안 우리들은 숱한 화두로 씨름했었다. '잘살아보세'의 가면 뒤에 군부독재가 도사리고 있는 것이 폭로되면서부터 인권과 민주주의를 앞세웠던 지성인들은 '민중'에게서 에너지의 진원을 찾으려 했다. "사람이 빵으로만 사는 것이 아니다"라는 메시지가 매일같이 빵 때문에 쫓기는 민중에게서 선포되기를 기도했었다. 그러나 민중이 누구냐? 네가 민중이냐? 하는 도전적 질문 앞에서 대부분이 중산층이고 학구적 지성을 갖춘 운동권은 당황했었다. 많은 사람들이 이 실존적인 질문 앞에서 당당하게 서려고 애썼다. 민중의 벗으로, 민중과의 연대의 기둥으로, 그리고 민중의 고통으로 나누어지는 대리적 고난(vicarious suffering)을 자청했었다. 많은 사람들이 "희롱과 채찍질뿐 아니라 결박과 옥에 갇히는 시험도 받았으며 돌로 치는 것과 톱으로 켜는 것과 시험과 칼에 죽는 것을 당하고 양과 염소의 가죽을 입고 유리하여 궁핍과 환난의 학대를 받았었다"(히 11 : 36~37). 민중이 선출하지 않은 민중의 대변자들, 언뜻 보기에 낭만적인 투신을 한 것 같지만 민초에 깔려 있는 우주의 에너지를 자기들의 온 몸으로 받아내려고 몸부림쳤다.

우리는 지금 '적이 사라진 민주주의' 앞에서 당황하고 있다. 이것이 우리가 그렇게 애써서 찾던 고향인가 하고 물으면 허망해진다. 공 선생은 이미 17년 전에 이 질문을 자문하고 있었다. 무엇이 우리를 움직이게 하는가? 우리는 끝없이 가상의 적을 만들어가야만 하는가? 논리체계를 갖추면 우주를 설명할 수 있을까? 객관적인 정리가 우리를 움직이는 감동을 창출할 수 있을까? 하고 질문들을 계속했다. 정치학자요 사회학을 터득한 그가 '고향

찾기 운동' 가운데서 '논리'와 '은혜' 사이에서 씨름하는 모습이 일초의 글발에 담겨 있다. 인류가 아니라 사람을, 정치가 아니라 민중을 감동시켜서 자기발전을 일으키게 하는 힘, 적이 없어도 자기를 가눌 줄 아는 내발적 에너지, 그것이 귀한 것이라고 공광덕 선생은 마지막 숨을 몰아서 노래한다. 설명과 이유가 없어도 꽃처럼 웃을 수 있는 그 힘을 공 선생과 일초는 보았다.

일초가 그리는 운동은 영웅들의 용감한 투쟁사가 아니다. 오히려 개미떼들의 행군이다. 인터넷도 없던 시대, 곱게 접어서 가슴에 묻은 친구들의 편지 한 장이 걸음걸이를 잡아주는 힘이었다.

무엇이 개미떼들을 움직이게 하는가? 일초는 화려한 무대 뒷켠의 준비실을 들여다본다. 아니나 다를까 거기에는 무대를 준비하는 분주한 손들이 있었다. 누가 써도 운동사에는 오르지 않을 임희길 씨. 그 사람은 무엇을 바라고 이름도 빛도 없는 무대 뒤에서 그 궂은일들을 감당했을까. 한 시간의 무대 연출을 위해서 무대 뒤에서는 열 두 시간을 일해야 한다. 이런 부엌데기가, 개미떼들이 없이 운동이 가능한가. 이렇게 숨겨진 운동의 엔지니어를 위한 일초의 중국집에서의 잔치는 역사 바로 보기를 위한 좋은 교훈으로 남아야 한다.

우리가 분단 60년의 반목과 갈등의 역사를 넘어서 상상하던 고향에 갈 수 있는 때는 언제인가. 고향을 우리가 그어놓은 경계선 안에 가둬놓고 걸어 잠근 사립문은 언제나 열릴 것인가. 통행증을 목에 걸고 고장 나버린 신호등을 기다리는 지루함을 언제까지 참아야 하는가.

공 선생은 '독일에 살면서 조국 한국을 살았다'고 했다. 일초는 그리던 조국에 와서 살면서도 공 선생과 손을 맞잡았던 독일을 기린다. 이 두 삶의 염원을 꽃피울 고향은 어디일까. 아니 그것은 공간이 아니라 염원일 것이다. 염원의 꽃일 것이다. "갈래 갈래, 나 고향으로 갈래"라고 했을 때는 서로 손잡고 껴안을 수 있는 몸짓을 바랐던 것이 아니겠는가.

생존해 계시다니, 생존해 계시다니
팔십이 다 된 우리 어머니
꿈인가

이것을 읊은 북녘 시인 오영재의 절규는 그 탄탄한 분계선을 훌쩍 넘어서 남녘 예술가의 마음을 사로잡았다. "저녁이 되면 딸의 방 창가에 조그마한 등을 켜놓고 계셨다는 우리 어머니"를 사별하는 자리에도 못 가게 막아버린 장벽을 그는 노래에다 몸을 싣고 뛰어 넘었다.

어머니 이날까지 생존해 계신 것은
이 아들 다시 안아본다던
의지요

가장 원초적인 그리움이 60년간 뒤얽힌 사람들의 이성적 타산을 뛰어넘는다. 집 나갔던 막내아들이 돌아오는 것을 보고 모든 합리적 타산을 접고 맨발로 뛰어갔던 아버지. 집은 이미 큰아들의 합리적 타산에서 이동하고 있었다. 집은 이제 작은아들을 맞이하기 위해 값진 보화들을 늘어놓은 잔치자리였다. '얼어붙은 숨진 땅에 새 씨앗을 뿌리려는' 감동과 의지와 믿음이 마주치는 곳, 거기에 고향은 내려올 것이다.

프롤로그

부고를 받았다. 어머니가 돌아가셨다는…….

갑자기 쏟아지는 폭설 때문인지 오숙경*은 자리에서 일어났다.

"나 갈게. …… 네가 귀국하는 걸 가족들이 꺼렸는지도 모르지. 그래도 난 네가 지금쯤은 알고 있겠지 했어. 벽제 양지 바른 곳에 묻어드렸어."

"아냐, 가지 마, 좀 있다가 가, 숙경아."

나는 오숙경을 붙들어 앉혔다.

"나, 더 울어야 돼, 네 앞에서……."

친구는 와락 달려들어 내 얼굴을 자기 가슴에 묻어주었다.

* * *

성 너머 부추밭 주인 왕 서방네 컴컴한 헛간 구석에서 방금 기습적으로 일어난 일이 대체 얼마나 황당한 일이었는지, 얼마만큼 개 같은 세상이면 일어날 수 있는 일인지 아직도 알아채지 못한 열 살배기 계집아이는 머리와 몸에 둘러붙은 지푸라기와 억새풀을 뜯어내며 흐느껴 울었다.

"아파 했어? 아파 해?"

뙤놈이 아이를 달랬다.

"우리 싸람, 왕 서방 쌀이 많이 주어 해. 아주 많이 주어 해, 울지 말어 해."

아이의 등을 쓸어주던 뙤놈은 방금 일 치르고 바지를 추켜올리고 있던 일본 군인에게서 뭔가를 받아 자기 호주머니에 쑤셔 넣었다.

아랫도리가 얼얼하고 다리가 후들후들 떨렸지만 머리에 인 쌀자루를 움켜 쥔 아이의 손엔 아드득 악물은 이빨만큼이나 힘이 갔다. '오늘은 쌀밥 먹는다, 쌀밥 먹는다! 배불리 먹는다, 배터지게 먹는다!' 발걸음 하나하나에 음률이 붙었다. 여울어가는 저녁 햇빛을 등진 미루나무 그림자가 서수지 옆으로 길게 드리운 좁다란 길 위를 가로질러 허리를 꺾고 누워 있었다. 자기 키보다 열 뼘은 더 자란 개망초, 달맞이꽃, 긴 오이풀을 헤치고 한길로 나선 아이의 눈에 '석바위 마을'이 들어왔다. 병든 엄마가 어린 딸을 기다리고 있을 녹슨 양철집 지붕이 눈에 들어오자 아이의 걸음이 빨라졌다.

'윗집 호리다 상네 집 발코니 빨랫줄에 매달아 놓은 생선포 따위, 오늘은 쳐다보지도 않을 것이다. 밥 때 되면 아랫집 혼다 상네 집 나무판대기 울타리 틈으로 보이는 수북한 공깃밥에도 오늘은 코웃음 칠 것이다. 보리쌀 꾸러 가면 마뜩찮게 쳐다보며 쯧쯧 혀를 찼던 친일파 오판규의 첩 집 앞을 지날 때도 오늘만큼은 낙타 모가지처럼 고개를 들고 도도히 걸어갈 것이다. 오늘은 나도 이밥을, 쌀밥을 배 터지게 먹는 날이니까.'

아이의 얼굴에 흡족한 미소가 어렸다. 머리에 인 쌀자루를 한 번 더 움켜쥐었다.

내려놓은 묵직한 쌀자루와 아이의 얼굴을 번갈아 쳐다보고 있던 엄마는 말을 잃은 듯 한동안 알아들을 수 없는 손사래 짓만 하셨다. 아이의 멱살을 잡고 부엌으로 들어간 엄마는 문을 걸어 잠갔다.

"말해, 이 지지배야. 그 뙤놈이 왜? 왜 쌀을 이렇게 많이 준다던, 엉?"

부들부들 떨리는 엄마의 목소리는 들릴 듯 말 듯 작았지만 엄마가 움켜쥔 아이의 가는 목 구비는 부러질 것같이 아팠다. 회초리가 엄마의 분노만큼 세게 내리쳐졌다. 며칠 전 옆집 일본 아이에게 동냥해온 설탕가루를 혓바닥으로 핥아먹다 들켰을 때보다 훨씬 더 혹독했다. 종아리에 핏자국이 올라오도록 엄마의 매질은 계속됐다.

웨에에에엥, 적기가 왔다는 공습경보 사이렌 소리가 점점 커질 때 아이의 앙칼진 반격이 시작됐다.

"쌀 많이 준다고 했단 말야. 일본 헤이타이상(병정)이 하래는 대로만 하면 쌀 많이 준다고 했단 말야. 별로 아프지도 않았단 말야!"

겁에 질린 아이의 말소리는 말이라기보다 딸꾹질에 가까웠다. 설마 했던 일인데, 설마 했기 때문에 차마 캐 물어보지도 못하고 있던 끔찍한 얘기를 서슴없이 토해내는 어린 딸을 엄마는 속수무책으로 바라보고 있었다.

"오늘도 핵교에서 또 놀림받았단 말야! 일본 애들 다 도시락 싸 와. 맨날 나만 안 싸줘서 굶잖아! 나 핵교 안 갈 거야! 낼부터 안 갈 거야!"

두 발을 동동 굴러가며 오열하는 딸아이를 낯설게 내려다보고 있던 엄마는 현기증 같은 뒷걸음질을 하다가 이 집 식구 밥이 걸려 있는 콩나물시루에 엉덩이를 박고 넘어졌다. 부잣집에서 위탁받아 기르는 콩나물이었다.

놀란 아이의 울음이 뚝 멈췄다. 엄마를 일으켜드려야 된다는 생각은 하면서도 엄마 옆에 다가가질 못했다. 이윽고 엄마가 무너지듯 통곡했다.

'어이구, 이 지지배야, 어이구, 이를 어쩌면 좋단 말여…….'

웨에엥, 공습경보 해제 사이렌 소리가 나자 엄마는 비틀비틀 일어나 집을 나섰다. 손에는 낫 한 자루가 들려 있었다. 아이는 엄마의 뒤를 쫓아가며 더 큰 소리로 울었다.

"잘못했어, 엄마. 잘못했어, 엄마아……."

신작로를 건너 성 너머 논길로 올라섰을 때 구멍 난 고무신이 쇠비름에 걸려 엎어진 아이가 엄마아 하고 비명을 질렀지만 엄마는 뒤도 돌아보지 않고 걸었다. '쇠비름 잎이 말의 이빨처럼 생겨서 마치현(馬齒莧)이란 생약명이 붙었단다' 하고 일러주신 할아버지 생각이 잠깐 아이의 머리를 스쳐갔지만 그보다는 오늘 스즈키 센세이가 해오라는 '쇠비름 풀 모으기' 숙제를 아직 못 했구나 하는 생각에 아이의 등줄기가 아쓱해왔다.

센세이의 고함소리가 들리는 것 같았다.

"에, 오늘도 우리 대 일본제국의 병정 아저씨들은 오로지, 오로지 나라를 위하여 열심히 싸우고 있다. 알고 있나?"

"하이, 와카리마스(네, 알고 있습니다)!"

아이들은 대답할 때마다 크게 소리를 질렀다.

"우리의 용감한 대 일.본.제.국.의 헤이타이상(병정) 아저씨들은, 에에, 무엇을 위해 싸운다고?"

대답이 없자 센세이는 아이를 노려보았다.

"요시모도 노부코(아이의 일본 이름)!"

"오구니노 다메니!" 아이가 대답했다.

"맞다. 나라를 위해서다, 대 일본제국을 위해서다! 내일까지 해야 할 숙제를 말하겠다. 남학생들은 소나무 광솔을 따온다. 여학생들은 퇴비를 만들 풀을 한 자루씩 뜯어온다. 특히 쇠비름이 퇴비에 좋다는 것은 이미 말한 바 있다. 알았나?"

"하이, 와카리마시다(알았습니다)!"

아이는 쇠비름이 왜 퇴비에 좋은지 알지 못했다.

단숨에 논 둑 좁은 길을 빠져 나온 엄마는 코를 횅 풀어 땅바닥에 팽개치며 걸었다. 검은 녹색으로 저녁 빛을 등지고 있는 포플러나무 휘장을 뚫고 어느 새 뙤놈 왕 서방네 부추 밭도랑 길로 들어서고 있었다.

"아이고, 아주머니, 집에 계시지 어딜 이렇게 가세요, 그놈들 또 올 걸요. 아, 아까 새우젓독 떨어지는 거 못 봤어요?"

석바위 사는 차 서방이 겅정겅정 뛰어가며 말했다. 비행기에서 떨어지는 폭탄을 사람들은 '새우젓독'이라고 말했다. 엄마는 들은 척도 안 하고 걸었다. 한 움큼 남은 낮 빛이 실개천 물굽이를 따라 올라가며 눈 시리게 반짝이는 저쪽 끝자락에 납작 엎드린 전원곡간이 시야에 들어오자 엄마의 걸음걸이는 더 거칠어졌다.

* * *

망각 저편에 두고 싶었던 기억들이었다. 서울에 있을 때 내게 들어서 이미 알고 있는 얘기였지만, 오숙경은 흡사 처음 듣는 얘기처럼 눈을 휘둥그렇게 뜨고 있더니 느닷없이 통곡을 했다. 결국 내 쪽에서 그녀를 달래느라 노심초사해야 했다.

"그래……. 숙경아, 내가 여관에 데려다 주께, 가자!"

나는 자리에서 일어났다.

"아냐, 아냐, 택시만 잡아줘. 내가 혼자 가야 짐을 차분히 쌀 수 있어."

친구는 나를 깊숙이 안았다. 그리고 총총히 계단을 내려갔다.

"짐 싸놓고 전화할게."

내가 독일로 건너오기 전 2년 동안 자기들을 보살펴주신 외할머니가 돌아가셨다는 소식에 11살, 9살짜리 아이들은 와락 울음을 터뜨렸다.

나는 발코니로 나갔다. 하늘 저 위에선 누군가가 흰 꽃잎을 만들어 벌겋게 닳아 오른 내 머리 위로 뿌려주고 있었다. 발코니에 조그마한 상을 내놓고 정갈하게 생긴 대접에 물을 담아 상 위에 올려놓았다. 나는 기독교인이지만 누구의 묘소에 가서도 우리 식 절을 하고 향이나 꽃을 올리곤 했다.

어머니가 마지막 숨을 거두셨을 북가좌동 우리 집을 향해 절을 올렸다. 그리고 어머니가 계실 저 위 평원을 향하여 큰 절을 올렸다. 아이들도 할머니 사진 앞에 촛불을 켜놓고 기도를 했다.

부고를 전해주고 간 오숙경이 호텔에서 전화를 걸어왔다.

"병옥아, 니 어릴 적 얘기……. 또 들어도 충격이었어. 그래, 이제야 니 두려움의 정체를 알게 됐어……."

이렇게 말한 그녀는, 이제 내일 떠날 짐을 다 쌌으니 나더러 자기가 묵는 여관으로 와서 같이 자지 않겠느냐고 물었다. 나는 택시를 탔다.

"실컷 울었니?"

오숙경이 긴 침묵을 깼다.

"병옥아, 느이 엄마, 이젠 너한테 오셨을 거야. 여기 독일 땅에. 하늘엔 국경이 없잖니."

"흠……. 엄마 돌아가시니까 이젠 언제든지 죽을 수 있다는 생각이 들어."

이런 생각은 갑자기 간격도 없이 나를 찾아온 것이다.

"딸년 몸 버리고 들어온 날, 엄마는 며칠을 밥도 안 드셨어. 자꾸 다짐을 하셨어. 너와 나만 아는 거다. 아무 일 없었던 거야! 아무 일 없었던 거야!' 하시면서 당신 가슴에 못질을 하시고는 평생을…… 그 못을, 그 화살을……."

나는 여러 겹으로 뽑아 든 화장지 위에 눈물, 콧물을 쏟아냈다.

친구도 울고 있었다.

"딸을 지켜주기 위해, 지켜주기 위해…… 알타미라 동굴의 벽화 같은…… 한 짐승을 향해 수많은 사람들이 쏜 화살, 그 박힌 화살을 어떻게 짐승 스스로 빼겠어. 쏜 놈들이 스스로 뽑아주지 않으면……. 엄마는 그걸 스스로 이빨로 빼내려다가 자기 살점이 뜯기고…… 그러다, 그러다 돌아가셨어."

친구는 오열하는 나를 와락 안았다.

"그런 엄마가 돌아가셨는데…… 이 외동딸년을 이따위 독일 땅, 저승 같은 데 보내놓고 돌아가셨는데, 응? 돌아가셨다는 소식도 남을 통해 듣게 해? 운동권 마누란 귀국 못한다고? 빨갱이라고? 옘병, 빨갱이는 무슨 얼어 죽을 놈의……."

친구는 내 서러움의 응어리가 다 빠져 나올 때까지 기다려주었다. 그리고 조용히 말했다.

"가족들도…… 바로 알려주지 못한 무슨 사정이 있었을 거야……."

"우리 집 양반 때문에?"

"그래……. 좀 있으면 그놈의 블랙리스트에서 해제되겠지."

"블랙리스트? 내가 뭘 했다구?"

"공 선생님만 해제되면 넌……."

나는 냉장고에서 맥주 한 병을 꺼내 한숨에 들이켰다. 두 병째 마실 때 숙경이도 한 잔 같이 마셨다. 세 병째 손에 들자 숙경이가 말렸다.

"난 이젠 더 망설이지 않을 거야. 이젠 말할 거야."

"그래, 다 말해. 글로도 쓰고 음악으로도 쓰고, 서울 들어가서 다 하자!"

"내가 내 얘길 할 수 있고 앞으로 글로도 쓸 수 있다면 그건 내 능력 때문이 아니야. 이런 얘길 받아주는 우리 엄마의 가슴이 있기 때문이야. 죽기 전에 난 내 어머니 대지 위에 각혈 같은, 각혈 같은 내 몸부림을 쏟아 놔야 돼. 오래 기다리고 있었어."

친구가 힘 있게 고개를 끄떡였다. 그리고 말했다.

"그래. 돌아가자! 가서 엄마를 위해 진혼곡을 쓰는 거야. 내가 서울 가서 일자리 좀 알아볼게."

나는 여자의 소위 불결함이 무엇을 뜻하는지도 모르는 나이로 순수, 순결을 강요받는 세상에 던져진 아이었다. 서른일곱에 독일에 건너와 성교육이란 단어를 처음 듣게 됐으니 얼마나 어이없는 일인가! 5남매 중 외딸로 태어나 남자형제들과 자치기, 제기차기를 해가며 자란 계집아이였다. 여자의 생리가 어떻게 시작하는지도 모르고 있던 열세 살배기가 화장실에 낭자한 피를 발견하고 비명을 지른 기억은 두고두고 나를 실소케 한다.

"어쨌든 순결, 순수라는 딱지를 붙인 그 정조란 놈에 의해 여자의 값이 매겨지고 지탱이 돼나가는 시대에도 네 경운 그놈의 주홍글씨가 그만한 값을 한 거야. 안 그래?"

숙경이 말했다.

"무슨 값?"

"그런 멋있는 사랑을 만났으니."

나는 친구의 의중을 알아차렸다. 화제를 '사랑'이라는 엉뚱한 방향으로 돌려서 그녀는 나를 이 슬픔의 늪에서 잠시나마 끄집어내 주고 싶은 거라고. 하지만 나는 여전히 엄마 속에서 헤어나질 못하고 있었다.

"고개 떨구고 다니지 말라고 하셨어. 신여성도 아닌 우리 엄마가 말이다. 소학교도 못 다니고 남의 어깨 너머로 글자 익힌 우리 엄니지만 참, 멋있는 분이셨어. 생각해봐, 내 아랫도리가 그놈의 순수를 잉태할 수 없는 불임상태에서 시작했잖아. 그런데도 엄만 네 잘못 없으니 당당하게 살라고 하셨어."

나는 한숨을 지었다. 그리고 계속 투덜거렸다.

"내가 공 서방을 사랑하게 됐을 때 내가 먼저 이런 말을 했어. 나는 이런 종류의 고생은 이젠 그만 하고 싶다고. 어떤 종류의 고생이냐고 그이가 물었지. 남자를 얻기 위해 '순결'을 가장하는 고생이라고 말했어."

"호호, 뭐라셨어?"

"픽 웃더군."

"웃었다고?"

"일제에서 해방되던 해였으니까 1945년도야. 그러니 30여 년을 나 혼자 끌고 다닌 얘기를 뱉어낸 거야. '순결한 사람들'이 살지 않는 세상으로 가겠다고 유서를 써놓고 약을 입에 털어 넣었던 얘기도 했어."

"그랬더니?"

"물론 그이한테 내가 내 살아온 얘길 몽땅 들려줄 때는 그 발단이 '순결', '불결'은 아니었지만, 두 번째 남편이니까……. 그런데 내 얘길 다 들은 그이가 뜻밖에도, 정말 뜻밖이었어. 그때 그이가 내게 내민 손은, 돌팔매질로 피멍이 든 창녀에게 내민 그분의 손 같았어. 그이가 그러는 거 있지. '당신의 순결이 나를 살렸소'."

"흠……."

"'얼마나 당신을 사랑했으면, 얼마나 사랑했으면 불면증에 걸려 병원엘 다 갔겠소' 하더라고. 난 모르고 있었던 얘기지."

"와우."

"그러고 나서 며칠 후 내가 그이에게 편지를 보냈지. 이런 말을 썼던 것 같애."

나는 30여 년간의 코마에서 깨어납니다. 재로 변한 내 목숨이 마지막으로 잡았던 내 마지막 알몸이 눈을 뜨는 것을 봅니다. 다시 순결을 찾은 내 알몸과 함께 새로운 시작에 도전하기 위해 나는 그 몸서리나는 '두려움의 껍데기'를 벗어 던집니다. 그리고 손을 잡습니다. 그 마지막과.

* **오숙경** 당시 이화대학교 음악대학 조교수, 음악교육학 박사.

차례

1. 수술실, 그리고 크리스마스

지금쯤은 칼질이 시작됐겠지. 나는 문득 고개를 돌려 긴 복도 끝에 걸린 '수술실'이란 푯말을 쳐다본다. 친구들은 내가 자기들과 복도에 앉아 수술이 끝날 때까지 있어주길 원하는지 묻고자 몰려왔다. 내가 고개를 흔들며 팔로 밀어내는 시늉을 하자 그런 반응을 예상했다는 듯 그들은 발걸음을 돌려 엘리베이터 쪽으로 사라졌다. 복도 벽 사방에서 번쩍이는 크리스마스 데커레이션이 나의 어지럼증을 더해주고 있다. 콜록콜록. 수술실 복도 다른 쪽 끝 대기실에서 들리는 누군가의 기침소리는 듣기만 해도 참으로 가슴이 저리다.

"햇빛이 아프다……."

수술실로 내려가는 바퀴침대 위에 누워 창문 밖을 흘깃 본 남편이 던진 말이다. '여보, 날씨가 아주 맑고 좋아요, 수술도 잘 될 거니까 걱정 말아요' 하고 던진 내 말에 대한 그의 반응이었다.

'햇빛이 차라리 아프다'던 남편 공광덕이 수술대 위에서 네 시간을 넘게 누워 있는 시간, 세상은 '햇빛'을 즐기는 사람들의 성탄 맞이 준비로 바삐 돌아가고 있었다. 이따금씩 자지러지게 웃어대는 간호사들의 쨍한 목소리 속에서, 반짝반짝 오색으로 바뀌는 크리스마스 불빛이 닿는 주위의 온갖 것에서 나는 충동 같은 아픔을 감지하고 있었다. '크리스마스'와 '수술실'의 시적 이미지는 서로 끌어당기고 밀어내며 어쩌면 끝도 없을 언제까지의 슬픔을 얘기하고 있었다.

"수술 결과는요?"

나의 묻는 말에 의사는 조용히 고개를 가로 저었다.

전립선이 '비대증' 아닌 '암'으로 판명됐을 때는 대부분의 경우 이미 암세포가 척추, 뼈, 허리 등 온몸에 퍼져 있을 때라고 그는 말했다.

"전립선암은 아주 연세가 많은 환자 말고는 어렵습니다."

나는 휘청했다. 온몸에서 피가 빠져나가는 듯했다.

"괜찮으세요?"

의사 옆에 서 있던 간호원이 내 팔을 잡아주며 말했다.

"얼마나 살까요?"

나는 기어코 묻고 말았다.

"지금까지의 통계를 보면 50대의 경우, 고작 8, 9개월을 산 것이……."

남편이 회복실로 옮겨졌다는 말을 듣고 나는 세면실로 들어갔다. 찬물로 세수를 했다. 이제 곧 병실로 옮겨질 그를 밝은 얼굴로 맞이하기 위해서다. 절망하지 말라는 말로 절망시키지 말아야지. 나는 깨끗하게 화장을 하고 머리도 가지런하게 빗었다.

병실 앞에 다다르자 대여섯 명의 친구들이 나를 맞았다. 누구도 내게

'메리 크리스마스'라고 하지 않았다.

"메리 크리스마스!"

내 쪽에서 먼저 나온 인사다.

"연습은 잘 돼가요? 청국 대사가 이렇게 수술을 받게 돼 미안해요."

그 경황 속에서도 농담까지 곁들이는 나를 친지들은 의아한 눈으로 보고 있었다. 베를린 앙코르공연을 앞두고 요즘 한참 마무리 연습을 하고 있는, 동학 농민운동을 다룬 마당극 〈금강〉에서 남편은 청국 대사(원세개) 역을 맡고 있었던 것이다.

"들어가 보십시오. 남편께서 부인을 찾으십니다."

간호원이 병실에서 나오며 말했다.

내가 조심스럽게 문에 들어섰을 때, 남편이 문 쪽으로 고개를 돌렸다. 나를 쳐다보는 남편의 얼굴은 지금까지 내가 알고 있던 그가 아니었다. 어쩌면 저렇게 순식간에 마음 닿기 어려운 곳에 멀리 가 있담. 그는 이미 살아 움직이는 모든 것들 저편에 서서 나를 낯설게 쳐다보고 있었다. 어느새 삶의 사슬을 혼자 끊기 시작한 것일까. 오, 하나님. 나는 온통 두려움으로 꽉 찬 남편의 힘겨운 얼굴에 내 손을 가만히 대주었다. 남편 침대 맞은편에 누운 환자, 라이스바흐(Reisbach) 씨가 두 사람을 응시하고 있다가 팔뚝으로 눈물을 찍어 낸다.

"난 벌써 내가 과부 되는 줄 알았지 뭐유."

천연덕스럽게 말하며 그의 등을 쓸어줄 때, 겁에 질려 있던 남편은 웃지도 못했다. 아무리 살펴봐도 눈물 한 방울 흘린 흔적도 없을 뿐더러 화장까지 곱게 하고 있는 아내를 의아스럽게 쳐다보면서도 뭐라고 다시 반문하여 확인하기보다는 그냥 들은 그대로 믿고 싶어 하는 것 같았다.

그 힘든 항암 주사를 맞고 며칠간 힘들어하면서도 그는 자기에게 살아날 수 있는 찬스가 정말 있느냐는 질문은 하지 않았다. 힘들었지? 하고 묻는 나에게 "고통스러울 때는 악마가 이기는 법이지" 하고 말했을 뿐 다른 불평 같은 건 접어두는 것 같았다.

닷새가 지나갔다. 남편을 퇴원시킨 후 나는 곧바로 시내로 나왔다. 그가 연구원으로 일하던 프랑크푸르트 대학에 휴직 원서를 내야 하기 때문이다. 동료 교수들이 몇 권의 책을 건네며 환자에게 읽어주라고 했다. 책을 받아 들 때 나는 문득 서점엘 들러야겠다는 생각을 했다. 암 치료에 관한 책들을 사기 위해서였다.

아아, 맙소사, 암에 관한 책이 이렇게도 많다니. 나는 서가 옆에 있는 의자에 걸터앉아 책을 고르기 시작했다. 그러나 골라놓은 책들을 무릎 위에 놓은 채 나는 쏟아지는 잠 속에 침몰해버렸다. 설마 잠 못 자서 쓰러지랴 하면서 뛰어다닌 나에게 몇 주 동안의 밀린 잠이 가차 없이 쳐들어온 것이다.

얼마나 지났을까? 와르르르, 무릎 위에 놓여 있던 책들이 바닥으로 떨어지는 소리에 나는 눈을 번쩍 떴다. 어디까지 살았더라? 느낄 수 있는 건 피로뿐이었다. 한동안은 아무도 나를 그 장소로부터 떠나가야 할 이유를 말해주지 않았다.

가야지, 갈 곳이 없어도……. 나는 몸을 일으켰다, 천 근이나 되는 인생을 일으켜 세웠다. 바닥에 떨어진 책표지의 커다란 글씨가 눈에 들어왔다.

'Krebs, unheilbare Krankheit? **암이 불치의 병이라고?**'

1986년 12월 31일, 자정이었다.

독일인들의 새해맞이 폭죽 소리가 시가지를 요란스럽게 울릴 시간, 남편과 나는 샴페인이 아닌 맹물 한 잔씩을 따라 잔을 서로 부딪쳤다. '해피 뉴 이어(happy new year)'란 말 대신 '사랑해요, 여보' 하고 나는 말했다. 남편의 큰 눈이 그렁그렁 물기로 일렁였다. 잔을 높이 들고 서로를 뚫어지게 응시하며 우리는 이제부터 닥쳐올 어려운 시간들을 이겨나가는 법을 익히자는 묵시적 약속을 했다.

"여보, 미안해. 나 눈 좀 붙일게."

말끝을 흐리며 나는 그대로 침대에 쓰러져 버렸다. 남편은 내게 이불을 덮어주며 혼잣말하듯 중얼거렸다.

"미안해, 정말 미안해."

남편이 곤히 자던 나를 깨운 것은 다음날, 정월 초하루 이른 아침이었다.

"미안해, 깨워서. 여보, 그런데 이 책 좀 읽어봐."

『**암은 병이 아니다**』

그는 브로이스(Breuss)라는 사람이 쓴 책을 내밀었다.

"오스트리아에 있는, 지금 생존하는 의사야. 42일간 단식하면 암세포가 없어진대. 42일간이야, 6주간. 결단은 어차피 내가 해야겠지만 당신이 한번 읽어봐. 부탁이야. 응?"

희망을 가져야 된다는 말조차도 공허한 노릇이라 끙끙 앓고만 있던 나는 남편이 스스로 깊은 체념의 늪에서 빠져 나와 살 길을 찾으려는 것만으로도 내심 기뻤다. 42일간이나 밥을 굶어? 말도 안 된다고 생각하면서도 나는 그 책을 한 나절 만에 다 읽어버렸다.

어차피 결단은 자기 몫이라고 말했던 남편이지만 며칠이 지나도록 그 결단을 아내에게 맡기고 자기는 기다리고만 있었다. 내가 왜 이런 책은 사갖고 들어와 이 곤욕을 치르고 있단 말인가! 너무도 아득해서 끝이 안 보이는 긴 사막의 장정 같은 '42일간의 단식'에 출정 명령을 내려야 하는 사람이 바로 나, 나 하나란 말인가! 마음속의 물기가 졸고 졸아서 바닥에서 단내가 날 때가 돼서야 나는 입을 열었다.

"합시다, 우리!"

나는 진작부터 조준된 총의 방아쇠를 단숨에 당겼다. 그리고 주방으로 나갔다.

주전자에 물을 한 컵 붓고 가스레인지에 불을 확 틀었다. 파랗게 올라오는 불길을 높일 대로 높였다. 삐이이익. 비명에 가까운 주전자의 긴 휘파람 소리가 우리 부부의 팽팽한 침묵과 평행선을 긋고 있었다.

2. 견기만성(犬器晩成)

1987년 1월 10일.

내일은 남편이 항암주사를 맞으러 가는 날이다. 목욕을 시키고 이것저것 준비하느라 나는 새벽 3시가 넘어서야 응접실 소파에 누워 잠이 들었다. 얼마나 잤을까……. 누군가가 멀리서 부르는 것 같아 반사적으로 몸을 일으켰다. 남편이 침실에 없었다. 맞은편 반쯤 열려 있는 화장실에서 남편의 신음이 들렸다.

"여보, 음…… 미안해. 혼자 좀 해보려고 했지만…… 안 될 것 같아."

"알았어. 곧 준비할게, 기다려요."

나는 약장으로 뛰어가 거즈와 알코올, 일회용 장갑을 꺼냈다. 녹인 버터를 항문에 집어넣고 돌처럼 딱딱한 변을 손으로 일일이 부스러뜨려서 긁어내느라 진땀을 뺐다. 이번에도 피가 많이 묻어 나왔다. '워낙 끔찍한 작업이라 이것만큼은 당신에게 안 맡기려 했는데' 하면서 남편은 땅이 꺼지게 한숨을 뱉었다.

"당신, 나한테 미안해하지 마."

나는 남편을 씻겨서 침대에 눕혀놓고 발톱을 깎아주며 말했다.

"……자식 둘이나 가진 나와 결혼해서 '가족'이라는 이름으로 16년을 살았수. 그런데 요즘처럼 내가 당신의 가족이라고 생각해본 적이 없는 거 알우? 오히려 당신에게 내가 미안해. 난, 당신보다 아이들을 먼저 생각했어. 당신보다 아이들을 안아주느라 당신을 추운 바깥에 서 있게 했어. 사실야…….

당신이 감방에서 어머니 부고를 받고도 밖에 나갈 수 없을 때 그런 일기를 썼다고 했잖아요. 평생 불효한 자식이었지만 돌아가시기 전에 우리 어머니 똥, 오줌이라도 자기가 받아낼 수 있었으면 했다고. 그래요. 똥, 오줌을 닦아달라고 말할 수 있는 사람이 '가족'인 거예요."

비 묻은 바람이 창문을 흔들고 지나가는 것을 보며 남편은 줄곧 눈물 묻은 얼굴을 닦고 있었다.

오후 2시.

'공 형, 산보 좀 시켜드릴려꼬' 하면서 오펜바흐(Offenbach)의 김길순 박사가 들어섰다.

"조병갑 군수 오셨어, 여보."

김 박사는 연극에서 조병갑 역을 맡고 있었다.

"응, 그래, 연극연습은 잘 돼가우, 김 형?"

남편이 김 형과 악수를 나누며 물었다.

"아, 하하하. 마, 아레는 무대연습 하다가 고마 긴장해서 방귀가 나오는 바람에……."

"하하하하."

침울했던 방 안 분위기가 한순간에 환해졌다.

"우리야 뭐 시양놈들 빵쪼가릴 주서 묵고 살망정 그래도 어데 굶어본 적이 있습니꺼? 배가 앙 고픈데 내내 배고픈 연기 하라 카니, 허허허."

우리는 또 한 번 소리 내어 웃을 수 있었다.

"아따, 늦게(늦게) 배운 도둑질 날 새는 줄 모른다더이, 마 쌀독은 비어도 영극은 해야 된다꼬들 안 합니꺼. 허허허."

"하하하."

그 무렵 우리는 모이기만 하면 이렇게 연극 얘기를 나누며 히히거렸다.

"여보, 당신 바깥바람 좀 쐬고 들어와."

남편의 명령 같은 부탁으로 김 형과 나는 함께 산책을 나갔다. 온통 숲으로 둘러싸인 이 작은 마을은 큰 도시, 프랑크푸르트에 바싹 붙은 곳에 있지만, 도시의 소음이나 오염된 공기를 전혀 모르고 살 만큼 깨끗하고 아늑한 주거지역이다.

키가 큰 탄넨바움(tannenbaum) 숲 사이로 끝없이 이어지는 곡선 길을 따라 깊숙이 들어가다 보면 숨 가쁘게 돌아가던 일상의 시간은 뒷전으로 물러나고, 잎닢으로 산보객을 환영하는 나무들과, 늘 숲을 비우지 않고 거기 있는 온갖 새들을 만나게 된다. 움츠렸던 날개를 활짝 펴고 자기만의 춤을 출 수 있는 이 시크릿 가든(secret garden)이야말로 나의 유일한 피난처요 쉼터였건만, 남편이 죽을병에 걸린 후부터는 이 정원의 문을 열고 들어서는 나의 발목에 돌이라도 달린 듯 무겁기만 하다. 귄터 그라스의 〈양철북〉에 나오는 난쟁이와 광대가 '정상인들을 위한 무대에선 이런 춤을 추는 게 아니라'고 말했던가, 어느새 정상인들의 군무에서 줄 밖으로 빠져나와 발작적인 꿈틀거림을 보여주고 있는 나, 마치 오랜 시간 창문 안에 갇혀 있던 나방이 우연히 열린 창틈을 빠져 나와 부대꼈던 몸짓으로 푸득거리는 듯한 나의 심상찮은 날갯짓을 숲 속의 새들 말고 누가 알아차릴 수 있었으랴.

"조 선생님이 안 나오시니까 연극 연습이 재미가 없다꼬들 해요. 으찌 그리 방정맞은 이방 역으로 한참 웃기다가 금방 또 후닥닥 옷 갈아입고 가난뱅이 시골 아지매로 변신해서는 그리 눈물을 흘리면서 잘하시는지……. 지는 마 죽었다 깨도 안 될 거 같은데."

나는 어깨를 으쓱 올렸다. 어떤 다른 사람, 다른 무엇이 되어본다는 게 연극이 나를 매료시킨 이유 같았다.

"흠, 항상 내 자신으로만 사는 게 신물이 난 게죠. 난 연극쟁이로 살 걸 그랬나 봐요. 연극을 하면 그게 연극이라는 생각을 할 필요가 없어요. 그냥 내가 그 사람이 돼버리니까. 어디 '사람'뿐이겠어요. 풀도 되고, 꽃도 되고, ……추운 겨울날 벌판의 바람이 되어서 목청껏 울어도 보고."

김 형이 걸음을 멈추고 내 얼굴을 쳐다보았다.

"공 형이 은젠가 지더러 그러시더라고요. 저 여자는 천의 얼굴을 가진 여자라서 볼 때마다 다른 사람을 보는 것 같다꼬."

"연애할 때 술 먹고 저를 뚫어지게 짜리다가, 뭐랬는지 알아요?. '니 무의식까지 사랑한다'고. 그 말에 제가 뿅 갔죠."

"흠."

얘기가 잠시 끊겼다. 길목에 흩어져 있는 마른 나뭇가지를 한 개 집어든 나는 길 위에 박자를 쳐가며 홍얼거리기 시작했다. 노래로 바뀌었다.

엄마 일 가는 길에 하얀 찔레꽃

찔레꽃 하얀 잎은 맛도 좋지.
배고픈 날 가만히 따 먹었다오
엄마 엄마 부르며 따 먹었다오.

"〈찔레꽃〉이란 노래 아입니꺼? 우리 엄니도 불렀던 거 같은데."

김 형이 말했다.

엄니. 조선의 엄니들의 어릴 적 노래였다. 남의 집 품팔이해서 강냉이, 보리쌀 한 됫박 얻어다 호박잎, 명아주나물 뜯어 넣고 죽을 쑤어서는 새끼들 입에만 넣어주고 당신은 '난 일터에서 잔뜩 먹고 왔단다' 하시며 끼니를 거르기가 일쑤였던 우리 엄니. 그렇게 키워놨더니, 이 외동딸년이 민주화 운동인지 뭔지 하는 사람 만나 싸다니다 엄마 임종도 못 보고, 국제전화 한 번 못 하고. 그 빌어먹을 놈의 돈이 없어 엄마 돌아가시도록 전화 한 통화 제대로 못 하질 않았는가!

"김 형, 김 형은 무리해서라도 가끔 부모님께 전화 드리세요."

"예, 지는 나름대로 묘안을 하나 냈지예. '빵하고 빠다(butter) 한 번 안 사묵고 엄니한테 전화하자' 이겁니다. 공중전화 부스에 들어가 한마디만 딱 하고 수화기를 놔뿌리면 5마르크짜리 효도가 됩디다. 어므이, 접니다. 어므이 괜찮습니꺼? 지도 잘 있으니 걱정 마시이소! 하면 딸가닥 돈 5마르크 삼키는 소리가 나요. 어므이 대답은 듣도 않고. 허허허."

나는 차마 그의 얼굴을 마주 보지 못했다. 하필이면 그 순간 왜 김 형의 텅 빈 냉장고와 그 안에 달랑 놓여 있던 찬밥 한 그릇이 생각나는지.

그런 그가 내 걱정을 한다.

"조 선생님 식당 일 그만두면 어쩌지요?"

"대타 보냈으니 당분간은 될 거고."

"엄악학교 강사는요?"

"사표 냈어요. 저 사람 치료부터 해야죠."

"먹고살아야 안 되겠십니꺼?"

그는 언제나 남의 걱정이 먼저였다.

"소치알 암트(sozial Amt: 극빈자 생활보조금 주는 곳)에서 주는 거 있잖아요. 흥, 그나저나 이 조병옥 팔자에 식당 쿡 하라는 것도 있었다는 게 재미있잖아요? 그만하면 해볼 것 다 해본 줄 알았는데, 그것 말고도 또 있었다는 게……."

김 형은 나의 장난기 어린 얼굴을 바라보았다.

"중국집 부엌에서 한참 탕수육을 만들고 있는데 전화가 왔어요. 숙대 김명선 교수 아시죠?"

"아, 그, 피아노 치시는."

"맞아요. 여행 중에 날 만나러 일부러 프랑크푸르트에 내린 거예요. 내가 일하는 중국집 위치를 가르쳐주고 지금 오라고 했죠. 이 피아니스트는, 내가 적어도 대학 도서관 자료실 정도에서 뭘 열심히 탐구하다가 그 바쁜 시간을 쪼개 어느 멋진 레스토랑에서 우아하게 점심을 함께 하자는 줄 알았겠죠. 그때만 해도 내, 이, 연극 같은 인생이 국내의 유지들 입방아에 오르기 전이니까요. 프론트에서 일하는 아이들에게 미리 일러놓았죠, 김 교수 도착하거든 내가 일하고 있는 키친으로 안내하라고. 김 교수가 부엌에 들어섰어요. 아니, 이게 웬 망측한 꼴인가!! 하지 않았겠어요? 하루 중 제일 바쁜 점심시간 때니까, 하하하, 제 꼬라지가 어땠겠어요! 주문이 밀려 미친 개 뛰듯 할 시간이죠. 입을 딱 벌리더니 저를 차마 마주 보질 못하고 돌아서더라고요.

후에 국내 신문에 난 대로 말한다면, 그동안 행방을 알 수 없었던 E 대학교 교수, 서울 시립교향악단 연구지휘자로 선정된 바도 있는, 장래가 거시기 되는 아무개가 독일 가보니 머리엔 쿡 모자를 쓰고, 가스풍로 앞에서 프라이팬을 들고 가진 ××을 다 하고 있더라, 응?"

"그걸 이 친구가 목격했네요."

"후후후. 때마침 주문이 줄줄이 들어오는 점심시간이니 여덟 구멍의 가스를 다 켜놓고 오죽이나 난리를 피웠겠어요. 요리를 하면서 힐긋 돌아다 보니까 이 순진하기 그지없는 피아니스트가 키친 구석에 모로 돌아서서 코를 풀어가며 우는 거예요."

김 형은 웃지 않았다.

2시부터 4시까지는 쿡의 휴식시간이었다. 결국 나는 손님 모시고 나가 다른 레스토랑에서 밥을 먹었다. 김 교수는 계속 눈물을 닦느라 밥도 제대로 못 먹고 있었다. 돈 봉투까지 주머니에 찔러 넣어주면서 하나님께서 선배와 늘 함께하실 테니 늘 기도하고 용기 잃지 말고 꿋꿋이 살라고 했다.

"김 교수 택시 태워 보내고, 일터로 다시 돌아왔죠. 그런데 난 나도 모르게 음식점 부엌문짝을 배낄로 걷어차 버린 거예요."

"아이고, 조 선생님이요?"

"걷어찼는데, 하하, 내가 못 살아. 글쎄 내가 없는 휴식시간에 음식점 안에선 정말로 내가 나중에 알면 문을 걷어찰 만큼 분통 터질 일이 생겼던 거예요. 무슨 광경이 벌어졌냐면, 레스토랑 지배인이, 그러니까 이 식당 주인의 친척 되는 사람이죠, 나 없는 틈을 타 부엌에 들어왔더라고요. 보통 땐 제가 못 들어오게 했어요.

아침시간 내내 식당 광고 돌리고 몇 푼 받아다 겨우 끼니를 때우는 파키스탄 노동자들한테 점심이랍시고 그 지배인이 차려주고 있는데, 기가 막혀서……. 보통, 손님들이 먹고 남은 음식은 큰 통에 부어놓았다가 나중에 버리거든요. 그런데 그 사람이 얘들한테 그걸 뒤적거려서 담아주는 걸 나한테 들킨 거예요. 당신 뭐 하는 거냐! 소릴 질렀죠."

"그랬더니?"

"이 사람 말하는 거 보세요. 뭐 손님들이 침 묻힌 것도 아니고, 덜어 먹은 접시에서 나온 건데 어떠냐고 하더군요. 그래? 그럼 니가 먹어봐! 하면서 접시를 그 사람 코앞에 댔죠. 땅만 내려다보고 있는 그 녀석 상판에다 기냥 접시를 비벼버렸죠. 니가 못 먹는 걸 외국인 얘들에겐 개밥 먹이듯 이렇게 멕여도 된다? 그러냐? 하면서 음식접시를 땅바닥에 몽땅 집어 던졌죠. 내일부터 넌 날 못 볼 거다 했죠."

"뭐라 캅디꺼?"

"뭐라 카긴, 부들부들 떨죠. 쿡 구하기가 쉽지 않거든요. 내가 그랬죠. 나가기 전에, 내가 이 파키스탄 친구들에게 제대로 된 점심밥을 만들어주고 떠나야겠으니 당신은 나가 있어라. 그래놓고는, 얼씨구 잘됐다, 미리 예약된 고급 손님들 상에 올라갈 해삼, 새우, 굴 할 거 없이 다 꺼내서 최고급 중국요리를 만들어 그 사람들을 배 터지게 먹였죠."

"자알한다."

김 형이 신이 났다. 나도 신이 났다.

"이, 스트라우스란 녀석 천천히 내 앞으로 오더니 손을 내밀더라고요. 자기가 잘못했으니 제발 나간다는 말만 거두어달라는. 하하."

"하하하, 그렇게 끝났군요."

"아직 안 끝났지. 니가 그럼 이 파키스탄 친구들한테 정중하게 사과하라고 했지."

"하머!"

"다시는 차별대우 안 하겠다고 하더군."

"아하, 이제 알겠네요. 공 형 수술 했던 날 병원에 문병 온 얼굴 거무죽죽한 친구들이 바로 그 파키스탄 사람들."

"맞아요."

"그라믄 뭐, 아레는 터키 사람들하고 한판 일 벌이시더니, 이제는 마 파키스탄 노동자들과? 허허, 아무래도 조 선생님 여기다 제3세계 공화국 하나 만드시고 여두목으로 출마하셔야 안 되겠습니꺼?"

"흠, 김 형도 터키 사람 얘기 들었군요?"

중국 레스토랑에서 소위 '파키스탄 사건'이 있기 몇 달 전, 내가 하일리겐 가이스트(Heiligen Geist) 병원에 입원했을 때 얘기다. 아랫도리 수술을 막 끝내고 병실로 돌아와 보니 새 환자가 건너편에 누워 있었다. 얼핏 봐서 터키 여자 같은데 만삭이 된 배를 붙들고 통증으로 끙끙 신음을 냈다. '어디가 아프세요? 간호원에게 말하시지 왜 울기만 하세요?' 말을 붙여봤지만 환자나, 따라온 가족이나 독일어를 한 마디도 못하는 것이었다. 나는 비상벨을 눌렀다. 잠시 후 수간호원이 문을 확 열어젖히며 들어섰다. 무슨 일이죠? 그 거만한 표정이라니, 정말 눈뜨고 보기 힘들 정도로 오만불손했다. 꼴도 보기 싫은 '외국인' 따위가 왜 귀찮게시리 벨을 누르고 육갑이냐는 표정이었다. 나는 말했다. '보시다시피 환자가 저렇게 통증으로 시달리는데 독일 말은 한마디도 못 알아듣고 의사 부르는 벨도 누를 줄 모르니 내가 도운 거외다' 하고 말했다.

문을 꽝 메치며 나간 수간호원은 그러나 한 시간이 넘어도 오질 않았다. 옆 침대 환자가 내게 말해주었다. 저 여우가 수간호원인데 우린 그 여잘 '늙은 여우'라고 부르죠. 헌데, 오늘은 카니발 때문에 의사들도 거의 다 거리로 뛰쳐나간 모양이고 저 늙은 여우 혼자 절절 매느라 신경질 부리는 거라고. '늙은 여우'는 두 번째 벨을 누르고서야 나타나 나와 터키 환자에게 진통제 주사 한 대씩을 놔준 뒤 의사가 곧 올 거니까 기다리라는 한마디만 남기고 사라졌다.

의사는커녕 인턴 부스러기도 얼씬조차 안 한 긴 밤을 터키 환자 신음소리 속에서 부대끼다 보니 나는 외과적 통증이 정신과적 화병으로 변해 뒤틀려 오르는 것 같았다.

아침이 오고 왕진 시간이 되어서야 원장이란 사람이 부하 인턴들을 거느리고 병실에 나타났다. '아, 마담 조, 잘 주무셨나요? 통증이 심하진 않았지요?' 하고 억거운 미소까지 흘릴 때, 나는 그냥 원장의 턱주가리 한 대 쥐어질렀으면 좋겠다는 생각뿐이었다. 대답은 안하고 입을 굳게 다물고 원장 얼굴만 뚫어지게 쏘아보고 있는 나에게 인턴이 말을 붙였다.

"잠을 잘 못 잤나 보군요. 오늘밤은 잘 잘 수 있게 처방을……."

그의 말이 끝나기도 전에 나는 버럭 소리를 질렀다.

"저기 저 터키 환자 좀 보라고요. 당신들이 카니발에 나가서 술 퍼먹고 밤새 노는 동안 내가 세 번이나 의사 불러달라고 부탁했어요. 곧 오신다는 의사들이 이제야 나타난 겁니까? 만약 저 환자가 밤에 죽기라도 했으면 당신들 뭐라고 할 겁니까? 예상치 않은 심장발작으로 죽었다고 기록해서 장례식장으로 내보낼 건가요?"

"프라우(Frau) 조."

원장이 뭔가 말하려고 내 어깨에 손을 올려놓았다.

"물론 담당 인턴이 있었다고 말하시겠죠. 분명히 말하지만 어젯밤 이 병원엔 의사도 인턴도 없었어요. 그뿐인가요? 이 병원엔 터키 말 통역해주는 도우미조차 없는 거예요."

"제가 설명 드리지요. 병원 측에서 콜(call)하면 도우미가 오게 돼 있어요."

원장 옆에 서 있던 인턴이 말했다.

"그럼, 왜 콜 안 했죠? 저 환잔 분명 당신네 말을 한 마디도 못해요."

이때 원장이 내 앞으로 가까이 다가섰다. 그리고 자기 방으로 가서 치료 받으면서 얘기하자고 목소리를 죽여 말했다.

"아니요, 여기서 얘기하겠어요. 안 듣겠다면 프랑크푸르트 알게마인(Frankfurter Allgemeine: 전국지 신문)을 부르고요."

내 목소리는 분노로 떨렸다. 나는 이내 이동 침대(liege)에 실려 원장실 진찰대에 옮겨졌다. 수술자리가 곪아 있는 것이 발견됐다. 여름엔 흔히 있는 일이니 너무 걱정하지 말고 오늘부터 카밀렌(들국화) 엑기스로 좌욕을 하라고 했다. 낮에는 살베(salbe: 고약)를 바르면 4, 5일 내로 깨끗이 아문다고 말했다. 원장이 나가자 옆에 서 있던 '늙은 여우'가 팔뚝만큼 큰 고약을 내게 가져다주면서 퇴원할 때 집에 가지고 가라고 말했다. 내가 물었다. 이게 당신 거냐고. '늙은 여우'는 자기가 선물로 주는 거라고 말했다. 이건 독일 국민이 세금 내서 산 병원 재산인데 당신이 왜 당신 물건처럼 나한테 선물로 주냐고 말했다. 그리고 이런 식으로 따지는 건 내가 너희 나라에 와서 우수한 너희 나라 국민들한테 배운 거라고 말했다.

터키 환자를 위해 통역관이 불려왔다. 병원 원장실에서는 긴급회의가 소집됐고, 외국인 환자에게 통역을 해주는 도우미 채용안이 정식으로 채택

될 것이라는 애기가 퍼지면서 내 병실은 터키인 손님으로 문전성시를 이루고 있었다. 가난한 그들은 방석처럼 넙죽한 빵떡을 스스로 구워오기도 하고, 이상하게 생긴 귀고리도 갖다 걸어주며 종일 웃고 떠들다 갔다. 독일 병원에서는 있을 수 없는 일이었다. 면회시간 외에는 방문객이 이렇게 종일 환자 옆에 있을 수가 없게 되어 있다. 내가 퇴원하는 날은 그 터키 환자를 아는 친구란 친구는 다 몰려와서 나와의 이별을 아쉬워했다.

산책을 끝내고 집에 돌아온 우리는, 둘이 나눈 얘기를 남편에게도 말해주었다.

남편은 침대에서 일어나 앉으며 '대기만성' 얘기도 해드리지 그랬느냐고 말했다.

"대기만성이라니요?" 김 형이 물었다.

문제의 '밥 소동' 이후 일어난 또 하나의 일화, '대기만성'이란 별명이 붙은 얘긴즉 이러했다. 끊길 뻔했던 자기들 밥줄을 다시 이어준 나에게 고마운 인사를 한다고 몇 명의 파키스탄 친구들이 집을 방문한 적이 있었다. 그때, 남편은 그들에게 붓글씨를 하나 써 선물로 주었다. 대.기.만.성.(大器晩成) 네 글자다. 크게 될 인물은 오랜 공적을 쌓아 늦게 이루어진다는 뜻이렸다.

지난달이었다. 남편이 수술을 받고 병원에 누워 있다는 소문을 들은 파키스탄 노동자 중 두 명이 문병을 왔다. 그중 한 사람이 남편의 쾌유를 비는 마음으로 썼다며 가지고 온 붓글씨를 정중하게 남편의 손에 넘겨주었다. 그것을 펴본 순간 남편은 수술 자리를 움켜쥐고 비명처럼 웃기 시작했고 때마침 문병 와 있던 한국 친구들이 포복절도한 일이 있다. '큰 대(大)'자를 '개 견(犬)'자로 쓴 '견기만성'이란 붓글씨 때문이었다.

남편이 말했다.

"흠, 그날 병원에서 그 글씨를 받았을 땐 겉으론 웃었지만 속에선 쓴물이 솟는 것 같았지. 그렇지 않아도 개밥그릇 꼴로 독일 사람 눈치나 살피며 살고 있다가 병까지 걸려 이 지경이 됐는데, 견기만성이라니. 그런데 말유, 요즈음에 와서 그 개밥그릇이 내 철학으로 승화되고 있는 걸 느껴."

남편은 설명을 붙였다. '대기만성'은 '수신제가 치국평천하(修身齊家 治國平天下)'라는 공자의 가르침이 통용되던 시대에서나 발언권이 있는 거지 요즈음같이 도착된 가치관과 속물아류(俗物亞流)들이 판을 치는 기능주의 세상에선 골동품 이상의 가치도 없는 거라고. 옛말대로 치국평천하를 할 수 있는 자를 큰 그릇[大器]이라고 한다면 그 큰 그릇이 생기기 위한 예비과정으로서 '수신제가'라는 긴 기간을 필요로 한다고. 말하자면 크게 될 인물은 공적을 쌓아 올릴 오랜 기간을 필요로 한다는 말이고 그 후에 '치국평천하'하기 위해서는 덕치(德治)를 치도(治道)의 이념으로 한다는 뜻일 거라고 말했다.

"아따, 요즘 한국 사회 볼 만하지예. 도(道)고 덕(德)이고 전신 개밥취급 받고 있으니 독버섯 같은 오물잡탕이 곤장을 잡고 흔들 수밖에요."

김 형이 말했다. 남편은 찬물 한 컵을 단숨에 들이키고 나서 이렇게 말했다.

"생각해봐. 나라가 개국된 후에 오늘에 이르기까지 얼마나 많은 이완용이 한국 정치무대를 진흙발로 더럽혔어. 우리가 맨날 정치공해, 정치공해 입에 올리지만 이게 바로 한국의 정치공해야. 한 번도 그놈의 역사를 청소해볼 생각은 안 하고 그 더럽혀진 정치무대에서 그저 말단역이라도 맡아 행세하려고 하는 한, 이 비극은 영원히 계속된다는 걸 우리가 알아야지. 그래, 차라리 개밥그릇이 되길 스스로 택하는 편이 이 시대를 살아가는 지혜가 아닐까 생각했어. 파키스탄 노동자들이 자기들 의도와는 달리 잘못 써준 '견기만성'이 '대기만성'보다 얼마나 시대의 진리를 깨우치는 훌륭한 좌우명이었던가를 되새기게 되더라니까."

3. 먼 길

나는 블루덴스(Bludenz)로 가는 기차에 올랐다. 여자 혼자 어찌 그 먼 길을 떠나느냐며 자기 친구 한 명을 딸려서 보내려는 남편을 설득시켜 기어코 혼자 떠나는 일은 생각보다 어렵지 않게 이루어졌다. 이제부터 들어갈 치료비는 보험회사에서 빼낼 수 있는 것이 아니기 때문에 앞으로의 모든 비용을 아끼지 않으면 안 된다는 나의 주장이 틀리지 않는다고 생각한 남편은, 밤새 퍼부은 눈으로 얼어붙은 어두운 새벽길로 사라지는 나를 대책 없이 바라보고만 있었다. '일단 오스트리아에 가서 그 의사를, 그 책 쓴 사람 말이야, 한번 만나보고 올게. 약차 끓이는 방법도 좀 더 자세히 알아야겠고, 무엇보다 42일간의 단식치료를 끝낸 암 환자들 임상경험 같은 거 들어보고 와야지!' 하고 단호하게 말하는 나를 무슨 수로 막으랴.

세잔느의 수채화 〈언덕길〉을 연상케 하는 자그마한 마을, 블루덴스는 오스트리아의 알프스 산자락에 고즈넉이 안겨 있었다. 마을의 거주자 과반수는 치유 차 와서 살고 있는 중환자라고 일러주는 한 암 환자는 한결같이 친절하게 길을 안내해주었다. 그 브로이스 노인을 찾아가는 사람 쳐놓고

암 환자 아닌 사람은 거의 없다는 얘기를 해줄 특권을 누릴 수 있기를 기다렸다는 듯, 그녀는 숨 돌릴 새도 없이 수다를 늘어놓았다. 50을 갓 넘겼다는 한 여인은, 시종 긴장하고 있는 나에게 아무 걱정 말라고, 자기는 이 브로이스의 지시대로 치료하면서 통증이 없어져 진통제를 아예 내다버렸다고 말했다. 나는 여러 명의 암 환자들과, 낯선 사람을 봐도 짖지 않는 순하디 순한 개들의 안내를 받으며 브로이스 노인 집에 이르렀다.

초인종을 누르자 문을 열어준 사람은 바로 그였다. 결국 그날 이 마을에서 내가 유일하게 만날 수 있었던 멀쩡한 사람은 바로 암에 관한 책을 쓴 이 88세의 노인 브로이스뿐이었다는 얘기다.

"먼 길 오셨네요, '프라우(frau: 영어로 미시즈) 공'이라 하셨던가요?"

통나무로 만든 응접실에 들어섰다. 서양 동화 『헨젤과 그레텔』 속에서나 볼 수 있을 것 같은 따뜻하고 평화스럽기 그지없는, 이 그림 같은 방은 내게 예기치 않았던 안도감을 안겨다 주었다. 중환자만 다룬다는 의사의 집이지만 예상했던 을씨년스럽고 무거운 분위기는 찾아볼 수 없었다. 중간 창살이 없는 널따란 유리창을 통해 내다보이는 알프스의 눈 경치는 참으로 장관이었다. 밝고 준엄한 산, 강렬한 햇빛, 삶도 죽음도 모두 다 그 엄청난 밝음 속에 태워 없앨 것 같은 대자연 앞에 마주 서서 나는 왜 베토벤의 합창곡 〈신의 영광〉을 떠올렸던지.

"우선, 따뜻한 차 한 잔 드시지요. 잘바이(salbei)라는 차입니다."

"잘바이……."

"코리아의 쑥차 같은 것이죠."

노인은 손수 차를 따라주며 코리아에서 보내온 침도 가지고 있다고 말했다.

노인의 단식요법 강의를 듣는 동안 그의 안경 유리알에 비친 알프스의 눈과, 그리고 그 위를 살짝살짝 건드리며 반짝이는 햇빛은, 절망으로 응어리진 내 가슴에 문득 희망 같은 무엇을 감지케 해주었다.

"화학약으로 암을 고친다는 의사들하고 지금 몇 년간 재판정에서 싸움하고 있어요. 암은 병이 아닙니다. 그냥 피부세포가 변한 거예요. 이상한 덩어릴 형성해서 사람 숨통을 눌러 죽이는……. 프라우 공, 정말 잘 오셨어요."

노인의 차분한 목소리에는 자신감이 깃들어 있었다.

까악까악, 바깥마당 빈 가지에 앉아 울어대는 들까치 소리에 나도 모르게 누르고 있던 숨통을 놓아주었다. 후우욱. 『42일간의 브로이스 단식요법』이란 책자를 그가 건네줄 때, 나는 '이 책은 벌써 다 읽고 왔는데요' 하고 말할 뻔했다.

"저어, 42일이나 굶고 아직 살아 있는, 그러니까…… 성공한 예가 많이 있나요?"

나의 말이 채 끝나기도 전에 노인은 그리 물어볼 줄 알고 있었다는 듯이 고개를 깊이 끄떡였다.

"이리 오실래요, 아가씨?"

노인은 나이 50이 넘은 나를 아가씨라 불렀다. 그가 안내한 옆방엔 자그맣고 고풍스런 유리책장이 놓여 있었다. 독일, 오스트리아, 미국을 비롯한 세계 각처에서 온 암 환자들의 편지가 각국의 우표 위에 도장이 찍힌 채 책장 가득 들어 있었다.

"아무 것이나 한두 개 뽑아서 읽어보아요. 환자들의 편지예요. 주로 단식요법에 성공한 얘기, 물론 그들의 어려웠던 시간도, 경험담도 적혀 있어요. 독일어로 읽으려면 이쪽에 있어요. 영어는 저쪽…….”

나는 연달아 세 개의 편지를 뽑아 들었다. 그러나 손이 떨리고 가슴이 뛰어, 읽고 또 읽어도 머리에 들어오질 않았다. 나는 결국, ‘나중에 읽어도 되느냐’고 물었고 노인은 뒷방에 있는 손자를 불러 이 편지들을 복사해 드리라고 일렀다.

결국 내가 편지 세 통을 단숨에 읽은 것은 돌아오는 기차 안에서였다. 다 읽은 편지를 쥐고 있는 주먹에 힘이 갔다. 나는 고통의 모가지를 움켜잡았다. 자리에서 일어났다. 유리창에 얼굴을 대고 밖을 내다보았다. 밤길을 달리는 자동차들이 눈에 불을 시퍼렇게 켜고 죽을 듯이 속력을 내고 있었다. 길 한 귀퉁이에서 질주를 포기한 듯 차 한 대가 행렬에서 빠져나와 속력을 늦추며 커다란 원을 그리는 것이 보였다. 액셀러레이터 페달에서 발을 떼고 그냥 언덕 밑으로 굴러 내려간다. 안 돼, 포기해선 안 돼! 나는 아이처럼 발을 동동 구른다. 그러다가 문득 기차 안 승객들을 둘러보았다. 『어린 왕자』 속에 나오는 기관사의 말소리가 들리는 것 같았다. ‘어른들은 잠들어 있거나 하품을 하고 있지. 어린아이들만 유리창에 붙어 있지.’

유리창에 붙어 있던 나는 손목시계를 들여다보았다.

이 기차는 왜 이리 속력을 못 낸담.

밤차는 밖의 들판이 달려주지 않는다. 그래서인지 흡사 곧장 밤의 벼랑을 종점으로 굴러 떨어질 것같이 달리는 열차의 무서운 속도도 나에겐 마냥 느리기만 했다.

다음날,

내가 대학병원 외래진찰실 닥터 부어크(Dr. Burk) 방 앞에 도착한 것은 오후 한 시가 넘어서였다. 의사를 만나기 전에 남편에게 전화부터 걸었다. 수화기를 든 남편이 먼저 말했다.

"당신 어디 있는 거야, 아침 내내?"

그의 말엔 신경질이 묻어 있었다.

"나, 당신 단식기간 동안 필요한 거 좀 사느라."

"또 뭘 사야 되는데? 그거 다 오스트리아에서 사서 소포로 부치고 왔다면서?"

"티(tea)는 부치고 왔지만, 생홍당무하고 물 같은 건 여기서 사야 되는 거야. 급한 건 이제 다 샀어. 지금 나 당신 담당의사 만나러 병원에 와 있어요."

남편은 무언가 알아듣지 못할 소리로 혼자 투덜거리다가 결국 속내를 털어놓았다.

"의사가 노(no) 하면? 단식 관두라고 하면 어쩔 건데?"

"여보, 당신 지금 화내는 거유? 노 할까봐 설득시켜보러 온 거잖아요."

남편은 결국, 그 일은 며칠 있다가 하고 일단 집으로 오라고 명령하듯 말했다.

"당신 행여 마음이 흔들리고 있는 건 아니지?"

내가 물었지만 남편은 수화기를 그냥 내려놓았다.

"항암치료를 중단하고 무얼 하겠다고요?"

의사가 고개를 들었다.

"말하자면 그러니까 단식치료…… 같은 거죠."

그게 무슨 뚱딴지같은 소리냐는 표정을 지었을 의사의 얼굴을 나는 차마 마주 보지 않았다.

"황당해하실 줄 알았어요. 하지만……."

"황당해하는 게 아니죠. 이해를 할 수 없는 거죠, 아니……."

머리를 좌우로 흔들며 일어났다 앉았다, 팔을 넓게 벌렸다, 어깨를 위로 올렸다 내렸다 하는 의사에게 나는 일단은 시간을 주었다. 의사가 이윽고 조용해졌을 때 나는 말했다.

"선생님, 저는 지금 누가 옳고 누가 그르다는 얘기를 하려는 게 아닙니다. 저흰 선생님의 도움이 필요해요. 죽는다는 게 빤한데, 그 힘든 항암치료를 계속 받아야 된다는 현대의학을 저의 남편은 이해하지 못하고 있는 거예요. 그래서……."

"그럼 단식하면 삽니까?"

의사는 내 말을 들으려고도 하지 않았다.

"어떻게 살린답디까?"

"선생님, 제 말 좀 들어보세요. 지금, 살게 되느냐 죽게 되느냐 하는 결과만 가지고 얘기하는 게 아닙니다. 남편에게는, 어떤 경로를 거쳐 죽음에 이르느냐 하는 과정이 중요해요. 그이는, 항암치료보다는 단식을 하면서 하나님께로 조금씩 하루하루 나아가는 삶을 체험하겠다는 거예요."

"조금씩 어디로 나아간다구요? 통증 오는 건 어떻게 하고요? 주사를 일체 끊는다면서요?"

나는 자신도 모르게 터져 나오는 한숨을 두 손으로 막았다. 이 단식치료를 하면 통증 같은 건 절대로 안 온다고 말한 알프스 노인의 말이 떠올랐지만 지금 그런 얘기를 하는 건 의사를 설득시키는 데 절대로 도움이 안 된다는 것을 나는 알고 있었다.

의사는 이젠 할 말 다 했다는 듯이 자리에서 일어났다. 그러면서 한 마디로 못을 박았다.

"항암치료는 계속해야 합니다!"

나는 의사의 팔뚝을 잡았다.

"선생님, 선생님의 도움이 필요합니다. 죽음을 마주 보고 있는 당사자가 아니면 볼 수 없는 곳이 있다고 생각합니다. 그가 거길 향해 혼자 가는 길에 도울 수 있는 것이 있으면 도와주어야 된다고 저는 생각했어요."

"하지만……."

"부탁은 단 한 가지입니다. 만약 단식 도중 무슨 일이 생겨 선생님을 찾거든, 그것이 한밤중이 될 수도 있습니다. ……받아주십시오. 도와주세요. 저희가 선택한 길도 어둡고 삭막합니다."

나는 손바닥으로 눈물을 문질렀다. 말없이 한참 동안 서 있던 의사가 드디어 내 어깨에 손을 얹었다.

"……당신들의 고통을 느낄 수 있어요."

그는 옆에 놓인 티슈를 뽑아 나에게 건네주며 말했다.

"통증이 오면 곧바로 연락하세요. 병원에 없으면 집으로 연락 주어도 상관없으니까 언제든지."

"고맙습니다. 고맙습니다."

어렵게 의사를 설득시켜놓고 집에 돌아오니 이번엔 남편의 마음이 흔들리고 있었다. 그는 벽을 마주 보고 앉은 채로 중얼거렸다.

"미안해, 여보. ……내가 모르는 것들이, 내가 모르는 것들이 날 괴롭히고 있어."

그의 목소리가 떨리고 있었다.

나는 그의 뒤로 가서 가만히 어깨를 안았다. 창밖을 뒤덮은 짙은 안개는 레마르크가 말한 대로 이젠 어둡지도 않았다.

"알아, 이해해요, 이해해요. 그건 당신이 아직 완벽하게 알고 있지 않기 때문이야. 알고 나면 두려움 같은 거 없어질 테니 봐. 내가 하루씩 하루씩 도와줄게. 당신은 따라오기만 하면 돼. 난 당신이 그런 '생각의 장애'에서 벗어나게 해줄 자신이 있다, 여보. 생각 너무 하지 마. 날 쳐다보고 그냥 느껴봐, 응? 내가 뭐 '42일 단식'이라는 걸 그냥 실험적으로 해보자고 할 멍청이 같애?"

한참 동안 내 얼굴을 살펴보고 있던 남편은 말없이 자리에서 일어나 방문을 열고 나갔다. 아이들 방을 둘러보던 그는 응접실로 들어갔다. TV 앞에 앉아 있는 작은아이, 호산이가 권투경기를 보다 말고 자리에서 일어섰다.

"괜찮아, 그냥 앉아서 보렴."

부자는 소파에 나란히 앉았다. TV 소리가 들려왔다.

- 때렸습니다. 그러나 잘 피하는 ×× 선수…… 한 발 한 발 다가가는……

부자간의 긴 침묵을 깬 것은 호산이었다.

"눈을 피하면 지는 거야, 화티(Vati). 저 선수 눈 좀 봐요. 밀릴 때조차 상대방을 겁먹게 쏘아보잖아요? 저거 봐, 화티. 저 선수 유난히 팔이 길어 보이죠? 풋워크(foot work) 때문이거든요. ……얼굴을 안 가리고 덤비죠? 반격이 센 친구라 그래요."

아버지의 눈이 TV 화면에서 아들의 얼굴로 옮겨갔다.

"화티, 눈을 피하지 마. 피하면 지는 거야. 얼굴 가리지 말구 반격해,

화티!"

아버지가 아들의 손을 꼭 쥐었다.

중계방송 하는 아나운서의 목소리가 커졌다.

- **반격, 반격입니다!**

4. 대폿집에서

내가 남편 공광덕을 처음 만난 것은 1970년 겨울, 서울에서다.

그날, 강의가 끝난 5시경에도 아직 눈발은 날리지 않고 있었다. 서둘러 퇴근길을 재촉하는 저녁 속의 사람들은 서서히 내려앉는 회색빛 안개 속으로 하나둘 지워지고 있었다.

"야, 우린 그럼 뭐꼬, 옆에 앉아 들러리나 서라 이거지."

"신랑감은 어딜 나왔대?"

"어디라더라, 꼬부랑말이라 잊어버렸어. 으흐, 아흐 하는 것 보면 독일 대학 아니겠어?"

축 늘어진 날씨와는 상관없이 한껏 발랄하고 활기찬 젊은 여교수들의 종종걸음이 이화대학교 정문을 나설 때, 예약된 택시는 벌써 와 기다리고 있었다.

오숙경 선생이 내 등을 택시 속으로 밀어 넣으며 말했다.

"아이고, 조 선생! 얼굴 좀 펴라. 오늘은 굿 구경하구 떡이나 먹자고!"

정신은 어디다 저당 잡혀놓은 사람처럼 시종 멍한 시선으로 앉아 있는 내 모습이 오 선생 한 사람에게는 낯설지 않았지만, 뒤채며 지새운 지난밤의 사적인 얘기는 우리 둘만의 것으로 족하지 않겠느냐는 얘기다.

강의 끝나도 쉬지 못하고 미국 유학 가는 아이들 음악이론 가르쳐 돈 버느라 밤 10시, 11시까지 일하고 돈 생기는 족족 남편에게 송금하고 거기다 한약까지 지어 정기적으로 부쳐주는데도, 요즘 들어 남편을 독일에서 본 사람들은 위스키에 잔뜩 취한 그의 모습만 전해준다.

"차라리 계집 하나 얻어 딴 살림 차렸다는 소식이면 축전이나 보내지!"

오숙경 선생도 이 말이 나의 진심임을 알고 있었다.

피아노과 조교, 미스 유가 선을 뵈는 날이었다. 남자는 선을 보고 여자는 선을 뵌다고 해야 맞는 말이 되는 세상이 아직도 계속되고 있을 때다. 선을 보든, 결혼을 하든, 주위의 모든 것과 아랑곳없이도 나는 그들과 어울려 그들 하자는 대로 따라가고 있었다.

택시가 우리 일행을 명동의 흥분된 초저녁 인파 속에 쏟아놓았다. '태양다방'이란 간판이 느닷없이 우리 앞을 가로막았다. 문을 열고 안으로 들어서자 오늘의 예비 신랑감 김송규 씨가 일행을 맞았다. 오늘의 만남을 주선한 지 선배가 신부후보 미스 유를 소개시켰다. 여선생님들의 호들갑스런 웃음소리, 그리고 라디오에서 나오는 차중낙의 노래 〈낙엽 따라 가버린 사랑〉이 제법 분위기를 어색하지 않게 엮어가고 있었다. 미스 유는 웃을 때마다 연신 손수건을 입에다 가져다 댔고 김송규 씨는 엉거주춤 의자 앞부분에 엉덩이 끝만 붙이고 앉아서 싱거운 미소를 흘리다가 이따금 손 둘 곳이 마땅치 않은 듯 양손으로 배를 쓸기도 했다.

이때다. 다방 문이 조심스레 열리면서 웬 중년남자가 들어섰다. 희극배우

찰리 채플린을 연상시키는 옷차림새, 앞단추가 잘 여며지지 않는 오버코트에 짧은 소매, 그리고 퇴색한 로이터 안경을 쓴 이 남자는 잠시 누구를 찾는 것 같더니 다시 문을 열고 밖으로 나가려 했다.

“아이구, 오셨군요, 공 형. 여깁니다, 여기.”

김송규 씨가 남자를 반가이 맞아 일행 앞으로 모시고 왔다.

“저어, 공 선생님은 제가 독일에 있을 때 같이 고생하며 지낸 분이죠. 같이 술이라도 한잔 하시자고 오늘 나오시라고 했습니다. 좋겠죠?”

“그럼요.”

일행은 얼떨결에 자리에서 일어서며 말했다. 단추 색깔 하나가 달라서 유난히 눈에 띄는 오버코트를 걸친 공 선생이라는 사람은 긴 의자 끝자리에 어정쩡한 자세로 궁둥이를 붙이고 앉았다. 코트의 앞단추를 연신 만지작거리던 그는 호주머니에서 흑갈색 파이프를 꺼내 들었다. 그리고 파이프에 불을 붙이려다가 잠시 후 다시 다른 쪽 호주머니에 그 파이프를 쑤셔 넣었다 그리고 끝내는 자리에서 몸을 일으켰다.

“저는 그냥 가보겠습니다. 제가 방해가 되는 것 같아서……. 재미있게들 노십시오. 미안합니다.”

그는 어색해서 어쩔 줄을 몰라했다.

“선생님!”

재빨리 일어나 공 선생의 팔을 잡아 자리에 앉힌 것은 나였다.

“선생님, 우리 오늘요, 우리들 서로 알고 지내자고 만난 거예요. 같이 계세요, 네?”

못 이기는 듯 다시 자리에 앉기는 했지만 시종 어색해하는 공 선생은 다시 애꿎은 오버코트 단추를 주물럭거리기 시작했다. 얼어맞은 견공의 슬프고 유순한 눈동자를 연상케 하는 그의 표정이 안쓰러웠던 나는 마침내 비장한 결심을 하고 자리에서 일어섰다.

"자, 사랑하는 여러분! 오늘의 프로그램 진행을 불초 소인한테 몽땅 일임해주시죠?"

"브라보!"

일행의 얼굴이 일시에 밝아졌다.

"우리가 오늘 저녁 그, 왜식 요릿집 '대원'에 가기로 했지만요, 내게 지금 더 멋있는 장소가 떠올랐단 말입니다."

"옳지. 잘한다, 조 선생. 브라보!"

일행은 또 한 번 환호했다.

"아이고, 야아가 이제사 지 구실을 할랑가부다. 우헤헤헤."

지 선배도 신이 났다. 택시를 두 대 잡고 내가 앞차에 올랐다. 파이프를 문 공 선생도 내 뒤를 따라 오 선생과 함께 뒷자리에 앉았다.

"어디로 가시죠?"

택시 운전사의 퉁명스런 물음은 '당신들 아니라도 택시 탈 손님 많으니 빨리 갈 곳을 말하든가 아니면 내리든가 하라'는 투다.

"아저씨, 혹시 무교동 근처에 잘 아시는 대폿집 있으세요?"

대폿집이란 말에 오 선생이 옆으로 동그라지며 웃었다. 기사 아저씨는 이, 옷 잘 입고 향수 냄새 짙은 특권층에게 구역질을 느꼈던지 〈뒷간〉이라는 간판이 붙은 대폿집 앞에 차를 세워놓고는 한마디 내뱉었다.

"술 먹고, 뒷간 따로 갈 필요 없는 집입죠."

내가 김송규 씨로부터 공 선생에 대한 얘기를 잠깐이나마 듣게 된 것은 불과 일주일 전의 일이었다. 세칭 '동백림 사건'에 연루되어 3년간 옥살이를 하고, 두어 달 전 8·15 특사로 출감됐으나 거처할 방이 없어 시집간 누이네 집 방 한구석에 묵고 있는데, '전과자'라는 딱지가 붙어 다니니 취직은 물론 안 되고, 교통비 한 푼 없어 외출도 잘 못 하고, 어쩌다 바람 쏘이러 시내에 나왔다가 마주치게 되는 서울대 동창생들조차도 그를 알아보는 순간 얼굴을 홱 돌려 모르는 사람처럼 지나가 버린다는 얘기, 유럽에서 정치학으로 학위논문을 끝마쳐 갈 무렵 정부가 비밀로 파견시킨 중앙정보부원에 의해 국내로 압송되어왔다는 것, 사건 당시 서베를린 학생회 대표간사로 동베를린에 건너가 북의 학생 대표들과 한반도의 통일문제를 놓고 토론한 후 냉면 한 그릇 얻어먹고 온 일이 있다는 것 등이 지금까지 공 선생에 대해서 내가 알고 있는 전부였다.

오늘 그분을 모시고 나오라고 한 것도 나였다.

생각지도 못했던 대폿집 앞에 우르르 내린 음악대학 교수님들은 어처구니가 없다는 표정들이다. 오 선생이 말했다.

"푸우, 넌 또 언제 이런 대폿집엔 드나든 거니, 참 기가 막혀서."

말만 들었던 대폿집이라 좀 불안한 맘이 없지는 않았지만 그렇다고 한 번 저질러보지도 않고 물러설 내가 아니다. 에라, 전진이다. 숨을 한 번 크게 들이쉰 뒤 한옥으로 된 대폿집 문짝을 두 팔로 확 밀고 들어선 나는, 덮어놓고 "복순아!" 하고 불렀다. 물론 취한 척하면서. 아니, 취한 척이라니? 나는 어쩌면 술 아닌 무언가에 이미 취해 있었던 게 분명했다.

"네에!"

바로 대답이 들려왔다. 이런 우연이 있나, 그 집엔 정말로 '복순이'가 있는 게 아닌가!

천장이 유난히 낮고 담배연기가 자옥한 방, 신발짝은 무릎 앞 상 밑에 찔러놓은 채 땟국이 꾀죄죄한 옷들을 걸치고 앉아서 동동주를 서로 주거니 받거니 마시는 사람들, 이 진풍경이 공 선생의 복장과 너무도 잘 어울린다고 생각한 내 입가에 회심의 미소가 어리는 것을 어느 누가 눈치 챘으랴! 음식 이름이 쓰인 커다란 나무주걱을 메뉴판으로 들고 복순이가 내 앞으로 다가왔다.

"무얼로 하실까요, 손님?"

"어허, 이 아가씨, 올 때마다 물으면 어떻게 하나, 쯧쯧."

그녀의 궁둥이를 가볍게 밀며 능청을 떠는 나에게 복순이는 예, 예! 알겠습니다! 하면서 종종걸음으로 사라지는 게 아닌가!

복순아, 너는 하늘이 보내준 천사로구나!

나는 복순이의 굵다란 허리를 덥석 안아주고 싶은 충동을 느꼈다.

"교수님들, 그, 점잔 빼는 건 1년 내내 하는 거니 오늘은 그냥 확 허물어져 버리자고요, 어때요?"

나는 찌그러진 양은주전자를 들고 상 주위를 돌아다니며 열심히 동동주를 따라주었다. 공 선생의 색깔 다른 단추들이 똑같은 색깔로 뭉크러져 보일 때까지 이 특권층 무리들에게 술을 먹여야 된다고, 그러기 위해서는 먼저 곤드레가 된 척해야 된다고 생각한 나는, 자신도 모르게 대폿집 주정꾼들의 얼굴표정을 닮아가며 혓바닥까지도 조금씩 뉘어서 말을 건네고 있었다.

"어머어머, 이런 술은 독하지 않은 줄 알았더니. 와아, 취하는데."

"아이고, 고마 한번 디이지게 마시고 보는 기라."

지 선배는 제대로 취해 있었다.

"아이고, 낼로 말 안 할라 캐도 저 아만 보면 속 터지는 기라."

선배의 얘기를 열심히 듣고 있는 사람은 그녀의 옆에 자리한 공 선생이었다.

"재주가 많은 기라요. 엄청 많은 기라요. 백 가지 재주 가진 놈 밥 세 끼 에우기 힘들다드이 바로 저 조병옥일 두고 하는 말 아닝교. 지지리도 가난하게 크드이만 이자 전임도 되고 쫌 살 만해질 게다 했드니만 돈 못 버는 남편 툭하면 입원해서 번 돈 다 까묵고. 새빠지게 벌어야 지 집 한 칸도 마련 몬하고 전신 셋방으로만 돌아다니고."

"선배, 저도 한 잔 주세요!"

나는 이렇게 그녀의 말을 잘랐다.

"옹야, 옹야. 니도 오늘은 마 옹갖 시름 잊어뿔고 한 잔 하그레이."

내게 술을 따라준 선배는 감회에 빠져 있는 것 같은 공 선생의 빈 잔도 채워주고 있었다.

피아노 칠 때 손가락이 잘 돌아가느니 안 돌아가느니 하는 얘기로 시간을 때우기가 일쑤인 음대 선생들, 그들이, 그 입에 붙어 다니는 지루하기 짝이 없는 넋두리를 까맣게 잊어버리고 제법 술집 분위기에 휩쓸려 들어가는 동안 김 군과 미스 유는, 이제는 서로 훔쳐볼 필요도 없이 온몸에 불을 지르고 있었다.

"프로스트(Prost)!"

김송규 씨가 독일 말로 축배를 선창하며 잔을 높이 들었다.

"프로스트!"

모두가 그를 따라 잔을 부딪친다. 오랜 미국 생활에 술 마시는 매너가 멋진 오 선생이 한마디 했다.

"자아, 오늘은 사랑을 위해 축배해야지. 오늘의 멋진 사랑을 위해!"

나도 한마디 덧붙였다.

"그래, 누군가에 의해 학살당하며 신음하고 있는 우리들의 사랑을 되찾기 위해!"

그때, 뿌연 담배연기와 막걸리 트림의 걸쭉한 공기 속에서 얼핏 번뜩이는 뜨거운 것을 나는 느꼈다. 복순이가 세 번째로 빈대떡을 갖다놓은 곳은 바로 그 번뜩이는 시선의 주인공 앞이었다. 공 선생, 여태껏 저쪽 상 귀퉁이에 웅크리고 앉아 파이프 담배만 빨던 그가 별안간 자리에서 일어나 성큼성큼 내가 있는 쪽으로 걸어오고 있었다.

"저는 도무지 이분에게 반해서……, 미안하지만 제게 옆자리 좀 양보해주시겠습니까?"

예기치 않았던 일이었다. 그러나 분위기는 조금도 썰렁해지지 않았다. 술 때문이었을 게다. 나는 앞에 놓인 잔을 원 샷에 쏟아 붓고 공 선생에게 빈 잔을 넘기며 말했다.

"선생님이 웃으시니까 저도 기쁘네요. 저는 직접 당해보지는 못했지만요, 이화여고 다닐 때 근처에 있는 재판소 쪽으로 용수 쓰고 실려가는 죄수들 많이 봐놔서요, 그놈의 정치, 그놈의 법이라는 걸 가지고 무슨 짓거리들을 하는지 조금은 알고 있어요. 선생님, 잘 오셨어요. 저도 대폿집 처음이에요."

받은 술잔을 그대로 들고 앉아 나를 뚫어지게 보고 있는 공 선생의 입에서는 끝내 아무 말도 나오지 않았다.

"선생님, 선생님도 좀 웃으셔요. 우리 밖으로 나갈까요? 나가서 신명나게 춤도 추고 창가도 하고 그래요. 선생님께서는 어디 가서 들꽃 한 송이 꺾어다 제 머리에 꼽아주시고요."

내 말소리는 내 의식보다 먼저 입으로부터 튀어나와 제멋대로 장난치며 즐기고 있었다. 필요하면 빌릴 수 있는 술기운도 오늘은 한몫했다.

"어머낫, 눈 오네."

복순이가 밖을 내다보며 말했다.

문 밖에서 날리는 눈발은 대폿집 부엌 창문의 조명을 받으며 한 편의 서사시처럼 흐르고 있었다.

5. 전과자와의 축배

대폿집 모임이 있은 후부터 바빠진 것은 음악대학 세 여교수님들이었다. 우선 공 선생에게 의식주 문제가 해결될 수 있도록 도와주자는 공론을 했기 때문이다. 오 선생은 학자들에게 전화하여 독일어 번역물을 받아오기 시작했고, 나는 우선 독일 유학을 앞둔 성악과 교수와 학생들을 위한 독일어 어학반을 만들었다. 그리고 등록하는 사람 순서대로 레슨비를 선불로 거둬 공 선생에게 건네주었다. 여기저기 발이 넓은지 선배는 취직자리를 알아봐 준다고 공 선생에게 이력서를 써오도록 했다.

세 여선생이 공 선생과 저녁을 같이하기로 한 날이었다. 내가 다른 동료들보다 먼저 약속장소에 도착했다. 찻집 문 앞에서 구두에 묻은 눈을 터느라 발을 구르고 있을 때다.

"아이고, 오셨군요, 조 선생님."

눈발 속에서 나를 향해 성큼성큼 다가오는 남자를 보는 순간 나는 우아, 나도 모르게 튀어나오는 탄성을 손으로 틀어막았다. 이렇게 통째로 생판 다른 사람이 되다니, 믿어지질 않았다. 검은색 가까운 잉크빛 신사복에,

가는 붉은색 무늬의 은색 넥타이를 매고 하얀 이를 드러내며 내 앞에 미소 짓고 서 있는 이 신사가, 바로 두어 주일 전 대폿집에서 만났던 그 무력하고도 비통한 얼굴에 면도질까지 안 해 산도적같이 보였던 그때 그 '장발장'이란 말인가!

"도무지 죄를 짓는 것 같아서요, 너무 고급 양복이라……. 정말 고맙습니다."

공 선생은 나의 맞은편 의자에 앉으면서 매우 정중하게 말했다.

"아이구, 그런 말씀 마세요, 선생님. 저희가 사드린 건가요 뭐. 선생님께 드릴 레슨비에서 미리 떼서 지불한 거예요. 가봉하러 갔을 땐 몰랐는데 입으시니까 정말 잘 어울리시네요."

내가 '다른 친구들은 왜 안 오나' 하면서 벽시계를 쳐다볼 때 오 선생이 다방 안으로 헐레벌떡 들어섰다.

"조 선생, 서기…… 지 신배 오늘 다른 일이 있어서 못 온……."

오 선생은 말을 하다 말고 입을 딱 벌린 채 공 선생과 나를 번갈아 쳐다보았다. 공 선생의 눈부신 모습을 그제야 목격한 것이다.

"어머나, 어머나, 난 누구신가 했어요. 이럴 수가."

오던 걸음을 주춤한 채 어쩔 줄을 몰라하는 그녀의 얼굴에는 그녀가 공 선생의 양복값을 혼자서 부담했다는 자부심 같은 것은 조금도 배어 있지 않았다. 그녀는 오히려 자기 혼자 양복값을 지불했다는 '비밀'을 누설하지 않았겠지? 확인하려는 듯 나의 발등을 지그시 눌렀다.

"선배가 사정이 있어 못 온다고, 나더러 공 선생님 이력서 받아오랬어요."

오 선생이 말했다.

"실은, 저어."

공 선생이 밭은기침을 하며 입을 열었다.

"오늘도 직장 알아보는, 그러니까 소위 인터뷰라는 게 있어서 이렇게 차려 입고 나온 건데……."

"그런데요?"

두 여자가 입을 맞추어 물었다.

"벌써 몇 번 겪어봐서 큰 기대는 안 했어요. 선생님들, 너무 애쓰지 마셔요. 아무리 스스로 일어나보려고 해도, 어느 한 귀퉁이에서라도 새로 시작할 수 있게 해주어야 말이죠……."

"뭐라고 하던가요? 왜 안 된대요?"

내가 물었다.

"흠, 제가 망발을 한 것도 있어요. 이력서 펴 보일 때마다 '여기, 이 3년간은 어디서 뭘 했느냐'고 물으니……."

"감옥에 있었다고 하셨군요."

"감옥에 있었다고 할 수밖에요……."

그는 담배를 깊이 빨아 후우 뱉으며 비아냥거리듯 웃었다.

"그래서 오늘은 이력서를 좀 다르게 써서 내밀어 봤죠."

그는 탁자 위에 하얀 종이 한 장을 펴놓았다. 큰 종이 한가운데 세 글자가 적혀 있을 뿐이었다.

- **전과자** -

"세상에 전과자를 반기는 사람은 아무도 없다는 것을 재차 확인하고 싶었는지 모르죠. 출감 후에 더더욱 절실히 느끼는 거지만, 이 땅엔 사회적 양심을 길러가는 풍토, 교육적 풍토가 없어요……."

그는 말을 계속했다.

"감방 안에서도 이런 절망이나 공포감은 오히려 없었어요. 당신은 대체 왜 감방살이를 했어야 했소? 하고 물어보는 친구 하나만 있어도 전 숨통이 트일 것 같아요. 제법 가까웠던 친구들도 저를 보면 그저 말 한 번 붙여보지도 않고 피해가죠."

식사를 하면서도 우린 별로 주고받을 얘기가 없었다. 제각각의 상념에 빠진 세 사람의 침묵이 깊어질 대로 깊어져 바닥을 짚게 됐을 때 나는 '산책하실래요, 선생님?' 하면서 자리에서 일어났다.

눈발이 힘없이 하나둘 날아와 내 안경 유리에 앉으며 눈물을 흘렸다. 명동성당의 긴 종 울림이 끝나고 그 여운이 아득히 먼 골목길로 사라지고 우리의 무거운 발걸음 소리도 하루의 매연과 소음이 꺼져가는 인적 드문 도시의 밤, 검은 시간 속으로 터덜터덜 주저앉고 있었다.

이때였다. 누군가가 요상하게 소리를 지르며 우리들 앞으로 나동그라지듯 뛰어오고 있었다.

"이게, 이게 누구야, 이게 누구냐구?"

키가 작달막하고 머리가 약간 벗겨진 그 남자는 양팔로 공 선생의 어깨를 미친 듯이 치며 반가워하는 것이다. 이게 꿈이냐 생시냐 해가며 펄쩍펄쩍 뛰고 있는 이 아저씨는, 웃는 것도 아니고 우는 것도 아닌 먹먹한 표정으로 서 있는 공 선생 앞에 멈춰 섰다.

"이런, 이런. 날 벌써 잊었수, 그래?"

하면서 그는 공 선생의 가슴을 가볍게 밀었다.

"글쎄요, 이거 죄송합니다. 도무지 어디서 뵌 분인지……."

"우헤헤헤, 독일 학자 선생님, 날 잊으셨군. 아, 간통죄, 간통죄 몰라요? 한 방에서 칼잠 자다 이불 때문에 싸운 생각 안 나요?"

순간 공 선생의 숨이 딱 멎었다. 그들은 일시에 아아, 이거, 하면서 화닥닥 얼싸안는 것이 아닌가.

상가 출입구 비상등마저도 그 기다림을 견디지 못해 하나둘 스러져 가고 있는 이 겨울 늦은 밤, 이런 감동적인 만남이 그들 두 나그네에게 마련되어 있었다는 게 얼마나 경이로운 일인가!

그리고 며칠 후, 나는 공 선생의 전화를 받았다. 그의 목소리는 온화하고 따뜻했다.

"전 지금 공원에 나와 앉아 있어요. 이제는 그리 삭막하지만은 않아요. 제 옆에 비둘기도 있고 바람도 있고……. 그리고 좀 있으면 커피 한 잔 하자는 친구도 오거든요. 그 간통죄 친구."

6. 흔들리는 의자

전화를 받으면서도 그는 제발 그 얘기만은 하지 말아주었으면 했을 게다. 천천히 하시죠, 하며 이 핑계 저 핑계로 미뤄왔던 공 선생은 그가 징역 살고 나온 대전교도소를 꼭 한 번 가보고 싶다고 한 나의 말이 지극히 진심에서 우러나온 것임을 확인한 후부터는 지금처럼 어물쩍 넘겨버릴 순 없다는 걸 알았는지 이번엔 쉽게 대답했다.

"그렇게 하시지요."

다시는 그놈의 저주의 땅에다 대고는 오줌도 안 눌 것이다, 하며 침을 퇙 뱉고 떠나온 대전이지만, 이 사랑스러운 여인이 기어이 같이 가보자고 하니 급기야는 항복하고 만 것 같았다.

가칭 '대전교도소 위문단'이 조직된 것은 공 선생의 허락이 떨어진 바로 다음 주 초였다. 오 선생, 김송규, 지 선배, 나, 그리고 공 선생은 돌아오는 주말에 시행될 교도소 방문 절차와 순서 등에 관해 얘기를 나누느라 밤이 늦어서야 헤어졌다.

1971년 2월 21일, 일요일 새벽. 별들도 아직 하품할 이른 시각, 텅 빈 도시 복판을 택시는 총알처럼 달리고 있었다. 차가 서대문 네거리를 건너 적십자병원 앞을 지날 때, 나는 어느새 그 근처 정동 골목에 있는 이화여고 시절로 돌아가 있었다. 좁다란 길가 흙돌담 안쪽 벽돌건물 2층 교실에 앉아 있는 나는 올빽(all back)이라는 별명을 가진 화학 선생님에게 야단을 맞고 서 있다.

"야, 조병옥! 너 계속 이럴 거야, 엉?"

머리에 용수를 쓴 사람들이 오랏줄에 손이 묶인 채 트럭에 실려 재판소로 가는 광경을 내다보는 것은 이화여고 학생들한테는 별스러운 일이 아니었다. 재판소가 바로 학교 근처에 있었기 때문이었다. 별스러운 것은 그 광경을 수업 중에 내다보다가 번번이 딱딱한 출석부로 머리를 얻어터지는 이 조병옥의 바보스러움이었다.

"내 말이 말 같지 않아?"

"……."

"엉? 수업 중야, 수업 중! 용수 쓴 놈들 첨 봐?"

드디어 나는 울음을 터뜨리며 복도로 뛰어 나간다.

아침 7시 정각.

그레이하운드 버스 터미널엔 지 선배 하나만 빼놓고 모두들 와 있었다. 입에 파이프를 물고 먼발치에서 손짓을 하는 공 선생의 얼굴은 감회에 빠져 있음이 역력했다. 표정에 불안감 같은 건 없었지만 결코 편안할 수는 없는 듯 입에 물린 파이프에서 연거푸 연기가 올라오고 있었다. 교도소 방문이라는 것이 어떤 것인지 알 턱이 없는 음악대학 선생들은 어쨌거나 집과 직장을 떠나 멀리 여행을 할 수 있다는 것만으로도 잔뜩 흥분되어 있었다. 8시 20분, 코리안 타임으로 유명한 지 선배가 헐떡거리며 뛰어와 버스에 한 발을 올려놓자 차는 부르릉! 시동엔진의 모가지를 비틀었다.

나는 공 선생 옆자리에 앉았다. 나는 때마침 라디오에서 흘러나오는 레이 찰스의 노래를 콧노래로 따라 불렀다. 아이 캔트 스톱 러빙 유(I can't stop loving you)……. 지난밤, 국제전화로 남편과 주고받은 위태위태한 말질이 노래 속에 섞여 들어와 노래는 노래대로, 말질은 말질대로 돌아다니며 좌충우돌하고 있었다.

"애들은?"

남편의 물음이었다.

"내가 키워요! 양육비도 필요 없어요."

"당장 떠나겠다?"

"당장요!"

"당신, 내가 뭘, 도대체 내가 뭘 잘못했다구 그러는 거야?"

"잘못했다구 안 그랬어요."

"그런데?"

"그냥……."

"그냥이라니?"

"그냥 힘들어요. 힘들어서 그래요."

수화기를 팽개치듯 내려놓는 소리가 들렸다.

시종 나를 조용히 지켜보고 앉아 있던 공 선생이 입을 뗐다.

"한 사람을 안다는 것은 참 힘든 일이라고 생각했어요……. 그런데 이게 어떻게 된 건지 이렇게 짧은 시간에 저는 한 사람을 분명하게 이해할 수 있을 것 같은 생각이 드네요."

"짧은 시간이라고요? 호호, 만나기 전 시간은 계산 안 하시네요."

이렇게 대꾸하면서 나는 어깨를 으쓱 올렸다. 공 선생은 무언가 말을 하려다가 담뱃갑을 찾는 듯 양복 윗도리 왼쪽 주머니를 손으로 눌렀다. 버스 뒷자리 한 줄은 금연구역이 아니라고 그에게 귀띔해주었다. 그는 빈 담배를 손가락 사이에 낀 채 말을 계속했다.

"조 선생님은 왜 굳이 그런 델 가보시려구 그러는지……. 이화여고 다닐 때도 용수 쓰고 실려가는 사람들 구경하다 선생한테 매번 꾸지람 들으셨다고 저번에 대폿집에서 그러셨지만."

나는 잠자코 다음 말을 기다렸다.

"시련을 일부러 만들면서 부딪치는 건 아닌지요?"

"누가요, 제가요?"

나는 그를 쳐다보았다. 그는 고개를 끄떡였다. 나는 오히려 공 선생이 그 대답까지 해주면 어떻겠느냐고 물었다.

"글쎄요, 내가 대답하기보다는……. 음, 그럼 한 가지 물어볼게요. 당하는 편에 서는 건 그 편이 조 선생님 편이기 때문인가요?"

나는 웃었다.

"그렇게 말씀하시니까 제가 부끄러워지네요. 뭐 그렇게 거창하게, 당하는 편에 서는……. 글쎄요, 그냥 어느 편에라도 서지 않으면 외로우니까요. 그 쪽에 가야 덜 외로운가 보죠, 호호."

뒷좌석에서 지 선배가 '공 샘!' 하고 부르는 바람에 얘기는 끊겼다.

"샘, 이야기 쫌 해주이소."

선배가 공 선생 쪽으로 자리를 옮겨오려 하자 공 선생이, '제가 뒷좌석으로 가지요' 하면서 자리에서 일어났다.

"지는 아무것도 몰라예. 동백림 사건 동백림 사건 해싸도 그기 무신 사껀인지 우리 엄악(음악) 하는 사람들은 무식해서 잘 몰라예."

앞쪽에 앉아 있던 오 선생이 종종걸음으로 뒤쪽을 향해 가면서 나에게 오라는 신호를 했다. 나도 결국 자리를 옮겼다.

"교수님, 우리 그 얘긴 이 담에 듣기로 하죠."

김송규 씨가 꽉 끼고 있던 손깍지를 풀면서 말했다. 그러나 선배는 한 발 더 나갔다.

"그래도 마, 예를 들면 뭐 땀시 잡혀왔다등가, 뭐 땀시 빨갱이 소릴 들어야 된다등가, 궁금하지 않능교?"

공 선생의 얼굴이 굳어졌다. 그가 밭은기침을 하며 무언가 얘기를 하려고 지 선배를 마주 보는 순간 그녀가 또 한 번 다그쳤다.

"내 말은예, 생기는 것도 없이 말입니다. 고생만 직시히게 히고 도대체 얻는 게 뭐냐 말이지예."

"네에, 그렇지요……."

공 선생이 입을 열었다.

"뭐 땀시 했느냐!"

모두들 웃었다.

"제가 사랑하고 싶은 걸 사랑하고 싶어서였다고 대답할까요? 그러기 위해선 무언가를 미워해야 했죠. 미워하기 위해서가 아니라 사랑하기 위해서죠."

"제가 직접 겪은 건 아니지만, 제가 좀 얘기해드릴 수 있을 것 같아요."

김송규 씨가 자리에서 일어서며 공 선생의 말을 가로막았다. 그는 얘기를 시작하기에 앞서 담배 한 개비가 밖으로 뽑혀 있는 갑을 공 선생에게 내밀었다. 공 선생은 그의 뜻을 알아차린 듯 담배를 한 개비 뽑아 들고 천천히 일어나 다른 빈 자리로 옮겨갔다. 김송규 씨가 내키지 않는다는 듯 머리를 긁적거리며 입을 열었다.

"별로 하고 싶지도 않은 얘기지만, 어쨌든 그래요, 이 사건이 이래서 이렇게 됐다! 라고 스토리를 한꺼번에 이 버스 칸에서 늘어놔 봤자, 그게 어디 금방 실체로 다가오겠어요……. 그냥 세상에 알려진 얘기나 대강 해드리죠. 1967년 5·3 대선 때죠. 박정희의 부정선거를 규탄하는 국민 데모가 4·19 이래 처음으로 크게 터졌죠. 생각나시죠? 사태를 수습해야 되니까 박 정권이 어떻게 했겠어요? 여론을 반전시켜놓고 봐야 되겠다 생각한 거죠. 그때 소위 '동베를린을 거점으로 한 북괴 대남적화공작단 사건'이라는 걸 만들어낸 거예요. 해외에서 약 70명쯤 잡아들여 왔지요. 물론 기소된 사람은 190명도 넘었지만."

"어데서 잡아왔다꼬예?"

선배의 얼굴이 일그러졌다.

"주로 독일이지요. 물론 프랑스 등 유럽의 다른 나라에서도, 그리고 국내에서도 이와 관련된 사람들이 구속됐고요. 공 선생님 경우도 그랬지만, 대체로 학위논문을 쓰고 있던 유학생들이었죠. 그리고 대학교수, 의사, 예술가들……. 그중엔 저희 이모부, 윤이상도 있지만."

"이모부라니요?"

오 선생이 물었다.

"아니, 그럼 미스터 김이 윤 선생님 조카 되신다고요?"

오 선생의 큰 눈이 더 커졌다.

"그래서요? 이 소위 간첩단들이 무슨 짓을 했다는 건가요?"

내가 물었다.

"말하자면 이들이 동백림과 연계되어 북괴의 불온사상을 고취시키는 것은 물론, 대한민국 정부 전복을 기도했고, 또 그중에 몇 명은 평양까지 왕래하면서 대남적화 공작원으로 포섭돼 평양서 돈도 받아다가 간첩활동을 했다, 이렇게 발표해버린 거죠."

"아이고 무시라."

선배는, 너, 이런 위험인물인 줄 다 알면서도 날 데리고 이렇게 여행까지 함께 하게 만든 거냐는 듯 내 얼굴을 노려보았다. 선배는 별안간 목소리와 고개를 착 낮추며 물었다.

"그라믄, 공 샘도 피양 갔다 왔어예?"

"평양은 아니고요, 서백림 학생회 간사로 동백림에 파견돼 한반도 통일에 대한 선방에 대해 북의 학생들 내표와 토론하고 온 것뿐이에요."

"냉면도 먹고 왔죠."

공 선생이 뒷자리로 다시 들어오며 한마디 덧붙였다. 지 선배는 거침없이 따지고 덤볐다.

"보자, 보자, 그라믄, 대한민국 국민이 동베를린에 갔다 카는 건……."

"네, 말씀드리죠."

김송규 씨가 대답했다.

"분명 위법이죠. 파스포드(passport)에 동독에 들어갔다 왔다는 도장이 찍히면 작살나는 거죠. 국내에 못 들어오는 거죠. 거기 가본 분들은 알고 있지만 동베를린과 서베를린을 왕래하는 전차가 있어요. 동베를린에서는 책값이 싸기 때문에 서방에서 온 학생들이 책을 사러 잠깐씩 넘어갔다

오는 예가 많아요. 그냥 전차만 타면 넘어가니까요. 동베를린에서 운영하는 전차인데 서베를린까지 순환하죠. 우리로선 상상도 못 하는 일이잖아요. 통일된 것도 아닌데. 말하자면 남쪽 사람들이 기차나 전차 타고 개성에 건너갔다 오는 거나 같으니까요. 학생들이, '그저 난 책 좀 사러 왔으니 금방 갈 거라'고 하면서 도장만은 여권에 찍지 말아달라고 하면 그렇게 해주는 경우가 많았어요. 물론, 그런 얘길 듣고도 대한민국 사람들은 대부분 겁이 나서 건너가 볼 엄두도 못 냈지만요. 전, 일본 유학생들한테 부탁해서 책을 사오곤 했죠."

"아니, 그럼, 아까 얘기 듣다 말았는데……. 가만있어, 어떻게 남의 나라에서 그냥 막 체포해올 수가 있어요?"

이번엔 내가 물었다.

"그러니까 이것들이, 그 사람들을 말하자면 범죄자로 해서 잡아온 게 아니죠. 여기 대한민국까지 끌고 온 다음에 구속한 거죠. 범죄자로 체포해오려 들면 서독 같은 나라와는 범인인도조약이 없으니까 못 잡아올 게 아네요. 또 사전에 소문이 나서, 이 사람들이 전부 정치망명을 해버리면 일망타진은 틀려버리는 거니 교묘하게 머리를 짜내서 옭아온 거죠. 새끼들 말로는 자의에 따른 임의동행이라고 했지만 그걸 어떤 놈이 믿어요……."

김송규 씨는 매고 있던 넥타이를 화풀이하듯 돌려 늦추며 말을 계속했다.

"뭐 8·15를 맞아 국가에서 유학생, 교수, 예술인들을 특별히 초빙해 국가의 장래를 위해 의논할 것이 있으니 급히 귀국해주셔야겠느니……, 하여간 얘기를 들어보면 이렇게 어처구니없게 속아 넘어갈 수가 있나 싶을 정도라니까요. 아, 갈 형편이 안 되면 본 대사관에까지만 갔다가 영사님만 뵙고 다시 돌아오시면 된다는 둥. 물론 차에 오르면서, 그리고 주독 대사관으로 끌려가는 차 안에서는 '무슨 흉측한 음모에 말려들었구나' 하고 눈치 챈 사람도 있었다지만, 그땐 이미 늦었죠."

"그 사람들이 진짜 북괴의 간첩짓을 하고 있었다면 그렇게 쉽게 가자는 대로 의심 없이 따라가진 않았을 거 아네요? 한두 명도 아니고 그렇게 몇십 명이나 되는 사람이 몽땅요?"

내가 반문했다. 오 선생이 '맞아' 하며 고개를 끄덕였다.

"아니, 그럼 비자도 없이 어떻게 비행장을 나오고 들어가고 했죠? 제 얘긴, 독일뿐 아니라 중간에 일본을 경유할 때 어떻게 통과가 될 수 있었느냐고요?"

외국여행 경험이 많은 오 선생이 말했다.

"그게 웃긴 거지요."

김송규 씨는 후우 한숨을 뱉는다.

"다 짜고 해먹은 거죠. 일본, 독일 정부 모두요. 그러니 독일 지식인들이 이걸 알게 되면서 가만히 있었겠어요? 주권침해라고, 학자들, 문인들, 예술인들이 항의 서명운동을 벌였죠. '인권 후진국'이라고 한국을 규탄한 거죠. 차관도 중단하겠다고 으름장을 놓으니까 뭐 어쩌겠어요. 국교는 열어야 되고. 덕분에 우리 이모와 이모부는 다른 이들보다 먼저 구출받아서 다시 유럽으로 돌아갔지만, 나머지 분들 중에도 운 좋은 사람들은 옥살이 끝나자마자 독일에서 데려갔어요."

"그럼 공 선생님도 서독에서 다시 데려가겠네요."

오 선생이 밝게 웃으며 공 선생 얼굴을 쳐다보았다. 김송규 씨는 난처한 듯 공 선생을 힐끗 보면서 한숨을 지었다.

"공 선생님은…… 하필이면 잡히시기 직전에 학교를 오스트리아 잘스부르크(salzburg) 대학으로 옮겼거든요. 오스트리아라는 나라는 남의 나라 인권이니 뭐니 하는 덴 관심이 없어요. 도대체 정치니 사회개혁이니 떠드는 사람들이 그 나라에 들어가면 '이 골치 아픈 친구들 왜 내 나라에 들어와 시끄러우냐'니까요."

오 선생은 그래도 무언가 상황이 석연치 않다는 듯 입을 달싹였다. 그러나 자리에 꼼짝 안 하고 앉아 결코 즐겁지 않은 화제에 시달리고 있는 공 선생이 안됐다는 생각이 들었는지 화제를 바꾸자는 눈짓을 내게 주었다.

재소자들이 별로 즐겨하지도 않는 클래식 음악 공연으로 형식적인 위문공연을 마친 일행의 심정은 각자 나름대로 착잡하고 떨떠름했다. 일요일 예배시간을 이용해 위문공연을 했으니 찬송가도 부르고 성경 봉독도 하고 기도에 이르기까지 구색은 갖추었지만 분명 예배 분위기는 아니었다. 위문공연이랍시고 슈베르트, 브람스 등 목청을 뽑아 열심히 불렀지만 그들의 표정은 '제발, 웃기지마라'였다. 앞줄에 앉은 재소자 하나가 '가수 젖탱이 한번 큰데'라고 수군거리는 통에 근처에 앉은 이들이 키득키득 웃기도 했다.

돌아오는 길은 버스가 아닌 기차 편을 이용했다.

나는 공 선생의 맞은편 자리로 가 앉았다. 졸음 겨운 눈을 아래로 뜨고자는 듯 앉아 있는 공 선생, 그의 얼굴을 그처럼 가까운 데서 마주 본 적이 없었던 나였다. 굳게 다문 두툼한 입술은 그가 말하고 있을 때는 오히려 그 존재를 알리지 않고 있다가 이제야 그 역할에 무게를 싣고 있었다. 양 미간에 깊게 팬 여러 개의 주름살에서 나는 그가 겪어온 세월의 흔적을 보고 있었다. 39세의 젊은 나이에 가진 많기도 많은 주름살을 나는 한

계단 한 계단 디딤돌로 세어가며 그의 인생의 가파른 길을 거슬러 올라가고 있었다. 어디쯤 올랐을까. 이제는 더는 어두워질 수 없는 땅에 이르렀을 때 거기 그가 그렇게도 힘겹게 서서 말하고 있었다.

"높은 벽에 못을 박을 때 흔들리는 의자를 누가 붙들어주면 안심하고 서서 못을 박을 수 있지 않습니까. 제가 하려는 얘기는……."

그는 말을 잇지 못하고 한참 동안 강단 아래만 내려다보고 있었다. 목울대로 울컥 치밀어 오르는 뜨거운 것 때문인 것 같았다. 소장의 권유에 못 이겨 마지못해 단상에 올라간 그가 재소자들 앞에서 무겁게 열었던 입이었다.

"오래간만에 바깥세상을 사는 저는 최근 몹시 뒤뚱거리고 조바심하는 자신을 발견합니다. 그래도 내가 이 안에서 3년 동안 살면서 충분히 버틸 힘을 길렀다고 생각했는데…… 그런데…… 죄송합니다. 말이 제대로 안 나오네요."

그는 잠시 침묵하고 있었다.

"정말 힘들었습니다. 수도 없이 몇 번이나 부딪쳐 찢기고 또 찢기고 하다가 어느 날은 땅에 주저앉아 하나님! 하고 큰 소리로 불러보기도 했죠. 너무 힘들어서 이 견딜 수 없는 시간을 죽음으로 피해갈까 하는 생각도 했었습니다. 그러던 끝에, 저는 오히려 '보호받고 있었다'고 생각되는 이 감옥을 떠올렸습니다. 여기가 그리워지기까지 했습니다. 결국 아무도 만나지 않고 칩거하면서 감방살이 비슷하게 살아도 봤지요…….

그러던 어느 날 나는, 내가 이 교도소 안에서 얻었던 소위 '버틸 힘'이라는 것이 무엇이었던가를 기억해내게 됐습니다. 그것은, 인간사회로부터 온 것이 아니었습니다. 분명 다른 통로를 통해 얻은 용기와 희망이었습니다.

저와 얼마 동안 한 감방에 있다가 사형장으로 끌려간 어른이 계십니다. 그분이 죽기 전날 밤 저에게 하신 말씀이 있습니다.

'이 안에 있는 동안 자네와 내가 나눈 모든 성스러운 경험들은 참으로 귀한 것이었네. 우리가 언제 어디에 가 있든지 그 귀한 것들을 먹고 받아들이며 사세. …… 내가 출역 나가서 높다란 벽에 못을 박던 날 내 흔들리는 의자를 잡아주었던 자네 때문에 얼마나 행복했는지 자네는 모를 걸세.'

이렇게 말씀하셨던 그분은 지금도 시시때때로 제게 나타나 말씀하십니다. '흔들리면 붙들어달라고 하게. 우리가 서로 붙들어주면서 살면 세상에 두려울 것이 없지 않겠나' 하고요."

후우, 진저리 치듯 새어나온 나의 한숨이 차창을 온통 흐려놓았다. 한숨이라기보다는 갑작스런 근육의 이완이었다. 나는 그를 새삼 다시 바라보았다.

"주무셔요, 선생님?"

"아니요."

공 선생은 눈을 감은 채로 대답했다.

"눈을 줄곧 감고 계셔서……."

"……다른 이들 다 제거하고 조병옥 선생만 보고 싶어서요……."

사회

"동백림사건요? 코미디였지요"

'역사의 비극' 30돌, 관련자들 씁쓸한 회고… "우린 국가테러리즘의 희생자"

간첩 누명 쓴 유학생들 *67년 12월6일 동백림사건 구형공판. 당시 피고인들이 검사의 논고를 무표정하게 듣고 있다.*

『저는 카프카의 「심판」의 주인공 K의 상태에 있습니다. 저를 더이상 찾지 말아주십시오. 저는 한국으로 갑니다』

카프카를 즐겨 읽던 한 독문학도가 어느날 아침 소설 주인공 K와 똑같이 하숙집에서 건장한 낯선 사내에게 체포됐다. 그의 이름도 K였다. 납치처에서 어찌어찌 감시인으로부터 종이를 얻어 하숙집 여주인에게 편지를 쓸 수 있었다. 「찾지말라」고 편지를 한번 쓰는 것이 납치자들에게도 유리할 것이라고 설득, 편지를 부칠 수 있었다. 이 글은 서방통신을 타고 동백림사건을 세상에 알리는 중요한 단서가 됐다.

지금으로부터 꼭 30년 전인 1967년 6월17일. 그날 밤 독일 본(Bonn)의 한국대사관에 감금된 상태에서 편지를 쓴 김종대(金鍾大 · 당시 33세 · 하이델베르크대)씨가 바로 「제2의 K」였다. 곡절많은 유학생활을 마치고 귀국한 김씨는 독문학 교수로 자리잡았고 지금은 단국대 문과대학장. 고운 외모에서 한 세대 전 사건의 흔적을 찾아내기란 불가능하다.

『그 어처구니없는 사건이 벌써 한 세대 전의 일이군요. 우리가 처했던 상황과 당시 지식인들의 「의무감」을 이해할 수 있는 사람이 지금 있을까요』

그의 말처럼 이제 「동백림사건」이라는 제목 이외에 그 내용을 기억하는 사람은 별로 많지 않다. 따라서 수십명의 K들이 당시 분단한국의 「고통」을 어떻게 「지식인의 의무감」으로 정리해냈었는지 이해하기도 쉽지 않다.

북한사람 만났다고 간첩 올가미 씌워

그러나 바로 이 대목. 젊은 K들이 겁없이 동베를린의 북한대사관을 왕래하고 심지어 평양까지 오갈 수 있게 만든 사회적 정서적 분위기. 그리고 이들에 대한 당국의 고식적 대처방식 등을 파악하는 일은 한 세대 뒤 북한관련 확신범들이 양산되는 오늘의 상황을 이해하는데 하나의 거울이 될 수도 있다.

당사자들은 대부분 「역사의 비극」이자 「희대의 코미디」였던 이 사건을 기억해내고 싶어하지 않는다. 대개 60대 노년에 접어들고서도 옛일을 회상하는 것이 두려워 서로 연락을 끊고 산다는 이들은 「NEWS+」의 요청에 어렵사리 운을 떼면서 이렇게 입을 모았다.

『관련자 중의 어느 누구도 간첩이 될래야 될 수 없는 사람들이었고 실제 그런 행위를 한 적도 없다』

따지고 보면 절규에 가까운 신원(伸寃)호소다. 물론 정밀검토를 거칠 일이다. 다만 「50년대말~60년대초 독일, 프랑스 유학생으로서 동베를린 또는 평양을 오간」 실정법 위반 사실에 대한 인정(認定)과 「그러나 북한편에 서서 반국가행위를 한 적은 없다」는 부인(否認) 사이에 놓인 아슬아슬한 거리가 눈길을 끈다. 이들의 결심 동기를 들어보자.

『우리 세대에 통일을 못 이루면 통일은 영원

NEWS+97/ 07/ 03

동백림 사건에 대해 보도한 ≪뉴스플러스≫ 1997년 7월호.
동그라미 안이 공광덕이다.

7. 마지막 맘마

대화가 멈춰진 집에 시간만 흐르고 있었다. 모든 생각은 바닥에 누워 있고 마음은 구름처럼 허공에 서성이고 있었다. 둘 다 아무것도 묻지 않았고 아무것도 알아내려 하지 않았다. 서로 오래 마주하고 있는 시간에도 남편의 의식 속엔 나 아닌 다른 무엇이 어른거렸다. 그는 집 안이나 집 바깥, 어디에 있어도 거기 있지 않았다. 그의 침묵은 주위의 모든 움직이는 것들을 삼켜버렸다.

새벽녘부터 미동도 없이 창 밖에만 눈을 고정시키고 있던 남편이 아까부터 그의 뒤쪽에 기척도 없이 서 있는 나를 향해 그의 회전의자를 천천히 돌린 것은 '단식 치료'를 결행하기로 결심한 날로부터 6주가 지난 어느 날이었다. 한참 동안 그의 눈치만 보고 있던 내가 이윽고 손을 펼쳤다. 온 우주라도 안을 듯이 양팔을 크게 벌리며 그에게 다가가는 나, 그리고 천천히 자리에서 일어나 나를 향해 걸어오는 남편의 모습은 마치 느린 그림으로 보는 영화장면 같았다. 영원히 멈추지 않을 긴 장정의 시작처럼 한 걸음 한 걸음에 무게가 실려 있었다. 우리는 와락 서로를 안았다.

2월 24일 저녁.

초인종이 울렸다. 이해동 목사님 내외분이 오셨다. 초인종이 계속 울렸다. 어느새 좁은 응접실에 친지들이 가득 들어찼다. 모두들 손에는 성경과 찬송가책을 들고 있었다. 목사님이 자리에서 일어섰다.

“오늘 이 자리는, 모두들 아시다시피 내일부터, 그러니까 2월 25일부터 시작하여 4월 7일까지 6주 동안 단식치료를 하시는 우리 공 박사님을 위해 모인 자리입니다. 결코 쉽지 않은 결심을 하기까지 우리 하나님께서 같이 해주셨으리라 믿습니다. 감사하며 이 예배를 드리도록 합시다. 다 같이 찬송가 한 장, 공 박사님 내외분이 좋아하시는 147장을 부르십시다.”

내가 피아노에 앉아 전주를 쳤다.

주 달려 죽은 십자가
우리가 생각할 때에
세상에 속한 욕심을
헛된 줄 알고 버리네.

캄캄한 서정이었다. 칠흑 같은 어둠 속에서 나는 점점 길을 잃고 있었다. 저승에서나 볼 수 있는 낯익은 얼굴들이 필름처럼 흐르고 있었다. 돌아가신 어머니도 있었다.

마지막 절인 4절이 다 끝났는데도, 있지도 않은 5절 반주를 치면서 나는 혼자만의 적막 속을 헤매고 있었다. 아무도 따라 부르는 사람이 없는 것을 알아챈 나는 여덟 마디를 더 치면서 그것을 후주로 삼았다. 훌쩍훌쩍 우는 소리, 코 푸는 소리가 들렸다. 나는 방안을 둘러보았다. 돈이 끊긴 영화처럼 음악은 간데없고 사람들은 무성영화 속의 군중처럼 소리 없이 앉아 있었다.

어느새 목사님의 기도 순서가 진행됐고, 눈을 감지 않고 멍하니 앉아 있는 사람은 나 하나뿐이었다. 신이 하는 일에 관심이 없는 것일까, 아니면 피로에 지친 탓일까. 나는 그저 시종 방안의 사람들을 한 사람 한 사람 구경하고 앉아 있었다. 벽에 걸린 예수의 사진이 눈에 들어왔다.

어차피 당신 뜻대로 할 것……. 오오, 뜻대로 하세요. 살려달라고 매달려도 결국 당신은 당신 맘대로 하시니까요.

내 속의 악마가 중얼거렸다.

예배가 끝났으나 사람들은 자리에서 움직이질 않았다. 긴 침묵을 깬 사람은 환자 공광덕이었다.

"신앙을 머리로만 갖고 있었으니……, 가슴으로만 갖고 있었으니……, 결국 발끝까지 가는……. 행동의 신앙이라야 하는 건데."

말하다 말고 그는 물을 갖다 달라고 손짓을 했다.

"새로운 세상에 가보려구요. 남의 집에 들어가려면 신을 벗고 들어가듯 이제 뱃속도 깨끗이 씻어내고 가야죠. 그래야 하나님께 나중에 야단 덜 맞죠, 허허."

환자 외엔 아무도 입을 열지 않았다.

"설사, 그냥 이대로 가게 되더라도 평온하게, 준비하면서 가고 싶어요."

이렇게 말하면서 그는 벽에 붙여놓은 단식계획표를 올려다보았다. 그가 쳐다본 단식계획표에 일제히 눈을 돌렸다. 42일의 절반인 21일을 정점으로 해서 올라갔다가 다시 21일간 아래로 내려오는 삼각형 모양의 도표를 올려다보며 나는 블루덴스 의사 집에서 내다봤던 알프스의 언 산, 눈으로 덮인 하얀 산봉우리를 떠올렸다. 너무 높아서 늘 얼어 있어야 하는 산, 그 산이 까마득한 곳에서 나를 내려다보고 있었다.

"하나님의 권능을 믿으십시오, 공 박사님."

이 목사님의 말씀에 "그러믄요" 하고 모두들 맞장구를 쳤다. 1980년 5월 17일, 세칭 '김대중 내란 음모 사건'으로 억울하게 체포되어 남산 지하 1층 방에서 갖은 고문을 당했을 때의 이 목사님 모습을 떠올렸다. 체포당한 남편의 생사조차 알 길이 없어 두 달 동안을 미친 듯 헤매다가 육군본부, 서울지역 보안사 등을 찾아가 "나쁜 놈들아, 민간인을 잡아갔으면 소재지나 알려줘야지!" 오열하면서 땅바닥에 쓰러졌었다는 부인 이종옥 씨가 내 손을 꼭 잡아주었다. 나는 목사님 내외분이 믿는 하나님의 권능을 믿고 싶었다.

남편이 말했다.

"네, 우리 집사람이 사다준 음악을 귀에 끼고 있으면 가끔 그 권능의 에너지에 편승하는 느낌을 가질 때가 있어요. 천심으로 돌아간다 할까요……. 하여간 뭘 어쩌고저쩌고 해서 살 궁리를 하는 짓을 잠시 잊고 훨훨 저 끝도 없는 우주 속으로, 넓은 관용 속으로 들어가는 체험을 요즘 조금씩 하고 있어요, 음악의 음 자도 모르던 놈이 저 사람 덕분에."

그는 내 얼굴을 보며 말했다.

9시가 넘어서야 친구들은 집으로 돌아갔다. 나는 남편에게 줄 '마지막 식사'를 준비하려고 부엌으로 들어갔다.

"여보!"

마음은 바닥까지 내려앉았지만 남편을 부르는 목소리는 소프라노 고음이었다.

"여보, 덕이 아가야! 내가 맘마 준비해줄게. 조금만 기다려요."

'마지막 식사'라는 생각을 못 하게 하려는 나의 의도가 '맘마'라는 말에 담겨 있는지 모른다.

"사모님이 당신 좋아하는 무청김치 가져오셨어."

늘 맛있는 김치를 담아서 유학생들에게 푸짐하게 나누어주곤 하는 이종옥 씨가, 오늘은 보기만 해도 침이 넘어가는 총각김치를 물통으로 하나 가뜩 가져오셨다.

가난한 유학생의 장바구니가 낯설기만 했던 조기 두 마리가 객지로 떠돌다 오늘만큼은 제 고향, 제 집에 돌아와 지지지지 타고 있었다. 옛 강원도 도지사 둘째아들 마지막 만찬상에 오르기 위해 지지지지 바람으로 울고 있었다.

어린것에게 젖을 뗄 때는 어미도 이렇게 마음 말려하진 않았을 터인데. 배는 이미 떠났다. 미지만이 나의 신이다.

8. 첫날의 산책

단식치료 첫날.

아침 6시부터 조용한 음악을 틀어놓았다. 바흐의 키보드 협주곡 5번을. 10시경 잘바이(salbei) 차를 마시게 한 후 남편의 체중을 달아보았다. 70킬로그램이었다.

"그동안 벌써 9킬로나 줄었군. 식사를 했으면서도 이렇게 줄었으니 이제부터 안 먹기 시작하면……."

나는 알고 있어, 하고 말하는 대신 말미를 다른 데로 돌렸다.

"브로이스가 그랬다구, 감기 걸리지 않게 하라고."

두꺼운 외투를 남편에게 입혀주었다. 산책을 매일 하지 않으면 안 된다는 알프스 의사의 말을 상기시키자 남편은 그까짓 거는 굶는 것보다 어렵지 않다는 듯 어깨를 추켜올렸다.

숲길로 들어섰다. 겨울 숲엔 새들조차 다 떠나갔는지 조용하기만 했다. 주렁주렁 달려 있었던 길가의 방울토마토를 어떤 아이도 따먹지 않는다고, '참, 이 나라의 아동교육은 어떻게 시키는 걸까?' 얘기하며 걸었던 정구장

뒷길에 이르자 남편은 걸음을 멈췄다. 이제는 방울토마토 대신 시커멓게 죽은 난쟁이 패랭이꽃이 땅을 덮고 있었다.

"흠, 토마토는 이제 없군. 난 여기 있는데. 그래. 곧…… 세상은 나 없는 것에 익숙해지겠지."

그는 혼잣말하듯 중얼거렸다.

빨리 뭐라고 대꾸할 말이 떠오르면 좋으련만. 나는 몸을 구부려서 한쪽 신발을 벗어 모래를 터는 척하며 머리를 굴리고 있었다. 남편이 던지는 모든 말, 모든 생각, 모든 느낌을 그저 받아치기 식 말로 대응한다든지, 아니면 어쭙잖은 충고조로 다가가선 안 된다. 대꾸를 안 할 수도 있다. 하지만 그것만으로는 때론 위험한 경지로 몰아갈 수 있다고 생각한 나는 곧 조정 작업에 나섰다.

"당신은 내가 오스트리아 블루덴스까지 갔다 온 게 그냥 예사로운 일이라고 느껴지우? 그냥, 책에 씌어 있으니까 믿어본 거라고 생각하냐구요?"

목소리는 따뜻했지만 나의 표정에는 약간의 협박 같은 게 묻어 있었다. 남편이 가던 걸음을 멈췄다. 그리고 그는 빠른 걸음으로 몇 발짝 걸어가다가 느닷없이 몸을 홱 돌리며 나를 응시했다. 그의 의식 속으로 나의 무엇인가가 밀치고 들어간 것임에 틀림없었다. 나는 더는 말하지 않았다. 지난밤에 읽은 책, 『실패할까봐 걱정하는 것은 얻는 데 도움이 안 된다』(*Angst vor Verlieren hilft nicht gewinnen*)의 내용에 대해서도 얘기해주고 싶은 것이 있었지만 지금은 아니다 싶어 접어두었다. 남편은 "미안해" 하면서 내게 두 손을 내밀었다. 오랜만의 긴 안음이었다.

숲길 저쪽 끝에 축축한 안개가 덮여 있었다. 언젠가 이 안개 낀 숲길을 걸으며 남편이 시를 읊듯이 던진 말이 떠올랐다. '이 이름 없는 작은 풀들이 죽고 죽어서 습원을 만들지. 바람과 안개와 함께 말이야. 그리곤 겨울이 오면 그 애들은 알지, 누군가와 자리를 바꿔야 한다는 것을…….'

내 뱃속에서 꼬로록 소리가 들렸다.

"당신 무슨 생각 해?"

남편이 물었다.

"응? 나?"

하마터면 나는, '여보, 이젠 집에 가서 김치하고 밥 먹자'고 할 뻔했다.

그는 말했다.

"오늘도 시 한 수 읊지 그래. 시집 안 들고 나왔어?"

"시? 응……."

산책길에 때때로 나는 시집을 들고 나와 벤치에 앉아 읽어주곤 했었다.

"오늘은 특별한 날이니까 그냥 내 머리에 있는 시 하나 들려줄게. 당신이 빵에서 풀려 나와 내게 준 칫 빈 글……."

나는 남편과 팔짱을 끼었다. 그 옛날 추억이 부드러이 녹고 있는 바닷가를 산책하기 위해.

사랑한 그 후……
나는 하늘과 바다를 가득히 안았다.
그리고 그녀는 욕심스럽게 이 하늘과 바다를
빈틈없이 차지해버린 것이다.
이제 나는 없어져 버렸다.
그리고 다시 그녀 속에 태어난 것이다.

계절을 넘긴 해변처럼,
아니면 발길이 끊긴 묘소처럼 삭막한 이 가슴에
타는 듯한 장미를 피워준 사람아
나는 이제 벼락 맞은 고목처럼 그렇게 외롭지만은 않다.
잃었던 것들……, 더할 수 없이 귀한 것들을 되찾기 시작했다.

눈앞에 펼쳐진 바다와 같이
삶의 환희와 노래가 물결치며 내게 다가오고 있다.
소녀여!
하늘이 이 땅 위에 내고도 질투했을
그 무서운 재질이여!
이 바다인들 소녀를 담을 수 없을 것 같다.

너와 나의 이 비운의 사랑을 위해
눈 오는 밤과 바다와 음률과 햇살, 그리고……
대폿집까지 얼마나 앞을 다투어 경합했으며
그 귀중한 뜻을 키워주었느냐.(이하 생략)

나는 생각보다 담담하게 읊고 있었다. 남편이 말했다.

"참, 그것도 시라고……. 그 무렵 난 성당 종지기가 되려고 신부님을 찾아갔었지. 신부님을 뵙고 내려오는 길목에서 당신을 만난 거야."

"종지기라니요? 그런 얘기 처음이잖아?"

"음……. 빵살이 하고 나왔을 때지. 목숨을 땅 위에 세워놓고 한번 찬찬히 들여다볼 수 있는 시간을 가졌지. 어떻게 나머지 목숨을 쓸까 하고 말이야.

멸치를 도매가격으로 받아다가 봉지에 조금씩 넣어 팔면서 책이나 읽을까 생각도 해봤지만 손바닥만 한 가게 터 하나 얻을 돈도 없었으니. 결국 동전 한 닢 없는 놈이 할 수 있는 게 무어 있겠어. 그래 찾아간 게 성당이야. 종을 치는 일을 맡겨달라고 했지."

남편은 말을 끊고 잠시 생각에 잠겨 있었다.

"흥, 불도의 길을 걷겠다고 수덕사를 찾아가다가 절간 기둥을 붙잡고 눈물을 흘리던 청년이 백합꽃 향내 때문에 발길을 돌렸다는 얘기나 똑같지. 성당에서 신부님을 뵙고 내려오다가 당신을 만난 거야."

"난 백합꽃 향내를 내진 않았을 텐데."

"음, 그보다 더 예쁜 꽃, 배추꽃이었어. 참 소박하고 예뻐 보였어. 그냥 보기만 했어야 했어. 꺾지 말고……."

나는 걸음을 멈추고 그를 마주 보았다.

"음, 그런데 그 배추꽃이 당신 방 그릇에 담거지면서 얼마나 폼이 달라졌는지 알아요? 배추로서는 마냥 선택받은 것 같아서 얼마나 으스댔는지 당신은 몰랐을 거야."

흠, 이만하면 자못 '만족'이라는 단어가 떠오를 만한 사랑의 대화가 아니었던가! 그러나 나는 머리를 좌우로 흔들었다. 사랑……, 그런 것들은 이제는 내 귓전까지만 와서 정지해 부서져 버렸다.

'함께 마실 수 없는' 커피 한 잔이 그리웠다. 커피가 주는 따뜻함이 그리웠다.

길섶에 서 있는 예수의 동상 앞에 우리는 발걸음을 멈췄다. 동상은 오랫동안 떠나 있다가 돌아온 우리를 긴 침묵으로 맞이했다. 그가 쓰고 있는 가시 면류관이 수백, 수천 개의 가시로 흩어져 나의 몸을 콕콕 찔러왔다.

9. 밥은 하늘입니다

단식치료 셋째 날.

"이제 겨우 3일짼데 이렇게 허기증이 심하니 큰일이지?"

나는 내심 당황했다. 그러나 애써 담담하게 말했다.

"브로이스가 그랬어. 3일째, 4일째 될 때가 가장 넘기기 힘든 거라고. 그 고비만 잘 넘기자, 우리. 응? 여보야."

"흠, 아침이 지나면 조금 있다 점심밥을 먹을 수 있다는 기쁨, 점심 먹고 조금 있으면 저녁밥 때를 기다릴 수 있다는, 그 기다림의 삶이 얼마나 좋은 건지, 난 여태껏 그걸 모르고 살았어."

나는 고개만 끄덕였다.

"만약 내가 42일 단식에 성공해서 다시 하루 세 끼, 아니면 두 끼라도 좋아, 먹을 수 있게 된다면, 난 김지하의 시 〈밥은 하늘입니다〉처럼 살 것 같아. '밥이 입으로 들어갈 때에, 하늘을 몸 속에 모시는 것, 밥은 하늘입니다.' 손톱 끝만큼도 관심의 대상이 되지 않았던 그 밥이, 그 밥알이 사람에게 있어서 무엇이었나 하는 생각을 하게 되는군……."

남편의 체중이 68킬로그램, 3일 동안에 2킬로그램 줄었다. 많은 문병객이 다녀간 어제 저녁부터 몹시 피로를 느끼는 것 같아 오늘은 전화기를 아예 내려놓았다. 조용하고 평화스러운 음악, 슈베르트의 〈아르페지오네(Arpeggione)〉를 틀어놓고 남편과 마주 앉아 긴 묵상시간을 가졌지만, 창문 틈으로 스며드는 이웃집 독일인들의 생선요리 냄새는 그를 괴롭히고 있었다. 금요일은 독일 천주교 신자들이 생선요리를 먹는 날이다.

"원하기만 하면 언제나 먹을 수 있었던 밥을 먼발치에서 바라만 보고 있으려니 그게 날 아프게 해. 흠, 그러면서도 한편으론 거기 '밥'이 있다는 게 날 마음 편안하게 하고 있어. 밥과 헤어져 한 달 반을 살고 나면 아마 '밥' 안에서 내가 새롭게 태어날 것 같아. ……여보, 그 노래, 당신이 만든 김지하의 밥 노래, 그거 한 번 불러줄래?"

나는 장고 대신 무릎을 치며 노래를 불렀다.

밥은 하늘입니다
하늘을 혼자 못 가지듯이
밥은 여럿이 같이 먹는 것
밥은 하늘입니다

하늘의 별을 함께 보듯이
밥은 다 함께 나눠 먹는 것
밥은 하늘입니다

밥이 입으로 들어갈 때에
하늘을 몸속에 모시는 것

밥은 하늘입니다

아아, 밥은 다 같이 나눠 먹는 것

'구라파 김지하 구출위원회'를 만들어 독일, 스위스, 오스트리아, 스웨덴 등지로 다니며 김지하의 문학사상을 알리고 그를 감옥에서 구출해내기 위해 유럽의 지식인, 예술인, 정치인들의 동의와 지지를 받아내느라 동분서주했던 남편이 가장 좋아하는 노래가 1979년도 말에 만든 이 〈밥은 하늘입니다〉이다. 행사가 있을 때마다, 남편의 강연이 시작되기 전 내가 으레 먼저 무대로 올라가 김지하의 시에 붙인 노래들로 워밍업을 시키곤 했다.

오래 입어서 반들반들 닳아 빠진 코르덴 윗도리에 벼룩시장에서 산 5마르크짜리 구두를 신고, 거기다 '외국인'이라는 꼬리표까지 붙어 있는 공광덕과 그 가족이 그나마 동리에서 그 인색하고 배타적인 독일인들에게 나름대로의 대우와 존경을 받으며 살 수 있었던 것도 생각해보면 시인 김지하 덕이었다. 누구라고 하면 삼척동자라도 알 수 있는 빌리 브란트, 하이네만 대통령 부인, 골비처, 귄터 그라스, 루이제 린저 같은 유명인들의 이름이 발신인으로 된 편지가 계속 '김지하 구출위원회' 공광덕 앞으로 날아왔다. 그 마을에서 평생을 살고 있는 우편배달부가, 저 집에 사는 저 유학생들이 겉으로는 보잘것없이 살고 있지만 알고 보면 굉장한 분들이라고 말하고 다녔다. 그래서 이웃사람들은 은근히 남편과 나를 선망의 시선으로 바라보고 있었다.

'밥 노래'가 끝났지만 서로는 아무 말도 붙이지 않고 앉아 있었다. 그렇게도 쏟아 붓듯 열정을 가지고 불러왔던 이 노래가 이렇듯 맥 빠지고 비참하게 느껴진 것은 나에겐 처음 있는 일이었다. 나는 새삼 밥이 인간에게 무엇임을 가슴 깊이 헤아리고 있었다. 단 한 번도 모진 모습을 보여준 적이 없었던 그 밥이, 일종의 공포, 두려움 같은 것, 보이지 않는 미지의 불안을 안고 한 걸음 한 걸음 내게 다가와 목을 조르는 느낌이었다. 나는 남편의 무겁고 불안한 시선과 마주칠 자신이 없었다. 하지만 내 쪽에서 의기소침한 모습을 보여서는 안 된다는 것을 알고 있었다.

"밥 얘기 하니까 밥 때문에 울었던 6·25 때 생각이 나네."

"응? 당신 그 얘기, 지금 들으면 또 다르게 들리겠지?"

"그래요."

나는 그의 모처럼의 주문이 반가웠다.

"음, 옛날 얘기다……. 1·4 후퇴 땐 화물차 지붕 꼭대기를 올라타구 피난을 가야 했잖아. 엄청 추웠어. 서울서 대구 가는 데 여드레가 걸렸어. 기차 꼭대기에 올라타구 꽁꽁 얼어서 여드레 동안 겪은 얘긴 생략하구 오늘은 밥 얘기만 하자."

나는 남편을 편안한 의자로 옮겨 앉힌 후 의자를 뒤로 젖혀 눕게 해주었다.

"전쟁이 오래 끄니까 우린 나중엔 굶기를 밥 먹듯 했어. 동생들하고 땡으로 일주일을 굶고 나니까 아무 생각도 안 나더라고. 동생들은 창자 붙잡고 누워 있고, 난……, 자살을 하든지 도둑질을 하든지 둘 중 하나를 하는 수밖에 없다 생각한 거지. 결국 도둑질을 선택했어. 우린 아버지 친구네 뒷방에 살았는데 안채에 사는 그 주인집은 아주 부자였어. 경북약품 주식회사 윤충렬 사장 집이었으니까. 우리 아버지가 근화제약에 계실 때 친구였지. '자아, 지금 내가 도둑질을 해야겠으니 너희들은 망을 봐라', 동생들에게 선포를 하고는 비닐바가지를 들고 쌀을 훔치는데 이놈의 손이 덜덜 떨리는 바람에 쌀알이 일본식 복도 틈에 다 낀 거야. 비질을 아무리 해도 마루 틈에 낀 쌀알이 안 빠져 나오는 거예요. 그러니 들통이 날 수밖에."

"아버지 친구라면서, 친구의 자식들이 그렇게 굶도록 몰랐단 말이우?"

남편이 물었다.

"예끼 이놈들, 쌀 떨어졌으면 진즉 말하지 않고선, 하면서 쌀 한 포대와 참숯 한 섬 갖다 주더라고요. 죽만 쑤어서 아껴, 아껴 먹었는데도 결국 얼마 안 가서 또 쌀이 떨어졌어."

"그때가 열다섯 살 땐가?"

"맞아. 또 내리 대엿새 굶고 나니까 전보다 더 어지럽더라고. 장바닥에 들고 나가 팔 옷가지도 다 떨어졌고. 동생들은 시체처럼 누워 있지, 생각다 못해 먹고 죽을 약이라도 구해야겠다고 집에서 나왔어. 달성공원으로 들어갔어. 벤치에 엎드려 엉엉 흐느껴 울었지. 동생들 안 보는 데서 처음으로 소리 지르면서 운 거지. 그때였어. 바람에 굴러가던 신문지 한 장이 내 발밑에 와 걸리는 거야. 광고란이 눈에 들어오더라고요.

전속가수후보 모집. 송죽극장

지금 생각해도, 호호, 내가 전혀 망설이지 않고 그냥 그 길로 송죽극장으로 달려간 게 믿어지지 않아."

남편은 신음하듯 한숨을 쉬었다.

"내가, 응? 이 조병옥이가 송죽극장엘 갔다니까. 당신 듣고 있수? 우선 이화여중 배지를 떼서 호주머니에 넣고 문을 노크했지. '삼천리 표 뽀마드'를 머리에 자르르 바른 남자가 나더러 무슨 노랠 하겠냐고 묻더라고. 〈밤의 탱고〉요! 하고 말하기가 무섭게 자자자자 자아, 아코디온 전주가 깔리더라고. 이 노래는 어둡고 슬픈 음색으로 불러야 제격인데 그거야 뭐 배도 때마침 충분히 고팠겠다, 집에서 빈 손가락만 빨고 앉아 있을 동생들 생각하면 무드 살리는 게 뭐 어렵겠냐고. 하여간, '삼천리 표 뽀마드'가 그러는 거야. 야아, 너 노래 한 번 잘한다. 당장 내주 월요일부터 나와서 연습에 들어가지! 하는 거 있죠?"

"……."

남편은 눈을 감고 있었다.

"그래서 그랬죠, 나, 내주 월요일까지 살아 있을지 장담할 수 없다고. 가불 좀 해주셔야 오늘부터 죽이라도 끓여 먹을 수 있겠다고. 난 그때 가불이란 말을 처음 써본 셈이야."

남편은 계속 말이 없었다.

"어쩌겠수, 줘야지. 안 주면 내가 무릎이라도 꿇었을 거야. 내, 그때 앙코르로 부른 노래 한번 불러볼까, 여보?"

"아니, 아니……. 하지 마."

남편은 일어선 나를 다시 자리에 앉혔다. 나는 계속 신이 나서 떠들었다.

"쥐도 궁지에 몰리면 고양이를 문다는 말이 실감 나더라고. 그때 그 조시[장단(長短)이란 말의 일본어]로 계속 나갔으면 이 저음가수가 문주란이 아닌 조주란이가 돼 있을 텐데. 그럼 당신 같은 학자님이 감히 이런 연예인 옆에 올 수나 있었겠수?"

"차라리 조주란이가 되지 왜 공주란이가 돼 이 고생을……."

남편의 눈이 젖어 있었다.

"UN군 덕이지, 평양, 원산까지 올라가 폭탄 쏟아 붓고는 51년 3월 중순에 다시 서울을 점령했잖우. 그 소식 듣자마자 우리 식군 잽싸게 서울 수복을 서둘렀지. 가불한 돈은 떼먹은 셈이지. 크흐흐."

나는 잘바이 차를 남편에게 권하며 화제를 돌렸다.

"여보, 틀림없어. 브로이스 말이 맞아. 진통주사를 3일째나 안 맞고 있는데. 당신, 허기증하고 현기증 말고는 다른 큰 문제 없잖아. 급하면 혀 밑에 넣으라는 '템게직', 속효성 진통제도 한 번도 안 썼잖아. 그래요, 종양도 미안해서 한 발 물러섰나봐."

나는 손수건으로 남편의 식은땀을 닦아주며 말했다.

"그래, 그토록 사려 깊은 종양이 왜 한참 일하고 싶은 인생을 이렇게 벼랑 끝으로 모는 건데?"

"난 있잖아요. 브로이스의 말을 처음 들을 때 탁 믿음이 가더라고. 진통제 없이 42일을 해낼 수 있다고."

"그렇다면 왜 의사에게서 혀 밑에 넣는 속효성 진통제까지 받아다 놨누?"

더 믿을 만한 대답을 얻어내려는 남편의 질문이다.

"그거야 내가 만약의 경우를 위해, ……내 말은, 음……. 의사가 없을 때를 위한 자구책이지, 뭐."

초인종 소리에 우리의 얘기가 끊겼다. 교회 성가대장 황 집사가 헐레벌떡 뛰어 들어온다.

"도무지 전화를 안 받으셔서……."

"네, 미안합니다. 오늘은 전화를 내려놨어요."

"김재준 목사님 돌아가신 것 아시죠?"

내일 장공 김재준 목사님 추도예배에서 조가를 불러달라는 부탁이 있어서 왔단다.

"그, 왜 문익환 목사님의 시에다가 조 여사님이 곡 붙이신,"

"〈마지막 시〉?"

"네, 맞아요."

나의 허락을 받고 황 집사는 돌아갔다.

저물어 가는 해가 창가에 서 있었다. 환자가 양파 달인 국물을 마시는 시간이었다. 내가 부엌으로 들어가자 남편이 뒤쫓아 들어왔다.

"아아, 좋은 냄새!"

남편이 두 팔을 벌리며 부르짖었다.

"여보야, 여긴 금지구역이라고 했잖아요."

"알아. 하지만 조병옥, 너 아니, 하루에 내 유일한 기쁨이 뭔지? 이 양파 국물 마실 때야."

"겨우 애기 주먹만 한 거 하나 삶은 건데?"

"그래. 한 주먹도 안 되는 거지만 그게 내겐 대포알보다 더 커 보여. 오래오래 씹기라도 하고 싶은데 그놈의 것이 입에 넣자마자 국물과 함께 후루룩 넘어가 버리는 거야. 얼마나 서운한지."

나는 남편을 부엌에서 밀어내어 응접실 소파에 뉘었다. 남편은 말했다.

"사람이 육체만 죽으면 죽는 건 줄 알아? 육체가 살아 있어도 저승엘 미리 가볼 수 있어. 그러니 내가 부엌에 들어가서 기다리는 동안 양파 국을 이미 맘속으로 먹을 수 있다면 결국 나중에 실제로 먹는 것과 합치면 난 배불리 먹게 되는 게 아닌가. 흥, 이것도 말이라고 내가 하는 건지……."

나는 웃을 수도 없었다.

문에 들어서니
울부짖는 소리 들린다
어린 자식은 굶주려서

이미 죽었구나
부끄러운 바는
자식의 아비가 되어
밥이 없어서
일찍 죽게 만든 일일세

두보(杜甫)가 촉(蜀) 땅에 거할 때 배를 곯고 있는 처자를 보다 못해 몸소 구걸하러 다니면서 자신의 빈궁함을 눈물로 한탄하며 쓴 시란다.

어찌하랴! 밥이 지천으로 있어도 먹이지 못하는 고통에 대해선 글을 쓴 시인도 없으니 누가 와서 내 답답함을 함께해주랴. 베란다 빨랫줄 흔들며 지나가는 바람 저쪽으로 창백히 물러서는 해님을 대책 없이 바라볼 뿐이었다.

독일 기독교 기관 Evangelisches Missionswerk에서 출간한 저자의 곡 음반

DAS BROT IST DER HIMMEL

ems ingle

KOREANISCHE LIEDER

SEITE A

BRIEF AUS SEOUL
(Text: Ahn Byung-mu, Musik: Kong Byong-ok)

JESUS MIT DER GOLD. KRONE
(Text: Kim Chi-ha, Musik: Kong Byong-ok)

SEITE B

DAS BROT IST DER HIMMEL
(Text: Kim Chi-ha, Musik: Kong Byong-ok)

DAS LETZTE GEDICHT
(Text: Moon Ik-hwan, Musik: Kong Byong-ok)

ZUM OSTERMORGEN
(Text: Moon Ik-hwan, Musik: N. N.)

IMPRESSUM

Kong Byong-ok (Gesang, Piano)
Whan Byong-ok (Gesang)
Ayako Hasegawa (Piano)

Copy- und Vertriebsrechte beim

Evangelisches Missionswerk
in Südwestdeutschland e. V.
Vogelsangstr. 62 · 7000 Stuttgart 1

지작곡 〈잠꼬대 아닌 잠꼬대〉를 부르는 모습. 로스앤젤레스.

10. 바람과 뿌리

1987년 2월 28일. 단식치료 4일째.

장공 김재준 목사님 추모예배에 참석했다. 1953년, 장로교가 보수적 교권주의에 의해 분열됐을 때 장로회 총회에서 목사직 파면을 당한 분이 있었다는 얘기는 많은 사람이 알고 있다. 그분이 바로 장공 김재준 목사이고, 같은 해에 기독교장로회가 탄생한 것이다. 1972년 말, 유신헌법이 반포되면서 삼선개헌반대 범국민투쟁위원장으로 일하시다가 1974년 돌연 캐나다로 출국한 장공은 그곳에서 ≪제3일≫이라는 월간지를 속간했고 나도 그 월간지에 「민중의 노래」로 참여한 것이 인연이 되어 우리 부부와 목사님은 이따금 서신을 주고받게 된 것이다.

87세를 일기로 지난 달 1월 27일 타계한 장공의 추모예배가 이해동 목사님이 이끄는 '라인-마인 한인교회' 주최로 오늘 독일 프랑크푸르트에서 열린 것이다.

조가를 부른 나는 추도식이 끝나기가 무섭게 집을 향해 발길을 재촉했다. 고인이 평상시에 좋아하셨던 문익환 목사의 시에다 곡을 붙여 스스로 노래를 불러드릴 수 있었던 데서 오는, 어쩌면 은근히 예상했던 만족감보다는, 남편의 이해를 받을 수 있는 명분 있는 외출을 할 수 있었다는 것이 내 만족감을 더 북돋아주는 것 같았다.

집에 도착했다. 주인이 문을 열고 들여놔 줄 때까지 묵묵히 밖에서 기다리고 있는 조간신문을 집어 들며, 나도 잠시 인간 조간신문이 되어 거기 서 있었다. 나의 오늘을 읽어줄, 보이지 않는 운명의 손이 나를 문턱에 들여놓을 때까지 거기, 자기만의 시간에 머물러 있고 싶었다. '70킬로그램으로 시작했던 체중이 67킬로그램이 됐어' 하고 말하던 남편의 힘 빠진 음성이 메아리쳐 왔다. 열쇠를 돌렸다.

"우하하하하하."

이게 웬?

소리 안 내려고 조심스럽게 문고리를 돌린 손이 무색해지는 커다란 웃음소리, 이야기 소리, 부엌에 왔다 갔다 하는 여인들의 부산함을 배경으로 남편의 미소 띤 얼굴이 눈에 들어왔다. 독일 각처에서 문병 온 사람들이었다. 나는 복도 벽에 기대서서 방안의 얘기에 귀를 기울였다.

"말해보라니까, 글쎄 왜 사냐고?"

"아니, 그러는 오 형은 왜 살우?"

"나? 글쎄, 살아본 지가 하도 오래돼서……."

"하하하하하."

"이렇게 살 바에야 이젠 보수고 진보고, 아무 배나 타고 어디로든 떠나자고."

"아, 아무 배나 탈 사람들 같으면야 벌써 탔지 이러고 있겠어? 우리 같은 민족주의자들은 어델 가나 설 데가 없다구. 이북 가면 받아줄 것 같아? 어림도 없지."

"이북도 요즘엔 많이 달라지고 있답디다만."

"아, 달라져야지, 달라지지 않으믄 어떡하라구?"

"아이고, 퍼떡퍼떡 속도 쫌 내서 달라지믄 안 되나, 환장하겠고마. 아, 독일 사람들이 뭐 골 비었다꼬 골바초프를 고로콤 환영했나 말이다. 과감하게 개혁하고, 남이고 북이고 과거 즈그들 잘못한 거 솔직하게 털어놓기도 하고, 안 그런나? 누가 뭐라 캐도 으쨌든 통일 할라 카면 민간들끼리 자꾸 교류하게 해줘야지, 뭣들 하고 있는 건지."

한국학술연구원장 김 박사의 말이다. 독일 뷔르츠부르크(Wuerzburg) 대학에서 정치학과 법학을 전공하여 1974년에 정치학 박사학위를 받은 김길순 박사는 독일 오펜바흐(Offenbach)에 한국학술연구원(KOFO)을 세우고 상임이사 겸 원장으로 일하고 있다. 명함을 보면 뭐 한자리 하는 사람 같은데 언제 봐도 돈은 한 푼도 못 벌고 제대로 된 식사 한 번 하는 걸 보기가 어렵다. 재독 한인들이 1974년 유신독재를 반대하는 〈민주사회건설협의회〉를 조직했을 때 창립회원이기도 했던 그는 「한국 진보정당의 정강정책 비교」 등 다수 논문을 독일 잡지에 기고하고 있었다.

"고만들 하자구, 양쪽에서 얻어터질 얘기. 민간교류 하자고? 아, 그런 똑같은 얘기 20년 전에 했다가 공 박사님 이 지경된 거 아냐? 달라진 거 없어, 그때나 지금이나."

누군가 한숨을 지으며 얘기했다.

"달라진 거 없으니 고만두자는 거야, 뭐야?"

월간 교포신문 ≪우리나라≫ 발행인 오석근 박사의 목소리다.

민주화 운동을 위한 교포신문, ≪우리나라≫는 1981년 교포들의 후원금으로 창간됐지만 요즘 들어 신문이 제때 나오지 못하고 있다. 재정문제 때문이다. 신문이 나오는 날 저녁에는 소위 운동권이란 사람들은 다 몰려가 신문 접고 우송하고 밥도 지어 나누어 먹으면서 우의를 다지곤 했다. 그것마저 이끌고 갈 돈이 없어 폐간될 위기에 처하자 서운해하는 건 오 박사 자신보다 오히려 신문 접는 핑계로 만날 수 있었던 이곳 프랑크푸르트 사람들이었다. 1978년 자유백림 대학에서 철학박사 학위를 한 오 박사는 돈도 안 생기는 신문이지만 그래도 속간하고 싶어서 요즘 택시 운전하는 일자리를 알아보고 다닌다는 소문이 들린다.

그의 말이 계속됐다.

"민주화, 민주화 하니까 빠지면 안 될세라 죄다 한 마디씩 하더니 흥, 요샌 왜 이렇게 조용한 거야?"

"뭐 진전이 있어야 재미도 나지. 그러나저러나 마르크스니 레닌주의니 떠들던 학자님들은 지금 뭐 하는 거야? 그것도 진전 없으니 나가떨어졌나?"

기센에서 온 학생이 말했다.

"그래요, 최근 너무 흔들리고 너무 우왕좌왕해요."

글 쓰시는 김순실 여사가 처음으로 입을 열었다.

"변화가 너무 빨라서 그렇다면서요, 공 박사님?"

김 여사의 물음에 남편이 대답했다.

"변화가 빨라서 그렇다기보다는 그걸 빚어내고 수용하는 우리의 뿌리가 빈약해서 그렇다고 말한 김수남* 씨의 말이 맞아요. 그래요. 자꾸 바람을 타는 거죠. 재벌도 뿌리 없는 부를 누리고 운동권에서도 뿌리 없는 이념이 계속 실험되고."

"그러니 누굴 탓하죠, 공 박사님?"

김순실 여사가 물었다.

"탓할 게 아니라 우리가 우리 뿌리운동을 여기서라도 해야죠. 그래서 홍세화* 씨가 동학제 같은 큰 행사를 하고 있는 게 아니겠어요? 남과 북, 해외를 한 동포로 묶는 사랑을 여기다 심고 여기다 뿌리를 내리자는 거죠."

"자아, 자, 우리 집으로들 가십시다. 공 박사님도 쉬셔야 하고."

사람들 모임을 가질 때마다 집을 빌려주고 음식을 해서 대접하길 싫은 내색하지 않고 잘하고 있는 간호사 김윤아 씨가 말했다. 베를린 앙코르 공연을 앞두고 오늘은 녹두장군 등장 장면을 연습하는 날이라 독일 여러 곳에서 농민 역을 맡은 사람들이 프랑크푸르트로 모여든다고 했다. 아들 대에 가서는 반드시 통일이 되어야 한다고 새로 난 아들 이름을 강통일이라고 지은 강 형이 자리에서 일어나며 말했다.

"아이고, 나도 이러고 돌아다니다 이혼이나 당하는 건 아닌지, 원."

"이혼이라니?" 남편이 물었다.

"아, 루어 지방의 누군 이혼당하게 생겼대요. 마누라가 그러더래요. 그 민주화 운동인지 뭔지 한다고 싸돌아다닐 때는 그래도 봐줄 만했다고. 그런데 이젠 또 무슨 '금강'인가 '동학난'인가 해야 된다고 홍세화한테 코 꿰서 돌아다닌다고. 그럴래면 아예 갈라지자고 하더래요."

"형……."

남편이 강 형을 부르는 소리는 그지없이 다정했다.

"나도 좀 마누라 바가지 때문에 불행해져 봤으면 좋겠어. 적당히 바가지 긁히고, 적당히 미워도 하고 그렇게 사는 게 얼마나 좋은 건지."

"공 형……."

강 형은 공 형의 손 위에 자기 손을 얹고 한참 침묵하고 서 있다가 고개를 푹 숙인 채 문을 나섰다.

마당극 〈금강〉을 위해 모였던 사람들이 중심이 되어 '파랑새'라는 모임을 만들어 문화활동을 하고 있었다. 대부분 간호원, 광부, 유학생들이다. 학위를 끝냈거나 학위 과정에 있는 이들 중엔 박정희 정권에 대항해 민주화 운동을 한 죄로 국내에 못 들어가는 사람도 적지 않다. 물론 간호원, 광부 중에도 똑같은 이유로 국내 출입을 못하는 사람들이 있다. 1970년대 초에 독일에 노동 수출된 간호원과 결혼한 독일 유학생들의 경우 대부분 부인이 벌어다 주는 돈으로 생활을 꾸려나간다(물론 맞벌이 하는 부부도 있지만). 일값을 조금 더 얹어서 지급받을 수 있는 밤 시간을 택해 근무하는 아내가 환자들의 오줌, 똥 치워가며 정신없이 뛰는 동안, 혼자 책상 앞에 앉아 있는 그녀들의 남편은 허구한 날 학위논문과 씨름을 해본다. 그러나 떠나온 나라, 다시 돌아갈 수 없는 땅, 인제부터인가 그들에겐 한 줌의 꿈도 영양분도 주지 못하는 조국이, 바로 그 조국 땅을 위한 사회학, 정치학 논문에 무슨 굉장한 영감을 안겨준다고 그리 신바람 나게 써지겠는가. 애꿎은 담배만 밤새 피워대다가 재떨이가 수북해질 때쯤이면 피로에 지친 아내가 돌아온다. 아내는 곧 쓰러져 코를 골고, 남편에게는, 아직도 밤 같은 또 하나의 멍한 아침이 시작된다.

재작년에 프랑크푸르트 근교 오덴발트(Odenwald)에서 초연을 한 연극공연이 이번엔 베를린에서 앙코르 공연을 한단다.

동학농민제 100주년을 기념하는 행사에서 이번엔 〈금강〉이라는 연극을 한번 해보자고 홍세화 씨가 느닷없이 제안했을 때 그들은 어렵지 않게 예스는 했지만 단 한 사람도 연극을 해본 일이 없다는 사실을 스스로들 확인하게 된 순간 서로의 얼굴을 마주 보다가 그 자리에 동그라지며 웃음을 터뜨렸다. 감독, 연출을 도맡은 홍세화 씨가 물었다. 평생에 연극 구경 한 번도 못 가본 사람 손 들어보라고. 거의 다 손을 들었다.

고부 군수 조병갑 역을 맡은 한국학술연구소 소장 김 박사는 대사 한 마디를 하기 위해서 하루도 빠짐없이 연습 장소에 나왔다. "대감, 크, 큰일 났습니다"라는 단 한 마디다. 대사가 어쩌다 틀리지 않고 잘된 날은 연기가 말이 아니고, 연기가 그만하면 됐다 싶으면 대사를 까먹고, 그러다가 혼자 공부하라고 독방에 들여보내면 머리가 희끗희끗한 김 박사는 또 한 번 그 예의 너털웃음을 웃어가며 대사와 씨름을 한다. '마, 언젠가는 잘하게 안 되겠습니까? 허허' 하면서 힐끔 나를 돌아다 볼 때, 나는 그가 '언젠가는 고향에 홀로 계신 어머니 보러 갈 날이 오지 않겠습니까?'라고 말하는 것 같았다. 심한 간경화로 안색이 말이 아닌데다 식사도 제대로 못 하며 독신으로 살고 있는 나이 40대 중반의 아들을, 고국에 계신 그의 어머니가 보신다면 어찌하실까. 삼키고 삼켜도 목구멍으로 넘어가지 않는 노여움을 어찌하실까.

저녁시간, 단식 4일째를 겪어낸 남편과 마주 앉은 나는 마치 아까 하던 얘기를 계속하자는 듯 '그러니까요'로 말문을 열었다.

"저, 병든 김 박사도 그렇고, 지쳐서 뼈만 남은 홍 감독을 봐도 그렇고, 무슨 힘으로 저렇게 버티는지 신기할 정도예요."

"역사를 보면 혁명에 큰 힘이 된 건 예술이었어. 예는 많지. 막심 고리키의 『밤 주막』 때문에 혁명자금이 만들어진 것. 획기적 힘이 됐지." 남편이 말했다.

"다른 대원들도 그렇지만, 홍 감독 애쓰는 거 보면 눈물겨워요. 오덴발트 공연도 그리 힘들게 했는데 또 앙코르 공연이라니. 허구한 날 이 집 저 집 아무데서나 쓰러져 자구."

"난, 알아."

남편이 나의 말을 끊었다.

"왜 그 친구가 동학혁명을 무대에 올리고 싶어 했느냐. 뿌리를 찾자는 거야, 뿌리를. 그걸 찾으려면 우리 민족의 의식 속에 만연된 부패부터 뒤엎어 버려야 돼. 그 부패가 어디서 왔다는 걸 조금이라도 여기 교민들 의식 속에 넣어주고 싶은 게야.

외국서 크는 아이들 제 나라 역사공부도 시키려고 꼬마들까지 출연시켰잖아. 그 친구, 늘 말 없고 조용하지만 속에선 분노, 갈등, 그런 게 그냥 불꽃처럼 타. 그게 구심력이야, 어려워도 자기 길을 밀고 나가는 거지. 믿음직스러워."

"그래요……. 오늘 김재준 목사님 추모예배 순서지에 실린 ≪제3일≫ 창간의 말도 자기 길을 가는 삶에 대한 글이었어. 당신 누워요. 내가 읽어줄게."

오늘도 내일도 나는 내 길을 간다. 이것이 예수의 삶이었다. 사람들은 자기들이 가는 길대로 가지 않는다고 그를 잡았다. 그래서 첫날에 그를 십자가에 못 박아 죽였다. 다음날에는 무덤 속에 가두고 봉인했다. 그러나 그들이 악의 한계점에서 "됐다!" 하고 개가를 부를 때, 하나님은 "아니다!" 하고 무덤을 헤친다. 예수에게는 '제3일'이 있었다. 그의 생명은 다시 살아 무덤을 헤치고 영원에 작열한다. '제3일'. 그것은 오늘의 역사에서 의인이 가진 특권이다.

역사의 희망은 이 ‘제3일’에서 동튼다. 이 날이 없이 기독교는 없다. 이 날이 없이 새 역사도 없다.

* **김수남** 현 조선대학교 문과대학 교수.
* **홍세화** 언론인, 대표저서: 『나는 빠리의 택시운전사』, 『쎄느강은 좌우를 나누고 한강은 남북을 가른다』, 『악역을 맡은 자의 슬픔』 등.

1985년 늦가을, 홍세화 씨
연출로 서독 오덴발트
에서 열린 동학농민제
〈새야 새야 파랑새야〉

동학농민제 연극에는
원세개 역에 공광덕,
민영준 역에 오석근
박사가 출연했다.

공연이 끝난 후
무대 위에서
출연자들이 춤추고
있다.

11. 목숨보다 소중했던 예술적 투혼

고암 이응노 화백

단식치료 7일째.

"단식 일주일 기념일인데 나한테 뭐 특별대우로 주는 거 없나?"

남편은 벽에 걸린 '42일 단식과정 도표' 위에 빨간 줄을 그으며 말했다.

"특별대우라……. 말씀만 하소서, 전하."

나는 회전의자를 돌려 그를 마주 보며 말했다.

"음, 오후에 마시던 양파 국물을 오늘은 오전 중에 수랏상에 올려줄 수 없겠느냐?"

"이를 말씀이옵니까, 전하."

지난밤 저혈압으로 잠을 설친 남편이지만 일주일을 해냈다는 성취감이, 그것도 통증 없이 넘길 수 있었다는 안도감이 그를 기쁘게 했는지, 아침엔 콧노래까지 곁들여가며 팔운동을 하고 있었다. 남편은, 그전처럼 촛불도 켜고 음악도 올려놓고 우아하게 양파 국물로 아침 만찬을 즐기고 싶다고 말했다.

나는 그의 소원을 들어주었다. 식사시간도 늘릴 대로 늘려 촛불이 제풀에 심지를 눕힐 때까지 마주 앉아 있었다. 평화로웠다. 그러나 그것은 만족과는 다른 것이었다.

'42일 단식'을 시작하기 전 나와 남편은 어떻게 6주라는 긴 시간을 밀고 나갈까 궁리하다가, 우리가 살아온 50여 년의 긴 인생여정 속에서 '마흔두 가지 우화'를 꺼내 하루에 하나씩 회상해보면서 무거운 시간들을 잡아나가자고 했다. 그러나 우리의 예측은 빗나갔다. 우리 두 사람의 50여 년의 삶 속에서 아주 기고만장할 때의 삶도, 사소한 얘깃거리로 채워졌던 빛바랜 일기장 속에서의 기억도, 그 어느 것도 지난 7일간의 숨 막히는 시간 속으로는 파고들 곳이 없었다. 우리들 추억 속 그림과는 아무런 연속과정 속에 있지 않은, 어떤 이질적인 물체 같은 것, 그럼에도 불구하고 그 추억 없이는 생겨질 수 없는 무엇, 그림으로 치면 다른 물체 면에 부딪친 반사광 같은 바깥 그림자가 우리 앞에 난무하며 심술궂은 굉음을 내고 지나갔기 때문이다.

그런데, 오늘 아침은 이 집에 무언가 따스하고 낯설지 않은 공기가 감돌았다.

"조병옥."

남편이 아침 밥상에서 나를 부르는 목소리는, 우리 두 사람만의 추억 속에서만 선명하게 기억할 수 있는 포근하고 건강한 목소리였다.

"당신 오늘 내 얼굴 좀 그려줄래?"

"내가?"

"당신이 그린 내 얼굴을 갖고 싶다는 생각이 들었어."

"글쎄, 내가 뭐 그림을 언제 그려봤어야죠……. 당신 오늘 웃긴다."

"당신이 언젠가 아이들 얼굴을 그렸잖아. 그때 질투 같은 게 났었어. 못 그려도 좋아. 난 그냥 당신이, 지금의 나를 그리고 있는 모습, 그게 보고 싶을 뿐야."

뜬금없이 얼굴을 그려달라는 남편을 이해할 수는 없었지만, 아이들만 그려서 벽에 걸어놓은 아내에게 질투를 느꼈다는 계부의 솔직한 고백은 나를 움찔하게 했다.

내가 연필로 그의 얼굴을 드로잉(drawing)하는 동안, 드디어 그는 우리들의 '마흔두 가지 우화' 중 한 가지를 끄집어내어 들려주기 시작했다.

"고암 선생과 구치소, 같은 방에 있을 때야. 하루는 선생님이 별안간 내 얼굴을 그리고 싶다고 했어."

구치소에서의 고암 이응노* 선생님 얘기는 이따금 들어서 알고 있었지만 나는 '그 얘기 또 해?' 하고 말하지 않았다. 오늘 자기 얼굴을 그려달라는 색다른 주문이, 지금 이, 이응노 화백과의 일화와 무슨 관계가 있는 게 아닌가 하는 호기심 때문이었을까?

"선생님이 그러셨어. 내 몸짓이나 제스처를 보고 있자면 그걸 그리고 싶어진다고. 어느 날, 선생님은 감찰관에게 특별히 부탁해서 종이 한 장과 크레용 한 가피를 얻었어. 연필도 몇 자루 달라고 하니까 그건 빵에선 절대로 안 된다고 하더군. 그래, 난 팔자에 없는 모델노릇을 빵에서 해본 거지. 나를 그리는 동안 나더러 계속 얘기를 하래. 무슨 얘길 하오리까 했더니, 공 형이 잘하는 '똥 얘기'를 또 하라는 거야."

"왜, 하필."

"아무한테도 감시 안 받는 얘긴 그저 똥이나 방귀 얘기니까. 선생님은 툭하면 우셨어. 재판정에서도 그러셨지만, 구치소에서도 교도관이 조금만

불손하게 굴면 울음을 터뜨렸지. '느이들은 에미 애비도 읎냐. 느이 같으면 북에 아들이 살아 있다는데 연락해보고 싶은 생각 읎겠냐, 이 피도 눈물도 읎는 사람들아' 하시면서 흑흑 느껴 울다가도 내가 똥 얘기만 해드리면 금방 애들처럼 자지러지게 웃으시는 거야."

"당신은 웬 똥 얘길 그렇게 많이 알고 있었수?"

"알긴 뭘 알아, 꾸며대는 거지. 가만있어. 내 얘긴 이제부터야."

물을 한 모금 마시고 난 남편은 정색을 하고는 얘기를 시작했다.

"난, 오늘 당신에게 용서를 빌고 싶었던, 오랫동안 그때를 기다렸지만, 결국은 죽음을 앞두고서야, 너무 늦었지만……. 그래, 말이 잘 정리돼서 나올 것 같지는 않지만 그냥 들어줘.

내가 오늘 하고 싶은 말을 꺼내기 위해선 고암 선생님 얘기를 회상할 수밖에 없어. 빵에서 식사시간에 나오는 밥 덩어리를, 다 잡숴도 모자랄 법을 말이야. 그걸 손으로 미구 주물러서 벽에다 짓이기구, 날계란을 벽에 홱 던져 밥풀과 계란껍질까지 혼합해 무슨 작품을 만든다고 땀을 뻘뻘 흘리시는데……. 나 참, 그 왜 도시락통 있잖아? 재판받으러 나가는 날은 도시락을 주거든. 그 나무도시락 상자를 감춰놨다가는 경비가 안 볼 때 확 뜯어가지고 밥풀로 벽에 바르고는 물감이 없으니까 고추장으로 냅다 칠하는 거야. 나중엔 파리떼가 몰려와 그 소위 작품이란 것 위에 새카맣게 앉는단 말이야. 거기다, 그 작업을 하루도 빠짐없이 하시니 참 기가 막혀서. 파리새끼들만 모이나, 어디? 음식 썩는 냄새 때문에 밤에 잠을 잘 수가 있어야지. 저 냥반이 빨갱이로 누명 쓰고 동백림 사건으로 잡혀 들어온 세칭 정치범이 맞나 싶더라고. 다른 정치범들이 앉기만 하면 화제로 삼는 사회문제니 정치문제에는 관심이 없으서. 그냥 작품 생각만 하시는 거야.

선생님, 그게 다 뭐예요? 바보 같은 질문을 했어, 뭐라 대답하셨는지 알아? '내 가슴이야. 내 혼이, 내 욕망이 끓고 있는 게 공 형은 안 보여?' 하시더라고. 난 아무 말도 못 하고 앉아 있었어. 무얼로 한 대 얻어맞은 것 같았어. 그리고는 며칠 후에 선생님과 헤어진 거야. 그냥 그렇게 아무 말도 못 하고 말야."

"어디로 가셨어요?"

"독방으로 가셨지……. 봐, 지금 내 꼬락서니를. 난 지금 또 한 사람의 예술가와도 그런 식으로 허망하게 헤어지고 있어. 미학을 했다는 작자가, 한 예술가를 절절히 사랑해서, 어렵게 다가가 어렵게 만난 한 여인과 그녀의 예술 앞에 무릎을 꿇었던 이 작자가, 응? 한 인간의 내면으로부터 끓어오르는 감정, 그 감정의 주체가 되는 인간의 욕망에 대해서 적어도 한 번쯤은 당신과 진지하게 얘기를 나누어봄 직했던 거 아냐, 응?

당신은 음악을 하고 싶어 했어. 난, 이 어려운 시대에 '고통받는 사람'과 '함께할' 생각을 해야지 음악공부는 무슨, 그건 배부른 놈들이나 하는 사치행위라고 핏대를 높였어. 그러고 어떻게 됐지? 결국 당신은 싱크대에다 큰 사기대야를 놓고, 작곡한 오선지를 한 장 한 장 뜯어 성냥불을 그어댔지. 그 생각만 하면 내 몸이 마구 아파와. 당신을 마주 볼 수가 없어. 너무 늦어서야 난 깨달은 거야. 난, 당신이 우리 집 가난 때문에, 내 얘긴, 나 때문이 아니라, 우리 열악한 경제적 형편 때문에 스스로 예술이란 것에서 관심을 끊었다고 생각했고, 당신 스스로도 무의식중에 당신의 그런 선택이 옳은 선택이었음을 내게 확인시켜주는 상황을 만들었다고 봐.

당신이 괴테 대학 대학원에서 2년간 학위준비 과정을 끝내고 독터 파터(Doctor Vater: 박사과정 지도교수)까지 정해서 인터뷰하고 왔던 날, 당신이

지도교수와 정한 논문제목을 내 앞에 펴 보이며 좋아할 때도 난 그저 입으로만 축하한다고 했을 뿐이었다는 걸 오늘 솔직히 고백할게. 저 여자가 공부를 시작하면 돈은 누가 벌어서 살아야 하나 생각했겠지. 내가 당신을 축하해준다고, 드라이브도 시켜주고 저녁도 내가 앞치마 두르고 만들어주고 하긴 했지만, 그렇게 반응했던 건 그냥, 내가 반기를 들었기 때문에 내게 필연적으로 따라올 고통을 피하려 했을 뿐이었을 거야."

나는, 잠시 멈췄던 드로잉을 다시 계속했다. 그는 얘기를 계속했다.

"오늘 새삼 회개하는 것이 아냐. 내게, 맘속에 오래 간직하고 있으면서도 끄집어내지 못한 응어리를 오히려 당신이 꺼내서 어루만져 주고, 받아주는 것을 최근 더 짙게 느끼고 있어. 이제는 내가 스스로 이런 얘기를 꺼내는 것 자체가 내게 큰 치유가 되기도 하겠다 생각하고 맘 편히 얘길 하는 거니까 그냥 들어주기 바래."

나는 고개를 두 번 끄떡였다.

그는 내게 물었다. 몇 년 전, 아놀즈하인(Arnoldshain)에서 이응노 선생님의 작품제작 과정을 직접 접해보는 행사가 있었던 날을 기억하느냐고.

"행사가 끝나고 침실에 올라왔을 때, 당신이 내게 했던 얘기를 난 잊을 수가 없어. 뭐라 할까, 그저 내 아내, 애들 엄마로만 알고 있던 조병옥, 당신이 뭐라고 하는가 하면, 고암 선생님의 그림 앞에 서 있을 때, 자신이 신전 앞에 서 있는 것 같았다고 했어. 그림 앞에 서서 예배드리고 싶었다고 하면서 당신이 눈물을 닦더군."

"응……. 무한히 경건해지더라고요."

"그래. 그랬어. 그래서 창작하는 사람에게 순교자라는 이름을 붙여주는 게 아니겠느냐고 당신이 말했지. 당신은 그날 나폴레옹 예를 들었지. 베르테

르의 슬픔을 안고서 괴테를 만났다는……. 나폴레옹이 그랬다지, 독일을 정복할 수는 있지만 독일인이 알고 있는 괴테는 정복할 수 없을 거라고, 국가로서 정복해서 프랑스와 하나를 만들 수는 있겠지만 괴테의 작품으로 인해서 개발된 독일인을 정복할 수는 없다고 했다고.

당신은, 교육이니 문화니 하는 것들이 얼마나 무서운 건지, 비록 우리가 아무것도 없지만 우릴 그래도 버티게 하는 힘은, 우리의 한계를 극복시키는 힘은, 문화라는 이름을 붙들고 싸우며 버텨온 조상들의 힘 때문이라고 했어.

그날, 당신이 잠든 후에도 난 밖에 나가 한참 동안 혼자 걸었어. '고암 선생님 그림 앞에 서니 마치 신전을 찾아간 것 같더라'고 한 당신의 말을 떠올리고 또 떠올리다가 눈물을 흘리고 말았어. 사람을 감동시킬 수 있는 건, 나 같은 정치학자, 사회학자들이 목에 핏대를 세우고 맨날 떠드는 이론이 아니라 바로 이거구나. 이건 거의 종교와 같은 힘을 가졌구나. 사람이 절망이라는 마지막 절벽에 가서도 신이라는 카드를 가지고 있는 것처럼, 예술가는 그 신 같은 카드를 가지고 있었어. 우린 못 가졌는데……. 난, 곤히 자고 있는 당신을 내려다보면서 몇 번이고 되뇌었어. 미안하다, 미안하다, 내 무지와 무식을 용서해라. 나 같은 무지몽매한 자가 너 같은 소중한 사람을 데려다 밥벌이나 시키고……."

"아니, 당신 아무 죄 없어요."

그의 말을 잘랐다.

"내가 유럽에 와서 스스로 알아챈 거예요. 내 작품에 대해 내가 실망 안 했으면 미쳤다고 악보를 태워요. 처음엔 울고불고 발광하고 당신 원망도 했지만 그건 비겁한 핑계였어. 난 이젠 괜찮아. 예술 안 해도 살 수 있어.

난, 고암 선생님 옆에서 먹을 갈아드리면서 그런 말을 했어. 선생님 같으신 분이 계셔서 감사해요. 난 비록 예술을 안 하고 있지만 예술 하는 사람이 이 세상에 없다면 살아가기가 힘들 거예요, 그랬어. 그들이 주는 감동을 먹고 사니까."

나는 드로잉한 남편의 얼굴을 보여주며, 이렇게 엉터리로 그리니까 예술가가 되는 걸 포기한 건데 당신이 너무 마음 쓴다고 말했다. 우리는, 금방 그린 나의 처녀작을 벽에 걸어놓고 침대에 나란히 누워 오후 늦게까지 고암 선생님을 추억했다.

그날 저녁,

아놀즈하인 대강당, 넓고 긴 탁자 위엔 커다란 흰 한지가 고정시켜 놓여 있었다. 먹을 갈고 있는 나에게 가까이 오신 고암 선생님이 귀엣말을 하셨다.

"조 선생, 나 그림 그리다 똥 쌀까봐 걱정이야."

나는 그게 무슨 뜻인지 얼른 알아듣질 못해 맑게 웃고 계신 선생님을 멍하니 마주 보았다. 부인 박인경 여사가 내 옆에 와서 귀띔해주었다. 선생님이 작품을 하실 때 우주의 에너지를 온 몸으로 모았다가 흰 종이 위에 쏟아놓으시는 그 다이내믹한 강도가 이따금 감당할 수 없이 강하게 솟아오르면서 종종 일어나는 일이라고. 최근 건강이 나빠지면서 그런 일이 자주 있다고 덧붙였다.

고암이 서서히 먹물에 붓을 적시고 있었다. 탁자 위에 깔린 백지를 한참 동안 뚫어져라 내려다보고 있을 때 장내의 공기는 탱탱한 채로 숨을 멈췄다. 잠시 호흡을 조정하는 듯하더니 이윽고 붓을 쥔 손이 하얀 백사장 위 높은 공중을 서서히 맴도는 한 마리 독수리로 변하는가 하는 찰나에 뭔가 작고 검은 것이 꿈틀하면서, 그 독수리는 고암이 떼어놓는 붓과 함께 후루룩 하늘로 올라가고 거기 작은 새 한 마리가 앉아 있는 것이 아닌가! 이응노 화백의 그 유명한 새 조(鳥)자가 탄생하는 순간이었다. 내 맞은편에 섰던 청년이 딱 하고 한 번 박수 소릴 냈다가 너무나도 숙연한 장내 분위기에 흠칫하여 슬그머니 깍지를 끼었다.

왕년의 죽사 고암이 죽(竹)을 치기 시작했다. 그의, 얼마 안 남은 머리카락 만큼이나 가느다란 숨소리가 들릴 듯 말 듯하면서 죽을 쳐 내려갈 때 나는 잠시 죽순에서 눈을 떼어 선생님의 얼굴을 지켜보고 있었다. 이젠 숨도 안 쉬시는 게 아닌가! 하는 걱정이 내 목까지 누르며 조여올 때, 다그치며 붓을 긋던 선생님이 후우우 하고 숨을 뱉어냈다. 오오, 하나님. 나의 눈이 뜨겁게 젖었다. 남편이 손을 가만히 잡아주었다. 6·25 때 실종됐다는 아들이 보고 싶을 때마다 예술을 붙잡고 몸부림쳤다는 이 노인, 이 노인을 붙잡고 펑펑 울고 싶었다.

독일인들이 일제히 자리에서 일어나 기립박수를 쳤다. 시간은 재어보지 않았지만 참으로 뜨겁고 긴 박수였다. 박수소리 속에서 선생님이 내 곁으로 오셨다. 귀에다가 입을 바싹 대시고 말씀하셨다. '나 그림 그리다가 똥 쌌어' 하고.

황급히 화장실로 모시고 갔던 박인경 여사가 선생님의 똥 기저귀를 돌돌 말아서 들고 나오며 버릴 곳을 찾았지만 결국 못 찾았다고 하자, 선생님과 먼 친척이라는 간호사 신옥자 씨가 얼른 받아 들었다.

"선생님은 못 돌아가는 고향이니 선생님 똥이라도 고향 땅, 수덕사 근처 덕산에 묻어서, 거름이 되게 해야 하는데……."

나는 중얼거렸다.

다음날 아침, 고암 선생님이 탄 차는 선생님의 발걸음 소리만큼이나 조용하게 내리는 겨울비 사이로 사라졌다.

* **고암 이응노(1904~1989)** 한국 현대미술계의 거장. 1967년 동베를린 사건에 연루되어 2년 반 동안 옥고를 치름. 이브 몽탕, 에티드 피아프 등이 묻힌 파리 20구 페르 라쉐즈 공원묘지에 묻힘.

〈엄마와 두 아들〉
저자(엄마)의 그림

남편 공광덕과 이응노 화백, 부인
박인경 여사(오른쪽)

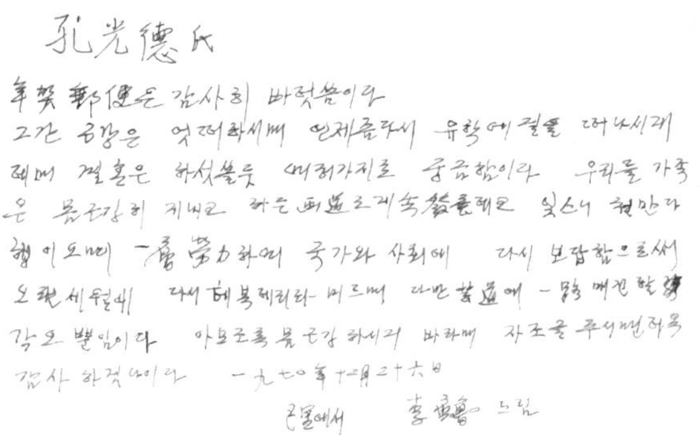

孔光德 氏

年賀郵便은 감사히 받았읍니다
그간 건강은 어떠하시며 언제쯤다시 유학에 길을 떠나시게
되며 결혼은 하셨을듯 여러가지로 궁금합니다 우리들 가족
은 몸건강히 지내고 하은 畫道로 계속 精進해오 있으나 천만다
행이오며 一層 努力하여 국가와 사회에 다시 보답함으로써
오랜 세월에 다시 회복되려 하므며 다만 畫道에 一路 매진할
각오 뿐입니다 아무조록 몸 건강하시기 바라며 자주 글 주시면 더욱
감사 하겠읍니다 一九七〇年十二月二十六日
巴里에서 李應魯 드림

고암 이응노
화백의 친필

고암 이응노 화백이 그려준
저자의 노래집 표기

12. 신(神), 당신과의 합일(合一)을……

단식치료 10일째.

학회에 참석 차 하이델베르크에 도착했다고 어제 전화를 했던 이삼열* 박사가 새벽차를 타고 왔다. 1974년에 창설된 민주사회건설협의회 창립 멤버이고 창립 당시 부회장으로 일했던 이 박사는 1974년 독일 괴팅겐(Goettingen) 대학에서 사회과학 박사학위[학위논문제목: 「루드비히 뷰흐너의 시민적 사회주의(Zur buergerlich sozialismus bei L. Buechner)]를 받고 독일에서 7,8년간 민주화 운동에 참여하다가 지난 1982년에 귀국하여 숭실대학교 철학과 교수로 근무하고 있었다.

두 사람의 뜨겁고 긴 포옹을 지켜보던 나도 눈물을 훔쳤다. 말 한 마디 못하고 가쁜 숨결로만 열리는 가슴 깊은 곳곳에서 둔탁한 흐느낌 소리만 흘러 나왔다.

커피를 준비해 방에 들어설 때 이 박사는 남편에게 성경을 읽어주고 있었다. 여느 때 같으면 한국의 정세분석을 하고 있었을 두 사람이었다.

내 아들아, 주의 징계하심을 경히 여기지 말며

그에게 꾸지람을 받을 때에 낙심하지 말라.

주께서 그 사랑하시는 자를 징계하시고

그의 받으시는 아들마다

채찍질하심이니라.

남편이 좋아하는 「히브리서」 12장 5절의 말씀을 읽고 난 이 박사가 침대에 누운 남편 옆에 앉아 기도를 했다. 그의 진실하고 간절한 기도가 나의 뇌수를 채워갔다. 나는 참으로 모처럼 만에 신 앞에서 무릎을 꿇고 눈물을 흘렸다. 하도 부르지를 않으니까 아예 바람 쐬러 나가신 하나님을 그날은 내가 좇아나가 옷자락을 붙들고 우리 집 안방으로 가시자고 매달렸던 것 같다.

"민영이 아빠."

내가 말했다.

이 사람을 귀히 쓰시기 위해 채찍질하시고 고통도 주시는 하나님이라고 모두들 말하는데, 기도도 그렇게 하는데……. 나도 물론 그 말 믿고 싶어요. 하지만, 난 믿어지질 않아요. 그냥 어찌할 바를 모르니까 하나님 부르는 거지, 앞으로 하나님이 이 양반을 어떻게 하실지가 내 기도에 달려 있다고 보지 않아요. 기도에 대한 체험이 없어서 그렇다는 사람도 있어요. 하나님을 믿고 신뢰해야 된다고도 말하고……."

이 박사는 손수건에 코를 풀면서 고개만 끄떡였다. 나는 얘기를 계속했다.

"하나님을 신뢰하지 않아서가 아냐. 내가 교만해서 그럴 거라고 생각하지도 않아요. 난, 소리 내서 기도하면 내 말소리가 듣기 싫어요. 그냥 하나님,

하고 맘속에서 부르면 눈물부터 나와요. 친정어머니 팔에 매달려 울듯……. 친정어머니가 뭐 다 미주알고주알 얘기해줘야 아시는 거 아니잖아요. 내 말은 그냥 하나님 하고 부르다 보면 뭐랄까, 내가 혼자가 아니라는 걸 느끼게 돼. 정말이에요."

이 박사가 조용히 입을 열었다

"조 선생님이 혼자가 아니라는 걸 느끼는 순간, 혼자 외로워하시던 신이 조 선생님을 만난 거죠."

"거듭난다는 말 우리가 잘 하잖아?"

남편이 머리를 쓸어 올리며 말했다.

"죽은 것이 다시 나아지는 것, 그건 감동을 통해서만이 가능하다고, 이 사람이 말러의 음악을 들려주면서 말했지. 죽은 구스타프 말러가 우리의 감동을 통해 다시 살아났다고. 그래, 우리가 지금 기도에 대해 얘기하고 있는데……."

그는 물을 한 모금 마시고 나서 얘기를 계속했다.

"……기도에 대해 얘기하고 있는데, 난 요즘 내가 살아왔던 세상 습관과 하나씩 결별하고 있어. 난, 내가 이렇게 단식을 하는 동안 하나의 내 고질적인 병을 고쳐야 된다고 생각한 거야. 나태야. 나태에 익숙해진 나를 일으켜 세우는 거야. 내가 나태에서 벗어날 때 난 '참기도', 그래, '참기도'를 할 수 있을 거야. 그래야 새로운 감동으로 거듭날 수 있을 거라는 걸 믿어. 내 나태가 하나님을 혼자 있게 했어."

이 박사는 얘기하고 있는 공 형의 얼굴에서 눈길을 떼지 않고 있었다.

"이 형, 내가 수도원 종지기로 들어가는 길목에서 이 사람을 만났다고 했잖수?"

"네……."

"그땐, 난, 왜 사람들이 수도원으로 들어가는지 알지도 못했고 알려고도 안 했을 때지. 내가 거길 들어가기로 결심할 때도 별다른 이유가 없었어. 그냥 세상과 싸울 수 있는 무기가 없었던 거, 뭐라 할까, 자기 자신에게 긍정할 수 있는 뭔가 진한 게 없는 거였어. 그런데,"

남편은 숨이 가쁜 듯 잠시 얘기를 멈췄다가 계속했다.

"그런데 이 병을 앓으면서 알게 된 게, 아하, 이래서 사람들이 수도원으로 가는구나. 하나님과의 깊은 영적인 결합을 위해서야. 「잠언」 1장에 보면 믿음에 대한 얘기가 나와. 하나님에 대한 절대적인 신뢰는, 그게 설사 순수한 것이라 할지라도 한 개인이 그리스도를 이 지상에서 따른다는, 또는 따라야 한다는 기독교적인 이기주의와 결부되면 그 신에 대한 '절대 신뢰'는 그 완전성을 잃게 돼.

난 네 병으로 인해, 뼛속에 암세포가 퍼져간다는 이 병으로 인해, 이제는 내 생명이 완전히 신의 손 속에 들어가 있다는 걸 알아. 생과 사를 주관하시는 신의 권능에 맡겨져 있다는 걸 알아. 하지만, 하지만 말야, 때때로 내 이 신에 대한 절대 신뢰가, '만약 하나님께서 내 병을 고쳐주신다면, 나는 하나님께서 나에게 이 지상에서 맡긴 사명을 이행할 뿐 아니라 그의 명령에 절대 순종할 것이다'라는 부칙이 들어가 있는 것을 내가 깨달아. 앞서 얘기했듯이 지극히 순수하게만 보이는 신에 대한 헌신적 이기주의가 신에 대한 절대 신뢰, 거기에 대한 전율스런 외경을 손상시킬 가능성이 있어."

남편의 말소리는 더없이 진지했다.

"내가 왜 이런 얘길 하나? 암세포가 뼛속뿐 아니라 머리에서 발끝까지 퍼졌다는 말을 듣고,"

그는 잠시 숨을 고르고 있었다.

"그 말을 듣고는 항암제 주사도 맞고, 단식도 하다 보니까 내 기도가 바뀐 거야. 전엔 내가 그랬어. 하나님, 당신이 시키는 일을 하게 해달라고. 이젠 그게 아니야. 하나님, 이 지상에서 하나님이 제게 아무것도 시키지 않으셔도 됩니다. 당신과의 합일(合一), 우주의 근원인 당신과 하나면 됩니다. 이것이 당신에 대한 절대적 신뢰입니다. 오늘이 마지막이라 하더라도 신에 대한 신뢰에 금이 가지 않아야 되지 않겠어, 이 형?"

겨울새가 날갯죽지 깊숙이 언 부리를 묻듯 이 박사는 그의 대답을 공 형의 이불자락에 묻었다.

이 박사와 나는 밖에 나가 간단한 점심식사를 하고 들어왔다.

"여보, 나 오늘 신문* 접으러 가야 되거든. 산책할 시간 지금밖에 없는데."

나는 탁자 위의 빈 컵을 쟁반에 올려놓으며 말했다.

"내가 좀 힘이 든다. 조금만 더 누웠다가 걸을게. 아까 하던 얘기 좀 하자. 우리에겐 긴 시간이 있지 않아. 난 따로 유언을 하지 않을 것 같아. 그러니 우리 이 형 온 김에 얘기 좀 하자."

남편이 말했다.

"유언?"

나는 목을 돌려 남편을 노려보았다.

"아냐, 아냐. 좀 앉아봐. 유언은 아니고, 그냥 얘기가 하고 싶어서 그래."

눈만 뜨면 그저 마누라하고만 있다가 옛 친구가 방문을 하니 이야기가 하고 싶은 모양이었다.

"공 형."

이 박사가 웃음 머금은 얼굴로 공 형을 불렀다.

“공 형이 조 선생님 처음 만난 게 서울이죠?”

이 박사도 산책을 하기보다는 이야기가 더 듣고 싶은 눈치다.

“새삼스럽게…….”

내가 말했다.

“감옥에서 나오신 지 얼마 안 돼서 두 분이 만나게 되셨다면서요?”

이 박사의 물음에 남편이 대답했다.

“얼마 안 됐지……. 그런데 저 친구가 자꾸, 내 징역살이 하던 데를 가보고 싶다고 했지. 한 번만 가보고 안 가는 줄 알았는데 웬걸, 대학에서 선교비를 타내가지고는 자꾸 가는 거야. 오숙경 선생이라고 아주 친한 친구하고 번갈아 가며 감방을 드나들더군.”

“오숙경 씨라면, 전 문교부장관, 오천석 박사님 따님?”

이 박사가 물었다.

“응. 이 사람하고는 아주, 아주, 이런 친구사이는 도대체 이 지상에선, 전례가 없어서 어떤 사이라고 말하기도 힘들어. 하여간 핸드백을 같이 쓴다면 말 다 했지. 열어봐서 돈 없으면 서로 넣어주고 돈이 들어 있으면 꺼내 쓰고. 지 가방처럼 말야. 옷도 체격이 같으니 서로 바꿔 입고. 나 원, 남자친구도 그런 사람 있단 말 들어본 일이 없어.”

“조 선생님은 왜 그렇게 교도소엘 가보고 싶으셨어요?”

이 박사가 다시 말머리를 처음으로 돌렸다.

“모르겠어. 영화를 봐도 감옥이나, 죄수들 나오는 걸 잘 보러 가거든요. 호호.”

“공 형 만나기 전에도?”

"그러믄요."

"첨엔, 이 사람이 감옥에 더 관심이 있는 건지, 아니면 내게 관심이 있는 건지 알 수가 없었어."

남편이 말했다.

"어느 날 저녁이었어. 학교에서 개교기념일 행사에 쓸 연극연습 끝나고 나오는 길이라면서 이 사람이 내게 전화를 했어. 이렇게 말한 것 같애. '누구든지 자기 자신이 무대의 연기자라고 생각해보면 어떨까요? 과연 관중이 자기를 보고 감격하겠는가' 그랬어. 생각 나?"

"그랬던가?"

나는 어깨를 올렸다가 내렸다.

"그렇게 말했던 바로 그 무대의 연기자가 어느 날 내 앞에 나타난 거야, '나'라는 관중 앞에. 이 여자가 말야."

"그게 1970년인가요?"

이 박사가 물었다.

"응, 얘길 들어 봐. 그러니까 그게 내가 출소한 지 반년쯤 되었을 때야. 나라는 관중 앞에 나타났다구. 여자가 아닌, 대학교수라는, 음악가라는 아주 드문 특권층 범주 안에 있는, 어쩌면 나와는 도저히 만나질 이유가 없는 사람으로 내 앞에 나타난 거야. 예술가, 많은 사람의 시선 속에 사는. 그러니 내가 움츠릴 수밖에. 나 물 좀 마실게."

남편은 반쯤 마신 컵을 다시 나에게 건네주며 말을 계속했다.

"그래……, 움츠렸다는 얘긴 내가 이 여자에게서 도망치고 있었다는 얘길 하려는 거야. 하여간 내가 생각해도 내게 기적이 일어난 거야. 교도소에서 3년 보내면서, 난 이젠 밖에 나가도 사랑이라는 건 할 수가 없다고 단정했었거든. 나 같은 놈을 사랑할 여자는 없을 거라는 확신에서 계산되어진 답이었겠지.

해질녘 이 조병옥이란 여자 집 앞에서 서성거리다 그냥 돌아온 게 몇 번인지……. 그러던 어느 날 바로 이 여자가, 이 여자가 교도소에 도서실을 꾸미기 위해 책을 거둬가지고 이대 학생들과 대전에 내려간다는 얘길 오 선생을 통해 들은 거야. 난 내 귀를 의심했어. 교도소에 도서실을 만들어? 응?"

"아이구, 도서실은 무슨? 신발장 같은 거 하나 들여놓고 책 꽂아놔 준 건데."

"당신 지금 내 말 자르지 마. 이 형, 듣고 있지?"

"네, 그럼요."

"그날 난 이 여자가 사는 동네, 모래내로 기양 한숨에 달려갔어. 용기 따위도 필요치 않았어. 그냥 그렇게 일이 일어난 거야."

"당신이 목에 두르고 있던 목도리를 내게 둘러준 날이다, 그치?"

"내가 가진 거라곤 그거밖에 없었으니까. 감옥에 있을 때 안병무* 선생님이 욕을 해가며 던져주고 간 목도리야."

"욕?"

"눈물 나오면 욕하시는 거 당신도 알잖아. 그러지 않아도 빵살이 하는 게 분통이 터져 죽을 지경인데 어느 날 갑자기 예고도 없이 오셔가지고는 밑도 끝도 없이 '그래, 잘났다, 자알났어' 하면서 홱 돌아서시더라구. 날 마주 보지 않을라구. ……우시는 거지. 그러구는 옜다 하고 자기 목도리를 던져주고 가셨어. 그때만 해도 우릴 면회 간다면 몽땅 안기부에서 뒷조사를 하니까 친구고 친척이고 쥐새끼 한 마리 얼씬도 못할 때였지."

"아까, 모래내로 날 만나러 달려왔단 말까지 하다가 곁길로 빠졌어."

내가 말했다.

"그래, 이 여자를 보러 가자! 북가좌동 가는 버스를 탄 거야. 얼굴을 마주 보고 모처럼만에 뜨거운 얘기를 나눴지. 그것도 긴 시간을. 그놈의, 입에도 담기 싫은 교도소 얘기가 그날은 교도소 도서실 꾸미는 얘기 때문인지 조금도 싫지 않게 엮어졌지. 헤어져 집에 왔는데, 말 마, 그냥 날밤을 새운 거야. 생각해봐. 난 감옥 천장만 쳐다보고 3년을 산 사람이었어. 3년이면 천 일이 넘어. 석방된 날부터 웅크리고 드러누운 누이네 집 골방도 감옥이나 다를 게 없었지만, 이 조병옥이라는 사람과 만나고 돌아온 날은…… 생판 다른 집에 누워 있는 것 같아. 그날 둘이 나눈 대화가 전설처럼 줄레줄레 허공에 매달려서 내게 손짓을 하는 거야. 아무리 잡아보려 발버둥 쳐도 그건 장님의 손짓이야."

나는 눈을 감고 듣고 있었다. 남편에게 오고 있는 죽음이라는 그림자에 어쩌면 나는 우리의 잊혀가는 추억까지도 얹어서 떠나보내기 시작하지 않았던가. 그런데 죽어가는 남편은 오히려 그 죽어가고 있는 것들을 모두 일으켜서 키워보려 애쓰고 있는 것이다. 그는 계속했다.

"이 형, 이거, 나 고해성사처럼 얘기하는 거야. 언젠가도 이 사람에게 이 비슷한 고백을 한 일이 있지만, 난 그때 자살 계획을 치밀하게 세우고 있을 때였어. 결국 그렇게 못 하게 되니까 성당 종치는 일 한다고 신부님을 찾아갔어. 가만, 내 얘기가 왜 이리 우왕좌왕하지?"

"계속해, 여보." 내가 말했다.

"난 빵 안에서 책을 많이 읽을 수 있었어. 책 번역도 했으니까 모범수 대우도 받았고. 오래 그 속에 살다 보니까 난 책 속에 있는 여인들을 사랑하게 됐었지. 3년 동안 말야. 석방 되고 나서 그 책 속에 있는 사람이 이젠 잊혀진 여자로 전락될 무렵인데 이 조병옥이를 만난 거야. 책 속의 그녀가 조병옥일 통해서 실체로 내 앞에 부활된 거……. 응?"

"으이구, 연애만 할 걸 왜 결혼은 해가지구."

내가 끼어들었다.

"당신, 초 치지 마. 내 말 잘 들어."

이 박사는 숨죽이고 듣고 있었다.

"자, 이 여자를 보았을 때 내가 어땠겠어? 이건 사랑이라기보다 선망이라 해야 될 거야. 만나면 자꾸 내가 다시 살아나는 거, 그냥 소나기처럼 퍼붓는 내게 대한 이 여자의 긍정이……, 그런데…… 이 빌어먹을, 이 여인을, 이 여인을 위해서 내가 할 일이 없더라고. 무슨 말인지 알겠수? 담을 그릇이 없더라고, 내겐……."

잠시 세 사람 모두 말이 없었다.

"송규가 귀띔해주더군, 남편과 자식이 있는 여자라고. 흠, 그랬지……. 내가 조금도 놀라는 기색이 없는 것 때문에 송규가 더 놀랐다고 나중에 고백하더군. 절대로 그녀와 가까이해서는 안 된다 하면서도, 단 한 번만이라도 이 여인을 확인하려는 금기의 눈길이 화근이 돼 소금기둥이 된 '롯'의 부인처럼 천벌을 받는다 해도 어쩔 수 없이. 응? 차라리 그 저주를 택하고 싶은……."

그는 말끝을 흐렸다. 나는 이제야 알아차렸다. 그가 왜 '유언'이니 '고해성사'니 해가며 친구 앞에서 이런 얘기를 한 번은 해야 된다고 생각했는지. 그는, 남편과 자식이 있는 사람을 사랑하게 된 자신의 얘기를 부인 아닌 다른 사람 앞에서 털어놓고 싶었는지도 모른다. 죽음이 오고 있다고 확신하기 때문이리라.

손으로 식은땀을 닦는 남편에게 여느 때 같았으면 티슈라도 뽑아 건네주었겠지만 나는 이 엄숙한 퍼포먼스의 종장을 조용히 기다리고 있었다. 그의 나지막한 음성이 음악의 끝을 알리는 코다(coda)처럼 흘러 나왔다.

"조병옥이라는 여자가 학생들을 여러 명 데리고, 책이 든 박스들을 잔뜩 싣고 대전으로 떠나는 걸 먼발치에서 지켜본 날, 난 서울역 벤치에 주저앉아 니체처럼 울었어. 같은 벤치에 앉은 어떤 여자가 어린 자기 딸을 죽어라하고 패는데 엉엉 서럽게 우는 아이 옆에서 나도 울음이 터진 거야. 말을 마구 채찍으로 후려갈기는 마부를, 보다 못한 니체가 말에게 다가가 마부 보는 앞에서 말의 목을 껴안고 울음을 터뜨렸다는 얘기가 떠올라서 나도 그 아이를 가슴에 부둥켜안고 목 놓고 엉엉 울고 싶었어."

나는 남편에게 손수건을 건네주었다.

창밖 자작나무 가지 사이로 크지 않은 달이 침묵으로 서 있었다.

* **이삼열** 숭실대학교 철학과 교수. 현 유네스코 한국위원회 사무총장.
* **신문** 독일에서 오석근이 발행한, 월간 교포신문 ≪우리나라≫를 말함.
* **안병무(安炳茂, 1922~1996)** 민중신학자, 1922년 평남 신안주 출생. 서울대학교에서 사회학 전공. 독일 하이델베르크 대학에서 신학박사 학위 받음, 1969년 월간지 ≪현존≫ 창간. 1973년 한국신학연구소를 설립하고 신학사상지 간행 및 신학계의 전문 학술서적들을 간행하며 우리 시대의 민중 현실을 체험하고 한국의 민중신학 연구에 몰두함. 대표저서로는 『역사와 증언』, 『해방자 예수』, 『성서적 실존』, 『역사와 해석』, 『역사 앞에 민중과 더불어』, 『선천댁』 등이 있음.

13. 만남, 루이제 린저

단식치료 11일째.

남편이 혼잣말을 했다. 체중은 줄었는데 몸엔 힘이 생기니 이상한 일이라고. 나는 걸레질하던 손을 멈추고 남편을 쳐다보았다.

많은 사람들이 문병을 왔다. 연달아 손님이 들어서도 조금도 피곤해하는 기색이 없는 환자에게 그들은 모처럼의 제안을 했다. 가까운 시골길로 드라이브라도 하시면 어떻겠냐고.

남편은 아이처럼 좋아했다.

"야아, 기분이다. 저녁은 내가 사지."

마인츠의 C 형이 주먹을 높이 쳐들며 말했다. 순간 나는 단식 중인 남편의 표정을 살펴야 했다. 하지만 남편은 좋아요! 하는 것이 아닌가.

"대신 조건이 있어. 다른 분들 식사할 때 나도 사람 먹는 음식 먹기다, 어때, 여보?"

사람 먹는 음식.

모두들 환자를 쳐다보았다.

"아, 나의 생명수, 양파 삶은 물 말야."

긴장했던 손님들이 일제히 허르르 웃었다.

나는 정성스럽게 양파를 달여서 보온병에 담았다. 주말이 되면 따끈따끈한 브뢰첸(Broetchen: 작고 둥근 빵)을 사러 갔던 노이호프(Neuhof) 농장을 드라이브 코스로 잡았다.

일행이 노이호프 레스토랑에 들어섰을 때 그 집 피아니스트는 쇼팽의 〈녹턴(nocturn). E 플랫 장조〉를 치고 있었다. 우리 부부에게 반갑게 목인사를 건넨 그는 한층 신나게 건반을 두들겼다. 우리는 그 피아니스트 할아버지를 비스마르크라고 불렀다. 건강이 안 좋아 자주 빌빌거리는 나에게 그가 가르쳐준 건강요법 때문이다. 건강한 나무를 하루에 20분씩 껴안고 있으면 건강해진다는 비스마르크의 요법을 일러준 뒤부터, 우리는 그의 본명인 요하네스를 지워버리고 비스마르크로 개명해 불렀다.

나는 프랑스식 어니언 스프(onion soup)를 주문해놓고 우선 비스마르크 옆으로 가까이 가 앉았다.

"린저 여사가 엊그제 다녀갔어요. 당신들 얘길 물었더니 요즘 소식이 없다고 하던데요."

그는, 작가 루이제 린저(Luise Rinser) 얘기부터 꺼냈다. 나는 대답 대신 긴 한숨을 쉬었다.

"독터(영어로 닥터) 공이 아픈가요? 얼굴이……."

"아주 많이 아파요……."

비스마르크는 고개를 양 옆으로 저으며 안쓰러운 표정을 지었다. 그러면서 연주하던 음악을 슬며시 베토벤의 가곡으로 바꿨다. 언젠가 그의 반주에 맞추어 내가 불렀던 노래였다. 아니, 이 조병옥의 가슴이 온통 공광덕이라는 남자 쪽으로 엎질러졌던 날 피아노 앞에서 부른 노래였다.

"여보, 불러, 어서, 지금 그 노래!"

그 노래임을 알아챈 남편이 이쪽을 향해 두 손을 둥글게 입에다 대고 말했다. 비스마르크가 고개를 끄떡이며 하라고 거들었다.

Ich liebe Dich, so wie Du mich, am abend und am morgen,
noch war kein Tag, wo Du und ich nicht teilten uns're Sorgen.

당신이 나를 사랑하듯 나 또한 당신을 사랑해요.
저녁에도 아침에도,
우린 근심까지도 서로 나누지 않은 날이 없었지요.

따뜻하고 아름답게만 간직하고 살았던 남편과의 추억들이 노래의 마디마다 붙어 있던 노래, 〈당신을 사랑해요(Ich liebe Dich)〉가 오늘은 싸한 아픔으로만 쓰려왔다. 가슴 밖으로 빠져 나올 어떤 분출구도 찾지 못해 울화처럼 끓어오를 뿐이었다. 빈 배 끌고 귀가한 공광덕이라는 어부에게 만선의 노래를 불러주어 하늘과 바다가 온통 자기의 것이 됐던 날을 되돌아보는 듯 남편은 손수건을 꺼내 눈물을 찍어내고 있었다. 노래가 끝나자 식사를 하던 손님들이 기립박수를 쳤다. 붉은 색 와인 두 잔이 그랜드 피아노 위에 배달됐다. 프로스트(Prost)! 모두가 잔을 높이 들었다. 비스마르크의 음악이 묵직하고 조용한 베토벤의 월광 소나타 C 샤프(C sharp) 단조로 바뀌었다.

"당신 얘길 하고 있었어."

남편이 나의 손을 잡아 옆에 앉히며 말했다.

"루이제 린저 만났을 때……."

남편이 말끝을 흐리자 오펜바흐의 김 형이 거들었다.

"조 선생님이 루이제 린저를 처음 만난 곳이 이 레스토랑이라면서요?"

"첫 번짼 여기가 아니죠. 필릭스트에서죠. 후우, 그때 생각하면 지금도 떨려요. 린저와 한 방을 쓰다니."

"아, 맞아요. 통일 세미나가 필릭스트에서 열렸죠."

"이 식당에 함께 온 건 프랑크푸르트 세계도서박람회(Frankfurter Buchmesse)가 끝나고죠. 린저가 이 고장에 오면 여길 가끔 들르거든요. 얼마 전에도 다녀갔다고 저 비스마르크가 그러네요."

"나도 루이제 린저 팬인데. 『생의 한가운데』도 너무 감명 깊게 읽었어요. 부크 멧세(Buchmesse: 도서박람회)에 가서도 그분 책 한 권 사서는 사인 받으려고 긴 시간 줄을 서 기다렸는데 중간에 방송 인터뷰 때문에 그냥 가버리시더라고요."

간호사 미스 박이 말했다.

"무슨 책이었는데?"

"윤 선생님과 대담한 거."

"대담록, 『상처 입은 용』?"

"맞아요. 그런데 조 선생님은 린저와 한 방에 있었으니 얘기 나눌 시간도 많았겠네요. 세미나에서 하는 딱딱한 얘기 말고도."

"70이 다 된 노인이시니까 피곤하게 해드리면 안 되겠다 싶어 첨엔 그냥 어깨를 좀 주물러드렸지. 그러다 보니 이런저런 얘기로 분위기가 익어가면서 나중엔 엄마와 딸같이 얘길 나누게 됐지. 어쩌다 그런 얘기로 방향을 잡았는지 모르지만. 아, 맞아, 공 박사와 몇 살에 만났느냐고 물으셔서 내가 내 재혼 얘기를 하게 됐지. 그러다 보니 내 이혼에 대해서도 얘기하게 됐고."

친구들은 일제히 공 박사를 바라보았다. 나는 계속했다.

"린저도 그 유명한 작곡가 칼 오르프(Carl Orff)와 이혼을 한 걸 내가 알고 있었거든. 그분의 이혼에 대해서는 내 쪽에선 아무것도 묻지 않았지만, 물론 알고 싶지도 않았고……. 내 이혼 사건에 대해선, 그냥 린저가 이것저것 묻더라고. 모르는 여자 이혼에 대해서 뭘 그리 알고 싶었겠어. 소설가니까 동양의 것과 자기네들의 케이스를 비교해보고 싶었는지 모르지……. 다 솔직하게 대답했어. 무엇보다도 내 어린 시절에 대해선 비교적 많은 얘길 들려드릴 수 있었어. 말하자면 가난, 어린 나이 때 당한 강간, 인습 같은 거. 아무리 노력을 해도 어떻게 해볼 수 없었던 현실 속, 인생 판판 대로에서 이탈해야 했던 일, 그러다 보니 나 자신을 송두리째 세상 돌아가는 데에 맡겨야 했던 거, 우리의 망명생활 기타 등등 생각나는 대로 다 쏟아놨지 뭐. 소설가 앞에서 얘기하니까 얘기가 바로 내 얘긴데도 진짜 소설 같고 재미있더라고. 호호. 결국 난 엄마 같은 이 70 노인에게 눈물을 보이고 말았지. '가엾은 아이야' 하면서 내 손 위에 자기 손을 얹는데 그만 울음이 터지더라고."

잠시 침묵이 흘렀다. 와인을 한 모금 넘긴 나는 얘기를 계속했다.

"세미나 스케줄에 맞춰 3시에 토론장에 들어가야 했지만 난 그냥 린저하고 방에 남아 있었어. 린저는, 자기는 세미나 참석차 온 게 아니라 친구 윤이상 선생과 함께 프랑크푸르트 근처에서 만나기로 되어 있어서 잠깐 들른 거라고 했어.

린저는 소파에 눕고 난 그 앞에 앉아 다리를 주물러드리며 얘기를 계속했지. 그녀가 말했어. '당신 얘기를 들으니 칼(Carl)과 내가 헤어질 때 생각이 나요. 칼이 악보를 내던지면서 그러더군. 네가 날 경멸하는 거 난 더 못 보겠어! 내가 대답했지. 경멸하는 게 아니라 염증이 난 거라고.'

여기까지 말하고 나서는 한참 동안 아무 말이 없었어. 난, 왜 염증이 났었냐고 물어볼 엄두도 못 냈어. 눈을 감고 오래 침묵하고 있어서 난 린저가 잠이 들었다고 생각했어. 그래 홑이불을 덮어주려고 하는데 또 얘기를 계속하더라고.

'프라우 공, 잠깐 동안이지만 난 당신을 알 것 같아요. 당신 앞에는 무지개가 있질 않았소. 아이들은 무지개를 확인하기 위해 길을 떠나죠. 병옥이라는 아이도 그걸 위해 떠난 거요. 병옥, 당신의 의지가 아니에요. 당신은 세상 사람들이 말하는 행복의 기준에 따라 전 남편을 떠난 게 아닌 거 같아요. 쫓겨서 간 거지. 더 혹독한 벌판으로 당신은 나온 거야. 무지개? 행복? ……당신은 무서운 불 속에 던져진 거야. 당신 스스로 온 게 아니라 당신의 하나님의 장난이지. 혹은 귀신의 장난이든지.' 이렇게 말할 때 난 이 작가 앞에서 또 한 번 눈물을 보이고 말았어."

남편은 눈을 감고 앉아 있고 친구들은 숨소리도 없이 내 얘기를 듣고 있었다.

"린저가 그러더군. 만약, 만에 하나라도 병옥, 당신이 행복하다고 말한다면, 당신이 그 고통들을 쌓았다가 하나씩 하나씩 당신의 하나님 앞에서 당신의 행복이라는 걸 나누어주고 있는 까닭이지 뭐겠소! 당신에겐 최소한 '그걸 안고 울 수 있는 것', 그런 행복이 있지 않겠냐고요? 의지나 신념으로 살려고 하지 말우. 당신이 당신의 운명을 스스로 만들어가면서 사는 거, 신도 기뻐하실 거요."

식탁 분위기가 더없이 숙연해졌다. 나는 계속했다.

"둘이서 한참 통일에 대한 얘기를 나누고 있는데 '윤이상 선생님이 린저 여사를 모시러 온다'는 전갈이 왔어. 난 이 귀여운 할머니의 머리를 빗겨드렸지. 머리에 숱이 워낙 없어서 꽂은 핀이 자꾸 미끄러져 떨어졌지. 손에 가지런히 쥐고 있는 머리핀을 한 개씩 집어 등 뒤로 건네주면서 린저가 말했어. '통일, 통일……. 글쎄, 그걸 꼭 해야 되는 건지. 독일은 그냥 이렇게 지금처럼 옆에서 함께 살고, 더불어 살면 돼요. 물론 한반도 문제는 다르지만……."

그 후 내가 루이제 린저를 다시 만나게 된 것은 그녀가 북한 방문을 마치고 쓴 책, 『또 하나의 조국』이 막 출간됐을 무렵이었다. '사랑하는 병옥, 당신과 만난 시간들을 나는 기억하며 살 것입니다. 당신의 린저'라고 사인을 해준 린저에게 나는 고맙다는 인사와 함께 평소에 하고 싶던 말을 꺼냈다.

"선생님은, 사는 집도 독일이 아닌 이태리의 로가 디 파파(Rocca di papa)고, 친구들도 독일인 못지않게 제3세계 사람들이 많고, TV 인터뷰에서나 신문에서나 늘 타민족에 대해 얘기를 많이 하시는데……."

"독일인을 싫어하느냐구요?"

그녀는 나의 말을 이렇게 잘랐다. 나는 대답 대신 웃음을 지었다.

"틀리지 않아요. 내 미션(Mission)이 교량을 놓는 것이니까요."

나는 궁금했던 물음을 던졌다.

"신이 있을 뿐이지 기독교만의 신이란 존재할 수 없다고 선언하신 적이 있는데, 이번에 북한을 방문하시면서 어떤 생각을 하게 되셨는지요? 거기에도 기독교가 있던가요?"

린저는 한참 동안 땅을 내려다보고 앉았다가 입을 열었다.

"……동방의 종교들을 알고 난 후라야 서양 기독교를 새로이 이해할 수 있었다고 한번 고백한 일이 있지만, 기독교 얘기를 하자면 난 자주 엄청나게 위험한 발언을 한다는 소릴 듣는다고요. 난 독실한 기독교 가정에서 자랐지만 이번에 북한 방문을 하면서 이런 생각을 했어요. 기독교의 기본 정신인 사랑이 개인의 차원에서뿐만 아니라 사회적 차원에서 실천되는 경우에는 비록 무신론적인 사회주의 나라 안이라 하더라도 '생활화한 기독교'가 존재하고 있다고 나는 본다고요. 내가 지금 말하는 것은 공적인 기존의 기독교하고는 아무 상관이 없어요. 그리스도가 누구인지 생면부지이지만 그곳 사람들은 기독교적으로 살고 있어요."

나는 한 가지 더 물어보았다.

"독일인에 비해 우리 한반도에 사는 사람들이, 제 얘기는 북이나 남이나 말이에요. 통일로 가는 길에서 잘못하고 있는 것이 무어라고 생각하시나요?"

린저는 나를 똑바로 마주 보며 대답했다.

"상대편 앞에서 상대를 솔직하게 비판할 수 있는 용기를 가진 사람이 있다는 것은 여간 중요한 일이 아니죠. 나치 정권 때 감옥살이 하면서도 내가 줄곧 해온 말이에요. 남과 북도 독일처럼 우선 문화교류로 서로 문을 열고 당신들의 공동의 미래를 위해 솔직히 말하고 받아들이는 용기를 가져야 됩니다."

그녀는 말끝마다 '용기'라는 말을 달았다. 친구 윤이상도 그런 용기를 갖고 일하고 있다면서. 자기는 남편이요 작곡가인 오르프를 통해 이상윤(Isang Yun)을 알게 된 후부터 제3세계의 비극적인 인간사에 더 관심을 갖게 됐다고 덧붙였다.

14. 기차만큼은 언제나 달려주지 않았던가!

단식치료 12일째.

'기차 타고 들판을 달려보고 싶다'는 환자의 색다른 주문은 바로 내가 하고 싶었던 것을 대변해주는 말이었다.

차를 끓여서 기방에 넣고 막 집을 나서는데 문병 오신 이채동 목사님 내외분과 마주쳤다. 「요한복음」 9장 1절부터 5절, 11장 1절부터 3절을 봉독하고 기도를 해주신 목사님은 우리 내외를 프랑크푸르트 기차역까지 태워다 주셨다.

우리는 아무 데로나 가는 기차에 올랐다. 남편은 가는 방향을 향해 앉았고 나는 가는 방향을 등지고 앉았다.

기차가 흔들렸다. 나도 흔들리기 시작했다. 기차에 속도가 붙었다. 오랫동안 탄력을 잃고 엉켜 있던 가슴속 주름이 한 올 한 올 튕겨지며 풀리는 것 같았다.

눈을 감았다. 기차는 계속 뒤로 달렸다. 적어도 내게는.

뒤로 30여 년을 달려, 6·25 전쟁으로 아수라장이 된 서울역 광장에 이르렀다.

1951년, 1월 초순.

밀치고 밀리고 아우성치며 화물차 지붕 꼭대기에 기어오르는 피난민 군중 속에는 나와 두 동생도 끼어 있었다. 대구 쪽으로 간다는 기차였지만, 확실히 그쪽으로 가고 있는 건지, 며칠이 걸려야 목적지에 도착하는 건지 아는 사람도 없고 묻는 사람도 없었다. 서로 묻는 말이라곤, '인민군이 어디까지 쳐들어 왔대?', 아니면 '국군과 유엔군이 어디까지 밀린 거래?'뿐이었다. 오줌도 기차 지붕 위에서, 똥도 달리는 기차 위에서 싸질러야 되는 것은 물론, 혹여 산모가 해산을 한다 해도 그 열차 지붕 위에서 다 해결해야 된다는 얘기다. 후에 역사는 이날을 1·4 후퇴라고 이름 붙였다.

낸들 왜 그걸 몰랐으랴. 그런 내가 어딘지도 모르는 낯선 간이역에서 잠깐만요, 잠깐이면 돼요, 하면서 기어이 기차에서 내렸다가 생겨진 어처구니없는 비극은, 나 자신이 먼 훗날까지 설명을 붙일 알맞은 말을 길어 올리지 못한 하나의 운명 같은 것이었다.

"누나! 누나아, 누나아!"

얼어붙은 겨울저녁을 뒤흔드는 아이들의 비명소리에 철렁 가슴이 내려앉았다. 학이와 용진이의 목소리였다. 기차가 움직이기 시작한 것이다.

"스톱, 스톱! 여기 사람 있어요!"

나는 뛰기 시작했다.

"누나!"

"스토옵!"

나는 죽을힘을 다해 달리고 또 달렸다. 기차의 속도는 점점 더 빨라졌고,

미친 듯이 뒤쫓는 발바닥 밑으로 달리는 길바람 위에 열네 살짜리 어린 소녀의 솟구치는 목숨이 내동댕이쳐지고 있었다. 누나, 누나아…… 아스라이 멀어지는 동생들의 긴 외침이 선짓빛 저녁노을에 섞여 저녁밥 짓는 연기조차 없어진 지 오랜 빈 마을을 흔들었다.

나는 얼음이 서걱거리는 눈밭에 주저앉아 목을 놓아 울었다. 무언가 물컹한 것이 속바지 밑으로 흘러 내렸다. 이놈의 월경만 아니었어도. 아니, 그까짓 거, 기차 꼭대기에서, 남들 보는 앞에서 갈아 차면 뭐가 어떻다고 기어코 기차에서 내렸단 말인가. 저 놈의 쇳덩어리는 왜 출발신호도 없이 떠난단 말인가! 동생들을 서로 띠로 묶어놓고 올 걸, 졸다가 땅으로 굴러 떨어지면 어쩌나…….

몸이 부르르 떨렸다. 속바지 밑으로 절망처럼 죽은피가 번져갔다. 목이 쉬도록 울었다.

"막차였는데, 놓쳤구니, 쯧쯧."

객지의 바람 속에서 엄마의 목소리가 들려왔다.

"가자, 집으로……."

얼떨결에 자리에서 일어난 나는 웬 낯모를 중년여인의 손을 붙잡고 있는 자신을 발견했다.

여인이 끓여준 따뜻한 된장찌개를 먹으면서도 나는 자꾸만 울었다.

"아주머니는 피난 안 가셨어요? 마을이 텅 빈 것 같던데요."

내가 묻자 여인은 한숨부터 지었다.

"아들 기다리지. 에미라도 집 지키구 있어야……."

"어딜 가셨는데요?"

"그걸 알면, 이렇게 기다리고만 있겠나. 벌써 몇 년 됐지, 행방불명된

지……."

"네……."

"학생, 우선 눈 좀 붙여. 국군이 계속 후퇴하고 있다니 여기도 오늘 낼 해. 내가 정거장에 나가보고 올 테니. 막차가 또 한 번 지나갈지도 모른다니까."

"네? 막차요? 막차가 있다고요?"

나는 자리에서 벌떡 일어섰다.

"장담은 못 한다고 했지만, 역장이……."

"네? 역장이 아직 여기 있나요? 여기가 그런데 어디죠?"

"매봉. 신탄진이 조 너머야."

신탄진……, 신탄진이면 아직 대전도 못 왔는데 사흘이나 걸렸단 말인가!

온다던 막차는 그러나 다음날이 되어도 오지 않았다.

아주머니와 나는 역장을 찾아가 정거장 사무실 난롯가에 앉아 이 얘기 저 얘기로 무거운 시간을 밀어 보내고 있었다. 서울에 아직도 남아 계신 엄마 생각을 애써 안 하려고 머리를 몇 번이고 흔들고 털고 했지만 소용없는 짓이었다. 영하 20도의 강추위로 꽁꽁 얼어붙은 서울역 탑승장, 죽을힘을 다해 기차로 몰려드는 피난민 인파 속에 미처 울지도 못하고 서 있던 엄마, 머리에 썼던 수건을 벗어 연신 흔들면서 조금씩 하얀 점으로 멀어져 간 엄마가 떠오르면 나는 아주머니 무릎에 얼굴을 파묻고 흐느껴 울었다. 동생들은 대구에 잘 도착했을까? 아버지 친구 집 주소도 모르는데 이 아이들은 지금 어디에 있을까? 나는 미칠 것 같았다.

또 이틀이 지났다. 혼자 대문 밖으로 나간 나는 정거장 쪽을 향해 걷기 시작했다. 역장을 찾아가 막차가 정말 오기는 오는 거냐고 채근해볼 참이었다. 신탄진역이 보이는 고갯길에 올랐을 때였다. 누군가 정거장 쪽에서 나를 부르며 뛰어오고 있었다. 역장이었다.

"학생, 학생. 막차가…… 막차가 오고 있어요."

"막차?"

"자, 자. 뛰어, 어서!"

역장이 앞서서 달리면서 릴레이 육상선수처럼 손을 뒤로 길게 뻗었다. 나는 뛰기 시작했다. 뛰면서 그의 손을 움켜잡았다. 우리를 실은 마지막 열차는 진눈깨비 쏟아지는 겨울 벌판을, 그리고 그렇게, 열네 살 소녀의 나이를 가로질러 달리고 있었다. 아주머니, 용서해주세요. 저만 떠납니다.

잠시나마 정들었던 마을이 아스라이 멀어지면서 또 한바탕 내 안의 설움이 끓어 올라왔다.

미군의 인천상륙작전 후 국군이 평양까지 진격했으나 결국 중국의 개입으로 다시 남으로 밀리게 되면서 동족 간의 전쟁은 교착상태로 빠져들었다.

남침한 지 단 이틀 만에 수도 서울을 함락했던 인민군인데 우리가 대구로 피난 간들 못 쫓아오겠냐고 사람들은 한숨 지며 말했다. 기차 연기로 새카맣게 그을린 얼굴은 서로가 알아보기조차 어려웠지만, 철모르는 아이들은 킬킬대며 서로를 놀려대기도 했다. 세수하라고 어떤 노인이 내게 눈덩이를 한 주먹 쥐어주기도 했다. 따로 싸가지고 온 물은 아껴야 되기 때문이었다. 낮은 그런대로 시간이 잘 가주었다. 서로 얼굴도 마주 보며 이야기도 나누고 꽁꽁 언 주먹밥도 나누어 먹으면서, 아이들끼리 마주 앉아 손짓하며 부르는 노래도 나름대로 즐길 수 있었다. 그러나 밤은 달랐다. 기차 지붕 위에는 밤이 되어도 들어가 잘 방이 없었다. 지붕 위에서 식구들끼리 서로를 광목 끈으로 묶고 앉아서 잠을 청하는 사람들은 그나마 일등석에 앉은 셈이었다.

창문이고 객차 연결 부위고 가릴 것 없이 끼어 앉거나 아슬아슬하게 매달려서 가는 사람들은 이따금 차 꼭대기에서 흘러내리는 오줌세례를 받기가 일쑤였다.

"이 꼴이 뭐람. 기차 한 번 타보는 게 소원이었는데……."

나는 중얼거렸다.

그랬다. 그 악몽 같은 일제 때의 내 어린 시절에도 기차만큼은 아이들의 꿈을 싣고 우리 마을을 지나갔다. 기차가 지나가는 동안 손을 흔들고 서 있는 아이들은 기차의 길이만큼 허기증을 잊을 수 있었다. 기차가 오는가 하면 어느 새 눈앞을 확 지나가 그 꼬리만 보이는 지금의 새마을호에 비하면 그때의 증기기관차 히카리 호의 속도는 비교도 안 되게 느렸지만, 그 느린 속도만큼 느긋하게 아이들의 시야에 있어주었던 것 같다.

배고픈 시절, 끈질긴 목숨이 비켜 설 자리가 없을 때에도 산마루의 시구나루(signal: 신호등의 일본 말)만 떨어지면 마을 아이들 곁으로 와주었던 기차, 어딘가에 아직도 있어 그들을 기다리고 있을 고향을 기억하게 해주는 게 기차가 아니었던가. 우리들 조선인의 억장의 무게만큼 가라앉은 어둠의 산자락을 기차만큼은 언제나 눈부신 빛을 발하며 달려주지 않았던가!

나는 '비행기를 타면 미국엘 가고, 기차를 타면 꿈길을 달릴 수 있다'는 작문을 지어 칭찬을 들었던 초등학교 시절을 떠올렸다. 마주 앉은 남편의 얼굴을 애써 보지 않으려 했다. 한 발짝이라도 '나'의 밖으로 나가 어디로든 달리고 싶었다, 미국이 아니라도, 꿈길이 아니라도. 1·4 후퇴 때 역장실에 오롯이 앉아 누나를 목마르게 기다려주었던 대구역에서의 동생들처럼 나를 기다려주는 곳이 이 지구상에 있다면 어디라도 달려가고 싶었다.

"우리 지금 어디로 가는 거지?"

남편이 물었다.

"아무 데로나……."

15. 아들의 방

단식치료 14일째.

긴 어둠과 침묵 너머로 먼동이 터오고 있었다. 야광 탁상시계가 5시 5분을 가리키고 있었다. 잠 따위는 아예 청해볼 수도 없었던 밤이었다. 피곤을 느끼기는커녕 하품 한 번 안하고 날밤을 새운 내 몸뚱이가 어둠이란 가루에 몇십 번 몇백 번 굴러 퍼슬퍼슬한 숯덩이로 거기 엎드려 누워 있었다.

큰아이 호정이가 오늘 떠난다. 베를린으로.

아버지가 병으로 쓰러지면서부터 자기 어깨에 어미를 기대게 해준 아이, 때때로는 이 어미를 칭얼대는 어린아이로 살게 해준 아이 아닌 아이가 오늘 어미 품을 떠난다. 아침 9시 40분 비행기로.

당장 오늘 밤부터는 휑하니 비어 있을 아들 방의 정적에 생각이 미치자 설핏 스치는 쓸쓸함 위로 바람이 인다.

"벌써 일어나려고?"

"응? ……응."

아, 그렇지, 남편이 옆에 자고 있었지.

나는 흠칫 놀란다. 그 길고 긴 밤에 단 한 번도, 그래, 단 한 번도 나의 머릿속에 들어오지 않았던 암 환자, 내 남편이 바로 옆에 누워 있었건만, 이럴 수가. 물리적 이별을 앞둔 아들만이 나의 모든 슬픔이었고, 아들만이 내 안에 들어올 수 있는 사람이었단 말인가. 여기, 바로 내 옆에 또 하나의 이별이 이별을 향해 치닫고 있었건만.

나는 이불을 잡아당겨 머리에 뒤집어썼다. 두 눈을 으스러져라 눌렀다. 부질없는 짓이었다. 짓눌린 눈 밑바닥에도, 해골 구석구석에도 두려움은 미리 와서 진을 치고 있었다.

집에서 출발하기 전, 아이가 말했다. 화티와 혼자서 얘기하고 싶다고. 조금 열린 방문 앞에 서서 나는 그들 부자간의 얘기를 들을 수 있었다.

"화티(Vati), 독일 아이들이 그래요. 자기들 부모는 단순히 어렸을 때만 필요한 존재였나고요. 커서는 대화도 안 되고 부모가 존경의 대상이 아니래요. 그런데 '너희 아버지와 어머니는 너희가 어른이 돼서도 너희들의 친구로, 동지로, 선배로 존경할 수 있는 분들인 게 참 부럽다'고 해요. 전 화티가 자랑스러워요."

아들의 목소리가 떨렸다.

아빠의 목소리도 떨렸다.

"미안하다, 미안하다. 너희들을 더 사랑해주었어야 했는데……."

한참 침묵이 흘렀다. 아빠의 흐느끼는 소리가 들렸다.

"호정아, 난 한 번 너희들 앞에서, 한 번 크게 울어야 한단다……."

아이가 문 밖으로 튀어 나와 자기 방으로 들어갔다. 이불을 뒤집어썼다. 참았던 눈물을 더 무섭게 참느라 울음소리조차 내지 않았다.

두 번째 남편, 공광덕과 한 가정을 이룰 때 나는 가슴에 큰 대지를 사들였다. 거기 심어질 갖가지 꽃씨를 사들일 때 나는 춤추는 나비가 되어 하늘을 날아다녔다. 사람들은, 너무도 높이 나는 나를 지켜보면서 이젠 위험하니 내려오라고 경고도 했다. 나는 고개를 저었다. 여기엔 구름도 있어요, 여기엔 별도 있는 걸요. 그리고 아직 눈에 보이지 않는 것들 중에도 내가 사랑하게 될 것이 가득 차 있는 것 같아요! 하면서. 얼마만큼 시간이 흘렀을까, 말리던 사람들도 지쳐 잠이 든 깊은 밤, 나는 살포시 땅에 내려앉아 꽃씨를 심었다. 광활한 대지, 구석구석까지 꽃씨를 심었다.

그러나 나는 알지 못했다. 내 눈에는 대지만 보였고 계절은 보이지 않았다는 것을. 그것은 겨울이었다. 겨울에 심어진 꽃씨는 세상 살기를 힘들어했고 그들은 꽃도 피워보지 못하고 하나둘 사라져 갔다. 거기엔 대지만 남아 있었다.

"미안하다, 미안하다."

죽음을 앞둔 의붓아버지가 아이들 앞에서 털어놓은 이 진실은, 기실 두 아이를 데리고 겨울 밭에 꽃씨를 뿌린 내가, 그들의 어미가 해야 할 말이었다.

어젯밤 남편이 말했다.

"애들이 목마르다고 하면 당신은 주스를 사왔고 나는 그 돈이 아까워 당신을 윽박질렀지. 물 끓여 멕이면 돈 안 드는데, 하면서."

"돈이 죄지요."

하고 대답했지만 나는 모처럼만에 아이들의 의부에게 깊은 연민을 느끼고 있었다. 농부에겐 마른 논에 물 들어가는 것만큼 기쁜 일이 없고, 부모에겐 자식 입에 밥 들어가는 것 지켜보는 것만큼 기쁜 일이 없다는 말을 한 번도 가슴으로 느껴보지 못한 그가 겪었을 혼자만의 적막이 내 쪽을 빤히 보고 있었다.

"엄마, 화티만 위해서가 아니라 엄마 건강을 위해서도 최선을 다해야 돼, 알았지?"

공항 카페에 나란히 앉아 어미를 위로하고 있는 아이는 어느새 커다란 나무로 우뚝 자란 엄마의 버팀목이었다.

"좋은 일로 떠나는 거니까 우리 슬퍼하지 말자, 엄마."

나는 여러 번 머리를 끄떡거렸다.

"생각해봐, 마누라 없이는 살아도 장화 없인 못 산다는 진흙 바닥, 모래내에서 태어난 놈이 베를린공대 음향학과에 입학이 됐다니 누가 믿겠어. 안 그래, 엄마?"

"크흐흐흐."

나의 멋쩍은 웃음은 우리 모자의 슬픔을 지켜보고 있던 신이 주시는 은총의 선물이었다. 그랬다. 나는 아들을 힘껏 안았다.

"엄만 너 보러 가지 못할 거야, 알지?"

"걱정 마, 엄마. 내가 자주 전화할게."

1974년, '독일 행'이라는 꼬리표를 가슴에 달고 아홉 살, 일곱 살의 두 아이가 프랑크푸르트 공항에 내렸다. 아이들보다 2년 먼저 서독으로 떠난 엄마 대신 자기들을 1년간 돌봐주고 함께 놀아주었던 지금의 화티, 공광덕을 아이들은 옹켈(Onkel: 아저씨. 영어로 uncle)이라고 불렀다.

아이들이 독일에 온 지 몇 주 지난 어느 날이었다. 큰아이 호정이가 동생을 데리고 옹켈 방을 노크했다.

"……옹켈한테 할 얘기가 있어요."

아홉 살배기 아이답지 않은 진지한 모습이었다.

"우리가 독일 온 지도 6주가 지났어요. 그동안 우린 그냥 버릇대로 옹켈이라고 불렀어요. 오늘부터는 옹켈을 화티(아빠)라고 부르기로 했어요."

남편은 숨을 멈췄다. 저만큼 앉아 있던 그가 느닷없이 아이를 와락 품에 안았다.

"물론 호산이와 나는 엄마가 우리 아빠와 이혼하는 게 싫었어요. 하지만 우린 엄마를 너무 사랑해요. 여기 와서 보니까 우리 엄마가 사랑하는 사람은 우리 아빠가 아니라 옹켈이라는 걸 알았어요. 오늘부턴 옹켈이라고 부르지 않겠어요, 화티."

화티는 두 아이를 품에 안고 몇 번이고 몇 번이고 고맙다는 말을 했다.

어느 날 갑자기 고국의 친숙했던 환경, 친구들, 모국어까지 떠나 인종적으로도 낯선 공간에 떨어진 아이들이었다. 거기다 하나 더 얹어진 낯선 가족 분위기 속에서 얼마나 불안하고 두려우랴 싶어 나는 가슴 안에 따로 몇 개의 방을 만들어놓고 불을 지폈다. 아이들은 언 몸을 거기 들어와 녹이곤 했다.

아이들은 잘 자라주었다. 돈 없어 새 옷 한 번 못 입고 벼룩시장에서 구입한 1, 2마르크짜리 헌 옷으로 스무 살까지 살아야 했던 혹독한 외지의 가난도 오히려 아이들에겐 힘이 되고 있는 것을 하루하루 발견하면서 나는 하나님 앞에 머리를 숙였다.

아기 때 유아세례를 받은 아이들이 15살이 넘으면 스스로의 선택으로 세례를 받는 절차를 컨포마치온(Konfirmation)이라고 한다. 독일 아이들의 이 개신교 세례식은 결혼식 못지않게 화려한 잔치로 치러진다. 남자 아이들은 까만 신사복에 하얀 나비넥타이를 매고 여자 아이들은 레이스 달린 흰 드레스를 신부처럼 입는다. 호정이가 세례식에 참석한 날 나는 축하객 맨 뒷줄에 서서 그 광경을 지켜보고 있었다. 파이프오르간에서 장엄한 행진곡이 흘러나오면서 검은 옷, 흰 옷을 입은 청소년들이 손을 흔들어주는 부모님들 사이로 행진해 식장으로 들어가고 있었다. 30여 명의 검은색 신사복 차림 청년들 속에 벼룩시장에서 산 빛바랜 진바지를 입은 동양 아이 하나가 햇빛처럼 웃으며 행진하고 있었다. 호정이었다. 식 끝나고 기념사진 찍는 자리에서 아이는 말했다. 자기가 제일 멋있었다고.

아이들의 의식 성장은 어른을 추월해 앞서가는 것 같았다. 어느새 집 정원 한가운데에 너럭바위를 만들어놓고 세파에 시달린 부모에게 거기 좀 앉아 쉬었다 가라고 했다.

"엄마! 동네에 광고 붙은 거 봤어? 나 있잖아, 교회 포스탄트(Vorstand: 한국식으로 하면 장로 혹은 운영위원) 선거에 입후보했다."

"뭐? 그거 노인들이나 하는 거 아니니?"

"맞아. 하지만 열여덟 되면 입후보할 자격 있어."

"그런데 왜 그런 뚱딴지같은 생각을 했니?"

"노인들이 다수니까 일이 안 돼. 교회에서 모은 헌금을 맨 쓰잘데기 없는 데다 보내. 나하고 내 친구 몇 명이 이번에 출마하는 거야. 불쌍한 나라, 니카라과, 칠레에서 탄압받는 사람들 도와주자고 하려면 손 들어주는 젊은이가 있어야 되거든."

한국에서는 주일헌금, 감사헌금 등의 수입금을 가지고 목사 월급도 주고 교회 운영비로도 쓰지만, 국민의 종교세로 운영되는 독일 교회는 달랐다. 목사의 월급도 나라에서 준다. 진보 성향을 가진 교회들의 경우, 주일헌금 등 수입금은 가난에 시달리는 다른 나라로 보내는데 이것을 가능하게 하려면 다수의 찬성이 필요해서 출마하는 거라고 아들은 말했다.

"2차 대전 동맹국이지만 일본과 독일이 다른 점은 바로 그거란다."

화티의 말이었다.

"독일은 자기들의 잘못을 후세들에게 알려주는 행사를 계속 하면서 반성하고 있는데, 또 눈에 보이는 큰 규모의 경제적 원조를 하고 있는데 일본은 안 그래. 반성은 고사하고 다 은폐하고 있어."

입후보자 사진이 동네 골목골목에 걸렸다. 권위딱지가 더덕더덕 붙은 교회 어른들 사진 속에 세 명의 새파란 떠꺼머리총각 사진이 나란히 있었다.

"엄마, 다녀올게. 힘내자, 엄마."

장고를 어깨에 멘 아이가 손을 높이 흔들며 안으로 사라졌다. 김덕수 씨가 독일 와서 사물놀이를 가르쳐주고 간 후부터 틈만 나면 장고를 두들기더니 최근엔 설장구 리듬에 심취되어가고 있었다.

혼자 돌아오는 버스 안에서 나는 모든 고통을 남김없이 울어버렸다. 또 다른 신(scene)을 연출해내야 하는 무대가 나를 기다리고 있기 때문이다. 닳고 닳아 해진 가슴을 쓸어내리느라 집 현관에 도착해서도 한참을 서 있었다. 열쇠를 돌렸다. 현관엘 들어섰다. 반쯤 열려 있는 아들의 방 문짝이 어쩔 수 없이 눈에 들어왔다. 숨이 막혔다. 오늘은 들어가지 말자. 그냥 지나가 버리자. 아니다, 아니다……. 그러나 이내, 쾅 하고 던진 어미의 육탄으로 아들의 방 문짝이 비명을 질렀다. 온 우주를 다 몰고 들어가기라도 할 듯 나는 두 손으로 활짝 문을 열어 젖혔다. 두 눈에 수천 볼트의 스포트라이트를 켰다. 그 빛살에 명중되어 산산조각이 나버린 두려움은 잽싸게 발을 돌려 후퇴했고 나는 아들의 빈 방 구석구석을 쏘아 보았다. 오랜 시간 목 졸려 팽팽히 곤두섰던 나의 혈관이 폭발하기 시작했다.

16. 핏줄

단식치료 16일째.

이른 새벽, 나는 허겁지겁 작은아이를 깨웠다.

"엄마 좀 병원에 데려다 줘……. 엄마 아프다."

나는 이내 앰뷸런스에 실려 대학병원 응급실에 옮겨졌다. 엑스레이 촬영과 위 내시경 등 각종 검사가 끝나자 남편을 담당하고 있었던 독터 부어크가 뛰어 들어와 내 손을 잡아주었다. 남편 병세는 요즘 어떠냐고 물었지만 나는 그저 미소로 대답했다. 위가 많이 헐었으니 우선 약부터 먹고 조직검사 결과는 한 주일 기다리라고 했다. 충격을 받은 작은아이 호산이가 눈물을 문질렀다.

"이러다 엄마까지 죽겠다!"

푸우, 나는 웃었다.

"얼른 화티한테 전화부터 해드려. 나 괜찮다고, 어서."

"괜찮기도 하겠다."

화티부터 걱정하는 엄마가 마뜩찮은 듯 아들은 눈을 흘기며 돌아섰다.

집에 와보니 남편이 보이지 않았다. 침대 옆 탁자 위에 쪽지 한 장이 눈에 띄었다.

진통제를 먹고 자도 아파서 신음하는 너를 옆에서 지켜보며 난 생각했어, 네 고통이 뭔가 하고. 인간이 완성되려면 인간적인 고뇌적 상황을 다 겪고 나서 수덕을 해야 하는구나. 그것이 너로구나. 그렇지 못한 게 바로 나라고 생각했어. 암이란 병이 내 발목을 잡고 나서야 수덕을 하느니 회개를 하느니 하는 나를 돌아다보면서 너를 마주 보기가 부끄러워졌어. 내가 무슨 말로 널 위로할 수 있겠니. 난 이제 그 속물주의 기도 같은 거 안 하기로 했어. 그저 소망 속에서 기다리는 거야. 우리 노력하자. 그러면, 하늘이 주시는 거야.

나 산책 조금 하고 올게.

나는 벙거지를 뒤집어쓰고 옷걸이에 걸린 아들의 두꺼운 점퍼를 걸쳐 입었다. 산책 간 남편을 마중할 셈이었다.

이때 따르르릉, 전화벨 소리가 나를 붙들었다.

"서울인데요. 저기, 저 문옥인데요. 언니세요? 얼마나 고생하셔요?"

막내시누이었다.

"소식 듣고도…… 미안해요, 언니. 작은오빠, 지금 좀 어떠세요?"

어떻다고 말해야 하나? 굶고 있다고 할 수는 없고. 걱정 말라고 할 수도 없고, 걱정 함께 하자고 할 수도 없고, 사실은 나도 다 죽어간다 할 수도 없고. 국제전화 값이 비쌀 테니 빨리 뭐라고 말은 해야 되는데……. 난감해하고 있을 때 남편이 구세주처럼 돌아왔다.

"여보세요, 누구? 문옥이라구?"

남편의 목소리가 떨렸다. 암 선고 받고도, 서울 가족에게는 절대 알리지 말라는 그의 부탁 때문에 침묵을 지키고 있었건만, 누가 말했을까? 여길 들러 간 서울 손님으로 인해 알려진 게 분명했다.

"괜찮아, 괜찮아. ……글쎄 괜찮다니까."

괜찮지 않은 사람이 괜찮아, 괜찮아 소리 지르며 팽팽하게 버티다가 진작부터 균열되기 시작한 '괜찮아 장벽'이 허르르 무너지는 순간 막혔던 수문이 터졌다.

제 핏줄 앞에서야 비로소 그 무겁디무거운 짐을 내려놓고 목 놓아 우는 남편을 바라보던 나는 내 안의 얼음장 밑으로 무언가 뜨거운 것이 스멀거리는 것을 감지했다. 긴 겨울을 견디는 동안 하나둘 잘라내기 시작한 마른가지 위에 한숨처럼 앉아 있던 얼음 눈이 거짓말처럼 녹아내려 시내를 이루는가 했더니 마침내는 파도를 몰고 들이닥쳐 넋 잃고 서 있는 나를 흔적도 없이 모래 속에 묻어버렸다. 그리고 그들 남매는, 내가 단 한 번도 끌어올려주지 못했던 시퍼런 '진실의 고지'에 올라가 승전가를 부르고 있었다.

'땅아, 뒤집어져라. 그리하여 네가 하늘이 되어라. 하늘아, 내려와 앉아 나무들을 네 가슴에 심어라.'

나는 모래 속에 파묻혀 외쳤다. 나도, 나도 괜찮지 않아! 괜찮은 척한 거란 말이야! 창자 속 썩은 울음까지 쏟아내며 소리소리 질렀다. 그것은 남편이 아닌, 그의 동생, 문옥이가 아닌 다른 누군가가 자신을 불러주길 절망적으로 기다리는 절규였다. 맑게 갠 바닷가의 아침식사 시간 따위가 그리운 게 아니었다. 촛불 아래서 첼로 소리 들으며 주위의 모든 것에 입맞춤하는 시간을 더듬고 싶었던 것도 아니었다. 내게 지금 필요한 건 핏줄이었다. 아프면 아프다고 말할 수 있는 피붙이였다.

마침내 나는 완전히 소진된 상태로 모래 속 깊은 곳에 사장되어버렸다.

그리고 스핑크스의 긴 잠 속에 빠졌다.

얼마나 시간이 흘렀을까. 얼굴은 사람이지만 몸은 사자가 된 나, 스핑크스는 바로 왕의 둘째아들을 방문하고 그 왕자의 꿈속으로 들어갔다.

그리고…….

무릎을 꿇고 그에게 간절히 애원하고 있었다. 왕자여, 왕자여, 나를 모래 속에서 꺼내주어요, 제발. 그리하면 내가 당신의 형 대신 당신을 이 나라 왕이 되게 하리다. 숨이 막혀 더는 견딜 수가 없어요. 나를 이 사막에서 돌려보내 주어요. 어찌됐던 그곳이 역시 내가 있어야 할 곳이었어요. 남편을 사랑해서가 아니라 그저 오래된 습관에서 그런 식의 위로를 찾는 것이라고, 그것이 나의 정체라고 당신이 비웃어도 할 수 없어요. 나는 그리로 가야 돼요. 한 남자를 위해. 그의 마지막을 위해.

17. 한 장의 마르니에 잎이 아니고는

3월 13일 금요일, 단식치료 17일째 날.

어젯밤, 남편은 느닷없는 제안을 했다.

"내일 '파랑새'들 우리 집으로 불러서 놀자, 어때?"

"놀자고요?"

나는 당황했다.

"김길순 씨, 간도 나쁘잖아. 쇠고기를 기름기 없는 살코기로 사서 구워주고, 응? 파티 하는 거야."

"파티라?"

"괜찮아. 어차피 내일은 금요일야. 온 동리가 생선요리 냄새로 꽉 찰 건데, 그놈의 냄새 안 맡겠다고 이불 뒤집어쓰고 코 틀어막고 있는 것보다는 우리 측에서 넌지시 불고기 냄새로 반격을 가하는 거야, 어때?"

"여보, 당신……."

"당신 몸도 안 좋으니까 당신은 그냥, 고기만 사다 놔. 그럼 내가 다 요리할게, 응?"

오메, 이 양반이 시방 무슨 소릴 하고 있는 건가. 나는 말을 잃었다.

4시가 되자 '파랑새' 모임 사람들이 속속 도착했다. 향나무, 상수리나무로 아늑하게 둘러싸인 그라펜부르흐(Gravenbruch) 마을이 짙은 생선요리 냄새로 금요일의 축제를 시작할 때 코리아의 숯불고기 냄새가 육중한 탱크처럼 천천히 진격해 들어가고 있었다. 줄곧 남편의 거동만 살피고 있던 나는 오디오 뚜껑을 열고 차이코프스키의 〈1812년 서곡〉 LP판을 올려놓았다. 그리고 손님들에게 이 곡에 얽힌 얘기를 들려주었다. 전쟁터에서 지친 병사들이, 적군 쪽에서 흘러나오는 이 차이코프스키의 음악을 듣고 모두들 총과 대포를 땅에 내려놓고 울었다는 전설을. 그리고 지금 우리의 탱크 '불고기 호'가 독일의 생선 고지를 점령하고 있다고 말했다. 모두들 재미있어 했다.

"아니, 이래도 되는 건가요, 굶는 환자 옆에서 고길 굽다니?"

우리 식구끼리는 이중지퍼라는 별명으로 부르는 정규명 박사가 사과상자를 들고 들어서며 한마디 하셨다. 평소에 말이 없는 분이라 붙여진 별명이었다. 국내의 내로라하는 물리학자들에게도 그 실력을 높이 평가받는 정 박사는 당시 39세의 나이로 '동백림 사건'에 연루되어 3년간 옥살이를 했다. 윤이상 선생님과 함께 첫 번 공판에서 사형선고까지 받았던 그는 프랑크푸르트 괴테 대학의 이론물리학과 연구원으로 일하면서 조그마한 식품가게도 열어놓고 그 수입으로 해외 민주화 운동에 많은 도움을 주고 있었다.

극 중에서 탐관오리, 사또 역을 맡은 정 박사 뒤에, 어쩌면 삼중지퍼라는 별명이 어울릴지도 모르는 홍세화 씨가 따라 들어왔다. 파랑새들은 그를 홍 감독이라 불렀다.

홍 감독과 정 박사가 남편과 함께 응접실에 들어서자 먼저 와 있던 파랑새들이 즉흥극을 시작했다.

"이 자는 무슨 죄로 잡혀왔는고?"

의사 이지수 씨가 거드름을 떨며 물었다.

오펜바흐의 오 박사가 얼른 바닥에 엎드려 대답한다.

"네에, 이 자로 말할 것 같으면 빽도 없는 주제에 감히 유신체제와 정면으로 맞섬으로써……."

"네 이놈! 네 놈에게 묻는 게 아니거늘 여기가 어느 안전이라고."

이지수 씨가 인상을 팍 썼다. 오 박사가 움찔하며 뒷걸음질로 퇴장하자 음악가 이소양 씨가 나섰다.

"사또, 아뢰옵기 황공하오나, 이 자는 아무리 국문을 해도 도무지 말을 안 하는지라……."

"말을 안 하다니, 그럼 벙어리란 말이더냐?"

"그, 그, 그런 말씀이 아니옵고……."

"어허, 무엄하다. 어서 아뢰지 못할까!"

극 중의 자기 역, 이방의 목소리로 내가 재빨리 끼어든다.

"네, 네. 이 홍 가란 자는, 헤헤, 도무지 입을 열들 않굽쇼, 그 무슨 마로닌가 하는 노래만 자꾸 부르는뎁쇼. 그, 그, 그리고, 그 애꿎은 담배만 죽여대는뎁쇼."

"여봐라, 이놈이 입을 열 때까지 매우 쳐라!"

"예이!"

즉흥극이 한참 무르익고 있을 때 '늦어서 미안합니다' 하면서 김 여사가 들어왔다. 그녀는 들어오자마자 꾀꼬리같이 고운 목소리로 노래를 선창했다. 홍 감독의 18번 〈그 사람 이름은 잊었지만〉을. 이내 모두가 따라 불렀다.

지금도 마로니에는 피고 있겠지 / 눈물 속에 봄비가 흘러내리듯 / 임자 잃은 술잔에 어리는 그 얼굴 / 아 청춘도 사랑도 다 마셔버렸네 / 그 길에 마로니에 잎이 지던 날 / 루루루 지금도 마로니에는 피고 있겠지.

방 한구석에 앉아, 말아서 피우는 담배에 침을 바르고 있던 홍세화 씨의 시선이 창 밖의 칠엽수 나뭇가지에 매달려 고향으로 가고 있는 것을 나는 보았다.

한 장의 마로니에 잎이 아니고는 갈 수 없는 곳, 한 개의 상수리 열매가 아니고서는 갈 수 없는 곳, 고향……. 그는 지금 그의 청년 시절의 고향, 동숭동 대학로로 가고 있는 것인가.

1979년 가을, 어느 기업체의 파리 지사 사원으로 근무하던 홍세화 씨는 국내에서 날아온 신문급보에 가슴이 내려앉는다. 큰 글자로 된 제목부터 눈에 들어왔다. 남민전 사건 대규모 반국가 지하조직 결성, 74명 중 20명 검거, 나머지 54명은 수배 중. 홍세화 씨는 그 54명 중 한 사람이었다. 국내 신문을 쉽게 사서 볼 수 없을 때인지라 해외에 사는 일반 한국인들에겐 사건의 진상이 자세하게 알려지지 않고 있었다. 이것이 독일이 개입하여 대대적으로 석방운동을 벌였던 동백림 사건 때와 다른 점이었다.

언젠가 여행 중에 우리 집에 들른 국내 인사 L 씨는 말했다. 이 사건도 박통이 이끌고 가는 유신체제의 산물이라고. 분단이 이대로 계속되고 그 분단 상황을 팔아 자기의 정권욕을 채우는 데 이용하는 정치인을 용기 있게 비판하는 의식 있는 시민운동이 일어나지 않는 한 우리 한반도는 남이나 북이나 희망이 없다고 하면서 앞으로도 제2, 제3의, 아니 끝도 없는 이른바 간첩단 체포, 수배는 계속 만들어질 것이라고 했다.

"후회요? 똑같은 일이 또 일어난다 해도 또 그 길을 가겠죠."

사람들의 물음에 대한 홍 감독의 대답이었다.

"같이 당한 사람들, 얼마나 보고 싶겠수……."

김 여사가 한숨지으며 말했다.

"보고 싶은 사람들 많지요. 이미 감옥에서 가신 분들, 사형장에서…… 그분들은 이젠 뵐 수 없지만, 남아 있는 분들, 이 시대를 고민하는 사람들, 그분들과 술 한 잔 하고……."

그는 말끝을 흐렸다.

사건이 발표되고부터는 파리엔 술 한 잔 같이할 친구가 없더라고 말하는 그는 차편만 있으면 독일로 건너와 동가식서가숙하며 돌아다녔다. 그의 외로움과 고향에 대한 그리움이 극에 달했을 무렵, 그는 독일에 거주하는 간호원, 광부, 학생, 일반인 등을 모아 마당극을 통한 문화운동에 시동을 걸었다. 5월의 광주봉기를 다시 새기는 행사로 신동엽의 〈금강〉을 무대에 올린다는 계획이 착착 진행되면서 교포 사회엔 잔잔한 흥분이 일렁였다. 주연도 없고 조연도 없이 어린아이들부터 노인들까지 모두가 주연이요 모두가 조연이었다. 아이들에게는 그들의 뿌리를 찾아가는 기회가 됐고 나이든 사람들은 멀리 떨어진 고향에 대한 모처럼의 향수를 달래보는 이 기회를 흥분과 설렘으로 받아들였다. 프랑크푸르트, 베를린, 본, 루어 지방, 하노버, 쾰른, 비스바덴, 마인츠 등지에 흩어져 사는 그들은 일정한 기간 동안 자기들이 맡은 역을 자기들끼리 모여서 연습하고 있다가 어느 주말 하루나 이틀 시간을 내어 일제히 한 도시로 모여 총연습을 했다. 바쁘고 고달픈 외국생활에 일부러 시간과 돈을 써가며 한 마음으로 열정을 쏟는 광경은 그 자체만 해도 광주의 죽은 얼을 기리는 의미 있는 행사였다.

식사는 '민주 국'이라 이름 붙인 국 한 그릇에 밥 말아 먹는 것이 고작이었지만 연습이 거듭되면서는 연극에 참여하지 않는 많은 교포들도 떡, 김밥, 막걸리, 나물, 김치 등을 싸가지고 먼 길 마다하지 않고 달려와 동참함으로써 무대 안팎이 모두가 무대가 되어 움직이는 아름다운 정경이 독일 곳곳에서 펼쳐졌다.

술이 거나하게 취하자 사람들은 마당극 〈금강〉에 나오는 〈농부가〉를 합창하며 젓가락, 냄비뚜껑으로 장단을 맞췄다.

> 두리둥~둥 둥~둥 깨갱~맥 깽맥깽 어럴~럴~럴 상사디야
> 어~허어 여허~ 여~루 상~사~디~야
> 여보시오, 농부님네, 이 내 말을 들어보소, 어허~와, 농부들 말 들어보오!
> 남훈~전 달 밝은디, 순 임금의 놀음이라
> 학창의 푸른 대솔~은 산신님의 놀음이로다
> 오뉴월이 당도하면 우리 농부 시절이로세
> 패랭이 꼭지에 가화를 꽂고서 마구잽이 춤이나 추어보세!
> 어~허어 어허~~여~루 상~사~디~여.

노래가 끝날 때 나는 어제 우편으로 받은 차옥혜 씨의 시 한 수를 낭송했다. 그라펜부르흐 우리 집 바로 옆 골목에 살 때 시를 자주 써서 내게 선물하곤 했던 그녀는, 서울 가면 꼭 시인이 되라고 내가 말할 때마다 '남편(노동법학자 임종률 교수)이 웃기지 말래요' 하면서 가볍게 흘려버리더니 어제 드디어 등단 소식을 보내왔다. 1983년, 우리 집에 들르셨던 경제학자 유인호 교수님 편에 시를 모은 두툼한 봉투를 한국으로 보내더니, '웃기지 말라'고 놀려댔던

노동법학자의 코를 납작 눌러버린 것이다. 시 속에 녹아 나오는 남다른 사회의식도 내가 그녀를 좋아하는 이유 중 하나였지만 무엇보다도 내가 부러워했던 것은 그녀만이 가진 색조 높은 '언어의 보석함'(독일어로 Wortschatz)이다.

누가 우리를 미치게 했는가

미치지 않고서야
어머니 가슴팍에 불비 쏟았으리
미치지 않고서야
형제끼리 죽창 휘둘렀으리

풀도 하늘도 붉던 그날
우리들 혼은 재로 흩날리고
여름은 갔지

반신불수 어머니
타버린 꿈 못 잊어
남은 목숨에 불을 질러도
눈밭의 보리는 오월을 기다리다 지쳤다네
(중략)
백두에서 한라까지 오가며

산비탈에 벌판에
꽃씨 뿌리고 싶은
우리는 바람이네

물이 가른다고 갈라지던가
바람이 자른다고 잘라지던가

누가 우리를 미치게 하는가

외지에서의 오랜 삶을 접고 제 나라의 자연, 역사적인 여건과 상황 속에서 새로 태어나 제 나라 흙냄새 맡으며 글 쓰고 있는 차옥혜 씨가 나는 부러웠다.

고향을 떠나던 날부터 가슴에 방황의 씨앗을 심은 여기 이 망명자들, 그들의 노래 속엔 아직도 고향의 삶이 살아 있고, 무릎 치는 손바닥 바람결에 그들의 춤사위가 튕겨지고, 곡성 같은 창(唱) 속에 아쟁이 애끓게 울고 있건만, 여기는 아직도 시베리아. 바위처럼 두터운 얼음장 밑에서 봄은 아직 기척도 없었다.

18. 나비의 꿈

단식치료 19일째.

세상에, 나는 겨우 며칠 동안 밥 끊고 죽만 먹었다고 멀쩡했던 다리가 이렇게 후들후들 떨리는데, 저이는…… 내가 요즘 남편의 목숨을 가지고 무슨 짓을 하고 있는 걸까?

콧속이 바싹 마르고 입이 쓴 현상이 나타나면서 밤에 소변까지 잘 안 나와 고생하는 남편을 지켜보다가 나는 하나님을 불렀다.

'이 일을 끝까지 성실하게, 동요하지 않고 끌고 나가는 것이 당신의 뜻을 거부하지 않고 따르는 일이라는 확신을 저에게 주시기 바랍니다. 하나님, 저는 당신의 뜻을 모릅니다. 어쩌다가 이런 끔찍한 일을 저질러놓고 끝도 보이지 않는 사막에 대책 없이 이렇게 서 있는 건지……. 이 길을 택한 것이 저 자신인가요, 아니면 당신의 뜻인가요? 고백합니다. 당신 말고는 매달릴 곳이 없다는 것을.'

눈물이 잠옷 앞자락을 다 적시고 있었다.

남편은 모처럼 낮잠 속에 빠져 있었다. 요즘 빌빌거리는 아내를 위해

운전도 해주고 시장도 봐주고 병원도 데려다주느라 무리했던 것 같다. 차를 끓여서 보온병에 담아놓고 어제 선물받은 스메타나(Smetana)의 〈몰다우(Moldau)〉를 틀어놓은 다음, 나는 동리 하엘마켓(HL Market)으로 나갔다. 신선한 양파와 홍당무 등을 집어 들고 옆집 빵가게도 들렀다. 따끈따끈한 브뢰첸(Broetchen)도 몇 개 집고 빵에 발라 먹는 쿠박(Quark)도 바구니에 넣었다.

"독터(doctor) 공 좀 어떠신가요?"

빵집 문에서 휴로이드 훼퍼(F. Hoeffer) 부인과 마주쳤다.

"어제 헤센(Hessen) 방송국에서 하는 〈외국인, 그들의 망명생활〉이란 프로를 들었어요."

그녀가 말했다.

"우리 그이 인터뷰도 오늘 오후에 예정돼 있었는데 제가 연기시켜놨어요."

"아, 그래요? 방송되는 날 또 한 번 내게 귀띔해 줘요. 지희 성당 프로그램에 제3세계 돕는 일이 있어서 제가 꼭 그 방송 듣고 보고를 하려고 해요. 어제는, 당신들 부부가 안다는 이상 윤(Isang Yun)에 대해서 얘기하더라고요. 그 사람 작품도 한 개 소개했는데 저에겐 좀 난해한 음악이었지만 역시 동양적인 냄새가 짙은 서양음악이라고 남편이 그러더군요."

바로 앞집에 사는 그녀는 코리아, 칠레 등을 돕는 모금운동에도 여러 번 참여했기 때문에 윤이상 씨에 대해서도 조금은 알고 있던 터였다.

나는 문득 며칠 전에 배달된 소포를 떠올렸다. 그 속에 윤이상 선생과 관련된 이야기가 담겨 있다는 메모를 보았던 생각이 났다.

"유영희* 씨가 보내온 거, 이거 좀 오늘 들어볼까?"

마침 남편이 먼저 얘기를 꺼내며 테이프를 내게 건네주었다.

나는 테이프를 오디오에 밀어 넣었다.

안녕들 하시나요? 오늘 우연히 반가운 목소리를 들었어요. 병옥 언니가 LA 우리 집에 오셨을 때 제가 녹음해놓은 음성을 들었지 뭐예요. 그리움이 복받쳐 올라와서 저도 편지지를 펴놓고 가슴속에 부글거리는 것들을 적어 보내려 했지만 손이 말을 안 들어서, 이렇게 녹음기 앞에 앉아 저의 숨소리를 보내기로 한 거예요. 언니, 이 테이프 뒷면엔 그때 제 방에서 밤을 새우며 나눴던 우리들의 도란거림이 들어 있어요. 한번 들어보시고 추억하셔요.

재작년 8월 내가 미국과 캐나다를 순회하며 민중의 노래를 발표한 적이 있다. 그때 로스앤젤레스에 만난 유영희 씨의 목소리였다.

나는 테이프를 뒤집어 끼우고 되감기를 한 후 눌렀다. 내 목소리부터 나왔다.

"동백림 사건, 그거 발표할 때만 해도 난 관심 반 무관심 반으로 TV 앞에 앉아 있었어. 줄줄이 묶여서 잡혀오는데, 많기도 많았어. 혐의자만 해도 194명이라던가? 뭐 그랬으니까."

"그게 1967년이죠? 김형욱이가 발표했나요?"

영희의 목소리였다.

"당시 중앙정보부장이었으니까. 사건 제목만 들어도 사람들이 소름이 끼치게 만들었지. 동베를린 거점 북괴 대남 공작단 사건."

"'67년이라. 그럼 언니가 대학에 계실 때죠? 공 선생님과는 전혀 안면도 없으실 때라고요?"

"전혀. 그땐 반공교육에 찌들어서, 더군다나 우리 같은 예술가들은 그때만 해도 정치, 사회문제 같은 데 아는 척하고 뭐라고 이죽거렸다간…… 이거 지금 녹음하는 거야?"

"언니, 나 중정 끄나풀 아니니까 안심 놓으시라우요. 하하하."

내가 웃는 소리도 들렸다. 둘이 깔깔대며 웃다가 오디오를 건드렸는지 톤이 잠깐 꺼졌다가 이어졌다. 다시 영희의 목소리다.

"공 선생님과 만난 얘기 좀 해주세요. 윤이상 씨 소개로 아셨나요?"

"윤 선생님 소개로 알게 된 건 아니고, 그 사건 터졌을 때 거기 관련된 사람 중에 난 아는 이가 한 명도 없었어. 내가 본격적으로 그 사건 재판과정에서 관심을 갖게 된 건 윤이상 선생님이 사형 언도받을 때부터였어. 아는 사람은 알고 있지만, 난 어릴 때부터 쫓기는 사람, 감옥에 있는 사람, 사형대에 올라가는 죄수들에 대한 책을 비교적 많이 읽었어. 『잔다르크』도 여러 번 읽었고. 이화여고 다닐 때는 교실에서 창밖을 내다보면 머리에 용수 쓰고 트럭에 실려 가는 미결수들을 많이 볼 수 있었어. 재판소 옆에 학교가 있었으니까. 전생에 옥살이 했는지, 아니면 우리 공 서방 같은 사람 만날 팔자로 태어났는지, 잡혀가는 사람만 보면 가슴이 떨리고……. 호호, 공 선생 만난 얘기 하자고? 그런 얘긴 촛불 켜놓고 술도 한 잔 하면서 몇 날 며칠 해야지."

두 사람은 잠시 아무 말이 없었다.

"언니, 불 당겨드릴까요? 아까부터 빈 담배만 들고 계신데."

"아하하, 난 담배 피울 줄 몰라. 그냥 이렇게 얘기 나눌 때나 글 쓸 때만 손가락 사이에 빈 담밸 끼고 있지."

"오호호, 왜요?"

"배우려고 꽤 연습했어. 그런데 기침 때문에 성공 못했어. 커피 마시면서 친구와 마주 앉아 연기가 피어오르는 담배를 턱 손가락 사이에 끼고……. 응? 그런 영화 장면이 얼마나 멋있어. 눈치 챘겠지만 나라는 사람은 멋 빼놓으면 시체거든, 후후. 손가락에 이렇게 끼고 나름대로 즐기다 보니 이젠 습관이 돼서 글 쓸 때도 이렇게 빈 담배를. 어때? 영화 〈네버 온 선데이(Never on Sunday)〉의 메리나 메리쿠리 좀 닮아 뵈나?"

"와아, 재밌네요."

"우리 그이 만난 얘긴 언제 한 번 들려주지. 오늘은 윤이상 선생님 만난 얘기나 해줄게. 스릴 있어. 난 그분을 작곡가로서만 알고 있었어."

"그때도 유명했군요."

"우리야 음악 하는 사람이니까. 오히려 동백림 사건이 그분을 자기 조국에서도, 내 얘긴 일반사람들에게까지도 크게 알려지게 한 거지. 어느 날 아침 누가 전화를 걸어왔는데, 윤이상 씨가 구치소 안에서 자살을 시도했다가 미수에 그쳤다는 거야. 남편에게 들은 얘기지만, 이놈들이 심문할 땐, 이것들도 같은 인간에 속하는 짐승인가 싶을 정도로 악랄하대. 우리 집 양반 아직까지도, 20년이 지났는데도 그때 그 일이 꿈에 재연돼 시달리는 거 보면. 사람을 거꾸로 매달아놓고 주전자로 물을 콧구멍에다 부어 배가 딴딴해지면 냅다 발길로 차면서 이 스파이 새끼! 자술서에다 써! 북한의 지령을 받았다고 쓰란 말야! …… 자식 키우는 우리나라 부모들, 내 얘긴 '분단된 나라'에 사는 우리나라 어머니 아버지들, 한 번은 생각해봐야 돼. 만약 제 새끼가, 제 남편이, 이런 말도 안 되는 야만적인 방법으로 취조를 받았다고 상상해보라고."

"언니, 물 한 모금 드시고……."

영희의 목소리다.

"결국 윤이상 씨도 고문에 못 이겨 자술서를 썼고 그러고 나서 유리 재떨이로 자기 머리를 찍은 거지."

"음, 그러니까……."

"그게 언제냐 하면, 윤이상 씨가 심장발작이 심해서 병보석으로 서울대학병원에 입원을 했다는 뉴스를 본 날부터일 거야. 난 그분이 보고 싶었어. 만나는 거다. 면회신청을 하는 거다. 난 계속 그 생각만 했어."

"왜 그렇게 만나고 싶으셨어요?"

"모르겠어, 그냥……."

"일찍이 그분의 작품에 끌렸던가 봐요?"

"글쎄, 그때만 해도 그분에 대해 아는 게 별로 없었어. 가곡 몇 개밖에는."

"그런데도……."

"소문으로 들리는데, 윤 선생님이 병상에서도 구치소 안에서도 작곡을 하고 계시다는 거야. 감옥 안에서 곡을 쓰신다니 귀가 버쩍 섰어. 야아, 멋있다! 난 멋있게 사는 사람만 보면 금방이라도 만나러 가고 싶어지거든. 그 광경을 봐야 된다. 뵈러 가는 거다……."

"사형선고 받은 사상범을요?"

"그게 67년 말이니까, 이미 무기징역으로 감형된 후가 아닌지 잘 모르겠어. 대학병원 E 병동에서 입원치료 중이라는데, 가보니까 경비가 여러 겹으로 어찌나 삼엄한지 근접도 못 하겠더라고. 내가 윤이상 선생을 만나러 왔다니까 경비원이 픽 웃더군. '정신 돈 여자군. 빨갱일 만나러 오셨다고!' 하면서 킬킬거리는 거야. 난 깊숙이 머리를 숙여 절을 했어. '작곡하는 학생인데 그냥 한 번 뵈러 온 거니……' 말도 안 끝냈는데, '이봐, 학생!

뭐 잘못 먹었어? 여기가 어디라고 와? 여보게들, 이 양반이 간첩 구경 오셨댄다!' 하더라.

흠, 만나 뵙긴 다 틀렸구나 했지. 하는 수 없이 그냥 돌아왔지. 그 다음날 또 가서 또 절을 하고, 또 빨갱이 소리 듣고 돌아왔지. 3일째 되는 날은 기대도 안 했는데 그들이 내게 손을 들었어. '15분만 면회하는 거유! 병실 안에도 경비가 있으니 알아서 처신하고! 쓸데없는 입 놀리다간 그 자리에서 쫓겨날 테니. 자, 쫓아오슈.'

몇 개의 모퉁이를 꺾어 긴 복도를 앞장서서 가던 경비가 어느 병실 문 앞에 섰어. 노크하자마자 안에서 문이 열렸어. 나를 안내했던 경비는 뒷걸음질로 사라졌고 병실 안에서 또 다른 경비원이 나를 맞이하는데……."

여기까지 듣다가 테이프를 잠깐 끄고 나는 물을 한 모금 마셨다. 남편은, 다 아는 얘기인데도 이렇게 다시 들으니 재미있다고 하면서 계속 듣자고 플레이 버튼을 눌렀다.

"내가 들어설 때, 윤 선생님 얼굴에 놀라신 기색이 역력했어. 자줏빛 모본단 가운을 황황히 잠옷 위에 걸치시면서 떨리는 음성으로 말씀하셨어. '누구신가요? 저를 아십니까?' 하면서 나를 먼발치에서 바라보시다가, 침대에 기대 앉으셨다가, 다시 일어서셨다가, 영 좌정을 못 하시기에 내가 말했어. '저는 작곡을 공부하는 사람입니다. 이름은 조병옥입니다. 선생님을 뵙고 싶어서 여기 담당하시는 분께 간곡히 청해서 오늘 겨우 15분을 얻어냈습니다.' 이렇게 말하는데 선생님의 눈빛이, 세상에, 그렇게도 맑고 다정한 눈빛이 신문지상에서는 왜 그렇게 달리 보였던지…… 선생님의 눈에 눈물이 핑 돌면서 이윽고 내게 손을 내미셨어."

"와아, 기어코 만나셨네요."

유영희의 목소리도 흥분되어 있었다.

"그런데 나보다 오히려 윤 선생님이 더 안절부절 못하시는 거야. 병보석으로 그곳에 옮겨진 후 담당 변호사 말고는 아무도 만날 수 없었는데 웬, 생각지도 않은 여자가 기별도 없이 나타났으니. '잠깐 실례합니다' 하시더니 선생님은 침대 옆에 놓인 작은 책상 서랍을 열고 약을 꺼내 물로 삼키셨어. 그리고는 한참 나를 보시더군. 이윽고 어렵게 한마디 하셨어. '조 선생이라 하셨나요? 미안합니다, 조 선생님. 내가 심장이 나빠서 흥분하면 이렇게 타블렛(tablett: 알약)을 삼켜야 돼요. 조금 진정될 동안 기다려 주시겠습니까? 지금 잠깐 눕겠습니다' 하시는 거야. 난 선생님의 가운을 벗겨드리고 자리에 눕도록 도와드렸어.

선생님이 누워 계시는 동안 방안을 둘러볼 시간을 가졌어. 바로 거기서, 내가 보고 싶었던 것들이 눈에 들어왔어. 내 가슴도 뛰기 시작했어. 볼품없이 생긴 긴 탁사가 흰 벽에 붙어 놓여 있고 그 탁자 위엔 오선지와 연필들이 여기저기 널려 있었어. 옥중에서 쓰신 〈나비의 꿈〉이라는 이 작품이, 초연될 즈음엔 〈나비의 미망인〉으로 바뀌었지만, 바로 그 악보가 거기 놓여 있었던 거야. 난 그 작품에 대해 이것저것 묻고 싶었지만 선생님의 숨소리가 아직도 거칠고 고르지 못해서 자꾸만 선생님 건강 쪽으로만 신경을 써야 했어.

선생님은, 지금 몇 시냐고 물으시더니 아참! 하시면서 책상 위에 놓여 있는 연필들, 아주 연한 하늘색이었어. 작곡하실 때 쓰시는 그 연필들을 한 움큼 모아 내 손에 쥐어주시는 거야. 그리고 말씀하셨어. '이건 내가 오페라 〈나비의 꿈〉을 감옥 안에서 쓰느라 매일 내 손에 쥐고 있던 것이니 선물로 가지고 가셔서 내 음악을 들을 때마다 오늘의 이 감옥 안에서의 만남을 기억하시기 바랍니다. 68년 2월에 뉘른베르크(Nuernberg) 오페라극장에서 초연되기로 계약이 돼 있는데 시일이 촉박해서 잠을 못 자고 쓰고 있어요' 하고 말씀하시는데……. 15분이란 면회시간이 눈 깜짝할 사이에 다 지나간 거야.

파란색 연필 열네 자루를 두 손으로 꼭 쥐고 입원실을 나서면서 난 선생님의 젖은 눈을 몇 번이나 돌아다 봤어. 그렇게 선생님과의 첫 만남이 이루어진 거지."

"음, 그러구는 나중에 독일에 오셔서 다시 만났나요?"

"한 번 더 E 병동에서 만날 수 있었어. 그때는 경비원에게 아양 떨 필요 없이 그냥. 호호호."

"네……."

여기서 테이프 속 말소리가 끊겼다. 오디오의 정지 버튼을 누르려 하는데 다시 영희의 말소리가 들렸다.

"그럼 공 박사님은 어떻게 만났어요?"

"글쎄, 그런 얘긴 무드 없는 자리에선 안 한다니까, 참 내."

나의 목소리에 잠이 묻어 있었다.

"한 마디만, 한 마디만 해주시고 주무셔요. 공 선생님을 한국에서 만나셨다고 하셨죠? 감옥에 계실 때가 아니고?"

"출감 후."

"어디서요? 누구를 통해서요?"

"여사님, 당신 중앙정보부에서 보낸 사람 아닌가? 호호. 김송규란 분이 독일 유학을 마치고 귀국했는데 그 사람을 통해 공 선생이란 사람의 얘기를 듣게 된 거지. 흠, 얘기 듣다 보니 그 사람의 '빼앗긴 삶'도 내 것 못지않더라고. 어느 날 '술 한 잔 하게 그분 모시고 나오라'고 했어, 김송규 씨에게."

"그때가 몇 년도죠?"

"빵살이 3년 했으니까, 1970년이지."

"석방되고 나서는 중정의 감시는 안 받았나요?"

"안 받은 게 뭐야. 항상 그 사람 집, 누이네 집이었지만, 집 주위를 빙빙 도는 정보원이 두 명 있었어. 외출을 하면 까만 지프차가 따라붙어. 일주일에 한 번씩, 무얼 하며 살았는지, 누구를 만났는지, 뭐 그런 걸 시시콜콜 다 일기로 써서 보여줘야 한다고 하더군."

"그런데도 언니는 그런 공 선생님을 계속 만날 수 있었다는 게……."

"스릴 있잖아. 감시자가 따라다닌다는 걸 눈치 챘기 때문에 공 선생을 만날 때는 항상 여럿이서 만났지. 몰려다니며 밥도 먹고. 주위엔 좋은 친구가 늘 있었으니까."

"여럿이서 다녔으면 그럼 언제 두 분이 사랑에 불을 붙일 수 있었……?"

"후후, 모르는구나. 여럿 속에서 방해를 받으면 그걸 성취하려는 의지는 더 강해지는 거, 호호호. 나 이젠 잘래. 굿나잇."

"언니, 하나만, 하나만 더 물어보고요."

"어허, 무엄하다. 내일도 날이건만. …… 아니, 벌써 오늘이구나."

이야기는 여기서 끊겼다.

오디오를 끄려고 버튼 위에 손을 얹다가 나는 주춤했다. 남편이 코를 골고 있었다. 나는 오디오를 그대로 놔두고 살며시 방에서 빠져나왔다. 냉장고에서 맥주 캔을 하나 꺼내들고 복도 끝 창가에 앉았다. 오랜 세월 먼발치에 있던 시간들이 우르르 내 안으로 번져 들어왔다.

1972년, 결국 나는 윤 선생님의 배려로 독일에 올 수 있었다. 그해 가을이었던 것 같다. 베를린 괴테 인스티튜트(Goethe Institut)에서 막 나오는 길이었다. 빵빵. 자동차 소리에 고개를 돌려보니 윤이상 선생님이 운전대에 앉아 손짓을 하셨다.

"아직 점심 안 했지요? 타십시오. 같이 국수집에 갑시다."

나는 그날 선생님이 사주시는 일본식 국수도 먹고 차도 마시며 모처럼 긴 얘기를 나눌 수 있었다.

"어때요? 내 강의 들을 만해요? 질문도 좀 하고 그러세요."

"제가……. 아직 독일어도 안 되는데 어떻게 질문까지……."

윤 선생님은 내가 이번 학기부터 베를린 음대 청강생으로 들어가고 있는 자신의 작곡법 시간이 어땠느냐고 묻는 것이었다. 이래저래 윤 선생님의 작품에 대해 얘기를 나누게 됐다.

"선생님 음악엔 동양적 요소와 서양적인 것이 다 들어 있는데 여기 사람들이 물으면 어떻게 설명하시나요?"

내가 물었다.

"그런 것 찾지 말라고 하죠. 내 음악에서 서양음악을 찾거나 동양음악을 찾으면 실망할 거예요. 그 안엔 '나의 소리'만이 있으니까."

"'나의 소리'라 하심은?"

"어릴 적 내 고향, 통영을 찾은 유랑 악극단에게서 들은 〈심청전〉, 〈흥부전〉 판소리, 내 고향 바닷가에서 들은 어부들 노래, 농부와 아낙네들이 모 심으면서 부르는 노래, 이런 것들. 말하자면 이런 구전 전래음악이 내 기억 속에 새겨지면서 자란 거니까 작품 쓸 때 그 잠재됐던 영감들이, 지금 내가 말하고자 하는 '나만의 소리'로 나오는 거죠."

"선생님은 선생님의 그런 악상이 실제로 악보로 옮겨지고 연주가 될 때 그 예상했던 소리에 어느 정도 만족하시나요?"

"그런 말도 있잖아요. 시를 문자화했기 때문에 문학은 망했고, 음악을 악보로 옮겼기 때문에 음악은 망했다고. 결국, 만들어진 것보다 그 뒤에 숨어 있는 영감이 소중한 것인데 그걸 나는 '나의 소리'라고 하죠."

이렇게 말씀하시며 선생님은 다시 한 번 확인하시듯 고개를 끄떡이셨다.

"선생님의 음악은 주로 독일인이나 서양 연주가가 맡아 연주하잖아요? 우리나라 사람이 아니고요. 그들이 동양의 정서를 이해하는 데 어려움이 많겠죠?"

"허허허, 제발 좀 우리나라 연주가들이 해주었으면 얼마나 좋겠어요. 난 그러니까 이곳 연주자들한테 '연주하자'고 말하지 않아요. '우리 같이 만들어가자' 하지요. 그들의 배움의 자세가 정말 존경스러워요. '힘들지만 더 노력해보지요' 하면서 내 생각 가까이 조금씩 다가오는 걸 보면……."

"선생님의 〈심청전〉 오페라가 뮌헨올림픽 개막무대에 올랐을 때, 그때 커튼콜(curtain call)을 반시간 가까이 받으셨죠. 전 너무 감격해서 한참을 울었어요. 〈심청전〉이 독일 땅에서 오페라로 첫 선을 뵈다니. 연출했던 레너트란 사람도 그렇죠. 어떻게 한국의 멋을 그렇게 잘 캐치했는지 정말 놀라웠어요."

"그 친구 한국 갔다 오더니 그러더군요. 양주 산대놀이를 보고 왔다면서 합창단원들에게 몽땅 가면을 씌우자! 내가 무릎을 탁 쳤죠. 야, 그거다. 스태프들은 한국의 고유미에 대해 많이 토론하고 공부했어요. 무대를 그만큼 살릴 수 있었던 건 역시 미술, 한국의 미술이었죠. 심청의 집, 우물, 동네, 인당수의 배 등 모두를 족자에 그려 무대로 내리는 식, 그게 신선도와 함께 한국적 멋을 살린 거예요. 뱃사공의 머리댕기, 갓, 삿갓, 짚신, 지게 같은 소도구들을 사고 그 용도까지 세심하게 공부해서 사 들고 왔더라구요."

"전 그런 생각을 했어요. 우리 〈춘향전〉 같은 것도 〈로미오와 줄리엣〉처럼 세계화시킬 수 있는 이야기 구조인데 그걸……."

"물론이죠. 오페라로, 영화로, 뮤지컬로 수준 높은 작품을 만들어 세상에 내놓을 수 있도록 정부가 창작하는 예술가들을 지원해주어야 돼요. 정부도, 음악가도 그리고 대중들도 모두 지금 잠자고 있어요. 흔들어 깨워야죠."

침실을 가만히 들여다보았다. 남편은 아직도 깊은 잠에 빠져 있다. 우리들의 지난 이야기를 되새김질함인가. 말없이 돌아가는 카세트테이프는 아직도 시익시익 바람소리로 약약한 세월 속의 빈 무밭을 서성이고 있었다.

* **유영희** 주미 화가. 당시 미주 민중문화예술인협의회 회원.

중앙일보

〈베를린=張明秀 特派員〉

尹伊桑씨 近況

오랜 構想끝에 새 管絃樂曲 집필중

하루 4시간 作業

39歲이전 作品은 없애

'國籍불구 나는 韓國人'

故鄕先山 찾는게 소원

韓國의「이미지」를 최대한으로 살린「오페라」『沈淸』의 무대그림— 배경의 靜仙圖와 우물둥이「리얼」하게 묘사되었다

在獨女流作曲家가 본

오페라「沈淸」

舞臺이끈 神秘한 管絃樂曲

韓國의 멋 다살린 美術·衣裳

趙炳玉씨 (作曲家·獨大音大專任講師)

雅樂과 판소리要素 混合에도 성공

1972년 뮌헨 올림픽 개막 오페라 〈심청〉(윤이상 작곡)에 관한 기사

19. 에라, 이 되다 만 여인아!

단식치료 20일째.

"시집살이요?"

나는 픽 웃었다.

"당신도 시집살이라는 거 했을 거 아냐, 맏며느린데?"

밥 사준다고 나를 밖으로 끌어낸 조 선배가 말했다. 얘기의 발단은 한국 여성의 다소곳함에 감동받았다는 독일인의 한국 방문기다.

"버스에 누가 놓고 갔더라고."

선배는 구겨진 잡지책을 커피숍 휴지통에 던져 넣었다. 응? 하며 나를 꼬나보는 선배의 야지랑스러운 표정은 아직 자기의 질문에 대답을 하지 않았잖느냐는 재촉으로 보였다.

"시집에 들어가 살긴 했지만……."

"살긴 했지만?"

"……그게 남들이 말하는 그런 시집살이는 아니고요."

나는 기지개에 하품을 섞어가며 웃었다.

"황당하더라고요, 시집이라는 걸 간다는 게. 아니, 멀쩡한 정신을 가진 한 성인 여자가요, 왕십리 무학여고 근처에서 27년 동안 한 이불을 덮고 잤던 엄마를 내동댕이치고, 아닌 밤중에 꿈에도 상상 못했던 동대문 낙산 꼭대기로 잠자릴 옮긴다는 게. 그리고는, 이제부터 찍 소리 말고 거기 엎어져 살아야 된다는 거, 그게 말이나 되냐고요."

"그래, 낙산 꼭대기로 시집을 갔다 이거지?"

기다랗게 앉아 있던 선배는 몸을 곧추 세우며 침을 꿀꺽 삼켰다.

"3일 예정으로 신혼여행이랍시고 무슨 온천엔가 가긴 했지만, 그렇게 오래 알고 지낸 남자하고 온천에 가서 뭐 할 게 있겠어요. 하룻밤 달랑 자고 서울로 다시 왔죠. 사흘 예정에 하루가 모자라니까, 어쩌겠어요. 대한극장 옆 아스토리아 호텔에 들어가서 하룻밤을 마저 때우고 집으로 돌아간 거죠."

"시집으로?"

"한길에서 택시를 내려 헐떡헐떡 그놈의 강파른 언덕길을 걸어 올라가는데, 말하자면 이 조 여사의 시집살이는요, 그렇게, TV 드라마 속 판자촌 가는 길처럼 연탄재 쌓이고 퀴퀴한 마른 똥 냄새가 코를 괴롭히는, 그런 달동네 비슷한 데서 시작됐다니까요."

"인생극장 첫 무대가 강파른 언덕길이라."

선배는 판소리에 추임새 넣듯 대꾸를 했다.

"올라가니까, 와아따! 그렇게 크고 반듯한 미음자 한옥집이 그 후진 산중턱에 있으리라고 누가 상상이나 했겠어요. 나무토막에 쇠꼬챙이를 불에 달궈서 글씨를 지진 문패가 붙어 있었어요. 박 아무개? 가만 있자, 내가 박 가네로 시집 왔던가? 그이의 얼굴을 쳐다보았죠. '으응, 그거, 여기

문간방 사는 사람 이름이야' 그러더라고요. 대문을 들어서니까 바로 오른쪽에 문제의 문간방 집 젊은 여자가 팔짱을 끼고 모로 서서 새로 들어온 이 나그네를 꼬나보고 있는 거예요. 그 여자가 바로 이 미음자 집 주인이고, 나, 조병옥이라는 새댁은 그러니까 전셋집으로 시집을 온 거라는 사실. 호호, 한 달포쯤 살다가 알게 됐죠. 아무튼 방은 여러 개더라고요. 이 방에서도 사람이 나오고 저 방에서도 사람이 나오고 사랑방에서도 나오는데, 그때서야 눈으로 식구 수를 세어봤어요. 열한 식구, 거기다 제가 맏며느리."

"아니, 그것도 모르고 시집을 갔단 말유?"

"그 사람이 맏아들이라는 건 알고 갔지만."

"허, 그게 무슨 소리야?"

"글쎄, 나도 모르겠어요. 그때 주위의 친구들이 그랬죠. 에라, 이 되다만 여인아, 용기가 있는 거냐, 아니면 좌충우돌의 돈키호테냐? …… 어쨌든 동생이 무지 많더라고요."

"얼씨구?"

"하기야, 내가 뭐 동생들 몇 명이냐고 캐물어 보지도 않았으니까요."

"흠."

"친척들이 새색시 방으로 우르르 들어왔어요. '어디, 농 속 구경 좀 할까? 예단도 보고' 하면서 장롱 서랍을 열려고 하더라고요. 그날, 사건이 터진 거죠."

"사건?"

"결혼 에피소드 제1탄. 가만, 그 얘기하기 전에 서곡을 먼저 말씀드려야겠네요. 전, 시집을 가야 되는 이유가 아주 특별했어요. 아버지가 오래 아프시다가 돌아가시고, 대식구가 별다른 벌이 없이 살아가려니까 집안 형편이 말이 아니었을 때였죠. 다른 형제는 다 아들이니까 거기 눌러 살아야 되지만, 딸 하나 시집가면 적어도 한 식구 밥사발은 더는 게 아니겠어요."

"가만, 왜 그, 재벌 아들, 재일교포는? 대학원 다닐 때 왜 한참 데이트하고 그랬잖아? 차버렸어?"

"차버리긴요, 전 애당초 그 친구에겐 관심도 없었어요. 다른 여자 중매해준다는데도 그 냥반이, 이 중매쟁이가 더 스마트하다느니 어쩌니 하면서 자꾸 날 찾아와서, 그래서 소문만 난 거죠. 돈 많고, 차 좋은 거 끌고 다니고, 호텔에서 양식 먹여주니 옆에서들 그 남자 찍어라 했죠. 젠장, 그런데 끌려야 말이죠. 결국, 이천 원짜리 간자장 사주는 사람 택했죠."

"자알났다, 그래! 평생 간장이나 찍어먹고 살 팔자야."

"결국, 간장한테 갔죠, 뭐."

"어딜 갔다고?"

"간장 찾아가서 나 데리가구려 했죠. 난 아무것도 없으니 그냥 몸만 간다. 한 달 내로 날 데려가라. 이게, 여자가, 남자에게 청혼한 말이라니까요."

"우헤헤, 그럼 당신이 먼저 청혼했구려?"

"옛날에 뭐 따로 청혼이란 걸 하나요. 좋아하는 걸 아니까 그럼 데려가시오 하는 식이죠."

"그랬더니 뭐라고 합디까?"

"생각 안 나요. 그냥 뭐라고 그이가 말하기 전에 제가 따다다다 일사천리로 다 말한 거 같아요. 결혼하고 싶은 이유는 두 가지다. 하나는, 집안 형편이 이젠 끼니조차 에울 길이 없게 됐고 버는 사람도 없다. 둘째는, 데이트하다가 밤이면 따로따로 자는 게 불편하다."

"푸하!"

선배는 식탁을 손으로 치며 앉음새를 바꿨다.

"당신이 날 좋아하니까 그쪽에서 나만 데려가면 된다. 내 몸 하나만 데려가도 오히려 당신 집에서 나를 데려가는 값을 내야 된다고 생각한다. 이불, 장롱, 그리고 예단 같은 건 생각도 말기 바란다. 물론, 그이는 그딴 게 뭐 문제냐고 하더군요."

"그래서, 정말 알몸만 갔수?"

"그럼요……."

"면사포니, 결혼식장 비용이니 그런 건 다 저쪽에서?"

"면사포는 빌리고요, 식장 값은 누가 냈는지 기억 안 나요. 나중에 안 사실이지만, 그 집도 돈 없기로 말하면 저희 집보다 크게 나을 게 없더라고요. 암튼 맘 좋으신 시어머니께서는, 그래도 남들 눈이 있으니 옷이니 이불이니 그런 건 준비해야 된다고 하시면서 결혼식 한 달 전에 은밀히 옷감을 끊어서 어느 날 밤중에 슬그머니 보내셨더라고요."

"약혼식 때는?"

"난, 돈 없으니 약혼식 같은 것 하지 말자고 하는데 시댁에서는 꼭 해야 된다는 거였어요. 청요릿집 방 하나 빌리고, 양쪽 집 식구에다, 친구 몇 명 불렀죠. 드디어 문제의 예물교환 순서가 됐어요. '예물교환이 있겠습니다!' 주례선생님의 말이 떨어지자 반지, 물론 코딱지만 한 다이아 반지지만요, 쌍가락지, 거기다 손목시계까지 주르르 제 까칠한 손에 채워지더군요. '에에, 이번에는 신부가 신랑에게 예물을……' 하는데, 화들짝 놀란 신랑감이 저를 마주 보더라고요. 그런데, 제가 느긋하게 웃으니까 이 남자가 더 당황했죠."

"왜?"

"제가 그 전날, 재래시장 바닥에서 농담처럼 한 얘기가 있었거든요. 그 얘기를 실제로 그 장소에서 재연할까봐 겁이 난 거예요. 청계천시장에서 내가 토끼털이 안에 깔린 레자 장갑을 하나 사서 주면서, '이게 약혼선물이에요' 했거든요. 그걸 약혼식장에서 꺼내 보여주려고 하니까 남편이 얼른 저를 팔꿈치로 밀면서 뭐랬는 줄 아세요? '어제 벌써 약혼선물 미리 받았어요, 그만 집에 놓고 왔네요'. 후."

"아니, 그럼, 당신은 정말 그 토끼털 장갑을 약혼식장에서 예물교환 때 신랑감에게 줄려고 했단 말이요?"

"그럴 리야 있겠어요. 그냥, 글쎄요, 잘 모르겠지만, 사람이 너무 가진 게 없으면 부끄러울 것도 없나 봐요."

"그래도, 신랑감이 고빌 잘 넘겼다, 얘."

"거짓말 잘 못 하는 사람인데, 그날은 이렇게, 제가 그날 장갑 사서 주면서 말했거든요. 이런 걸 아무 부끄럼 없이 예물로 주고받을 수 있는 약혼식 시대는 언제 올 건지 모르겠다고요. 두고두고 미안한 건 오히려 친정 식구들에게죠. 내가 벌써 예물을 준비했다고 해놓고는 그런 해프닝을 벌였거든요. 하여간, 아까, 그 얘기로 돌아가죠. 시집가서 장롱 서랍 빼던 날 얘길 마저 해야죠."

"그래, 친척들이 혼수 보자고 장롱 앞에 모였다고 했어."

선배는 등줄기를 앞으로 당겨 테이블에 팔꿈치를 대고 앉았다.

"근데 이 장롱이란 게 엉터리로 만든 싸구려라, 서랍이 한 번에 빠지질 않는 거 있죠? 시집 친척 어른이 지딱을 빼는 거예요. 오른쪽이 먼저 빠지면 왼쪽이 안 나오고, 왼쪽이 먼저 빠지면 오른쪽이 안 나오고, 손바닥으로 귀퉁이를 치면 한쪽만 쑥 들어가고. 도대체 농 속에 들어 있는 거라곤 내 속옷 몇 개, 버선, 속치마뿐인데."

"그래서? 서랍이 안 빠져서?"

"할 수 없죠, 뭐. 제가 도와드릴까요 하면서 무릎으로 한 귀퉁이를 냅다 쳐서 서랍 한 개를 빼 방바닥에 확 뒤집어 놨어요. 또 한 개를 빼는데 이 친척 어른들이 에구머니, 에구머니 하면서 다 일어나 방문 열고 도망치듯 나가더라고요."

"맙소사. 시집이 발칵 뒤집혔겠다."

선배의 등줄기가 다시 의자 뒷부분으로 밀려갔다.

"시어머니는 얼굴이 파랗게 질리셨고, 뭐, 시집에 비상이 걸린 거죠."

"남편은?"

"신경 쓰지 말라고 하더군요. 부모님 방에 가서 나 대신 사과하고 우리 방으로 건너왔더라고요."

"당신은? 당신은 사과 안하고?"

"어떻게 안 할 수 있어요. 무릎을 꿇고는 부모님이 무슨 말씀이 있을 때까지 훌쩍거리고만 있었어요. 오빠들의 사리마다(팬티)가 다 낡고 구멍 난 걸 여기저기 기워서 몸에 걸치고 계신 친정어머니, 외동딸 시집보내는데 솜 한 톨 살 돈이 없어서 당신이 자던 이불을 솜틀집에서 틀어다가 시집가는 딸년 이불을 만들어준 엄마 생각을 하면서 흐느껴 울었죠. '오늘은 아무 말도 하고 싶지 않으니 느이 방으로 넘어가 자라' 하시더군요."

"아니, 그냥, '난 예단 그런 거 해올 능력이 없었습니다' 하면 됐지 왜 서랍을 방바닥에 엎어, 엎길?"

"일을 저질러놓고도 그때는 저 자신도 저를 이해할 수가 없었어요. 시간이

지나고 나서 제가 남편에게 얘기했어요. 난 결혼을 하지 말았어야 될 사람이었다고. 당장 내일 먹을 것이 없는 집구석에서 결혼식이라는 어마어마한 일을 치르고 시집으로 옮겨오기까지 얼마나 애상 받치고 속을 끓였던지 막상 식을 올릴 때가 다가오니까 이놈의 결혼 안 하고 싶었다고 고백했어요. 지금 친정에서는 딸년 시집보내고 밥이나 제대로 먹고 있는지 신경 쓰이는 판에 예단은 무슨 개뼉다구 씹는 소리냐? 뭐 대충 이렇게 말하면서 울었던 것 같아요. 시부모님, 시동생, 시누이 선물도 아니고, 알지도 못하는 친척까지 왜 제가 선물을 해야 되는 건지, 아직도 전 납득이 안 가요. 아직도 한국에선 그 말도 안 되는 지랄 계속한다면서요?"

"그래, 시댁 식구들한테는 뭘 좀 준비는 해갔수?"

"뭐, 쥐꼬리만 한 조교 월급으로 변변한 거 사갔겠어요. 그나마 못사는 오빠들이 보태줘서 나름대로 선물이랍시고 몇 가지 사간 거죠. 전 그때도, 기기디 혼수란 말을 붙이지 않았어요. 그냥 새 식구에게 인사하는 선물이라고. 그게 그건지 모르겠지만……."

"그러나저러나, 흠……, 당신이 신랑을 소중히 여기고 사랑했다면 그런 무모한 행동이 나왔을까?"

"한마디로, 꿈이 없는 결혼이었으니까요. 시집을 친정식구 입 덜어준다고 간다는 얘긴 중국 영화에서나 봤는데, 결혼이고 뭐고 세상 살고 싶지도 않았을 때에요. 그 다음날 일어난 일을 봐도 알 수 있죠."

"또 무슨 일?"

"해질녘이었어요. 남편은 어디 나가고, 시어머니는, 이틀 후 저를 삼일근친인가 뭔가 보낸다고 필요한 과일, 고기 그런 거 사러 장에 가셨고요.

빨갛던 저녁노을이 보랏빛으로 변하면서 서서히 햇살이 스러져 가는데

괜히 눈물이 나오더라고요. 현제명의 '해는 져서 어두운데, 찾아오는 사람 없어'라는 노래가 어울리는 그런 저녁이었어요. 오버코트를 어깨에 걸치고, 누구 건지 거기 털신발이 놓여 있기에 그걸 신고 동리 구경을 슬슬 나가봤어요. 섣달 중순쯤이니 날씨가 꽁꽁 얼어붙어서 길에 사람들도 안 보이고 해서는, 한 발짝 두 발짝 산 밑을 향해 걸어 내려갔어요.

가다 보니 어느덧 한길까지 내려간 거예요. '왕십리 합승요, 왕십리요!' 9인승 합승 차장이 손님을 부르는 소리에 저도 모르게 차에 올랐어요."

"에구머니." 선배가 손바닥으로 자기 입을 막았다.

"바로 우리 친정집 가는 합승이었죠. '15분, 20분이면 가는 거리니까 얼른 가서, 대문에서 엄마 얼굴 몇 초 동안만 보고 지체 없이 돌아오는 거다!' 드디어 친정 대문 앞에 왔어요. 가난한 집 대문이라 판자 틈으로 안이 다 들여다보였죠. 형제가 넷이나 있는 집인데 그날따라 집안이 조용했어요. 무슨 일이 있는 건가? 엄마가 아픈가? 불안해지기 시작했어요.

'엄마아! 나야, 병옥이!'

큰 소리로 엄마를 불렀어요. 잠시, 집안이 찬물을 끼얹은 듯 조용했어요. 그러다가 화닥닥 방문 차는 소리가 났어요.

'옴모이, 이게 무슨 소리다니?', '누나다, 누나야!', '뭐여?' 한꺼번에 여러 사람 소리가 겹치면서 대문이 열렸어요."

"세상에."

"오빠와 동생들은 반가워서 저를 번쩍 들어 공중으로 떠올려 메고 방으로 들어갔지만, 문제는 친정엄마였어요. 딸년이 시집에서 쫓겨나지 않고서야 이 꼴로 밤중에 나타날 리가 없잖아요. 신랑도 없이 혼자요."

"그래서?"

선배는 마른침을 삼켰다.

"오빠들, 동생들, 다 남자잖아요. 여자가 달랑 하나밖에 없다가 시집이라는 걸 가는 바람에 집이 초상집 같았다면서 저를 번갈아 가며 얼싸안고 좋아들 하는데 엄마는 숨도 못 쉬고 버들버들 떠시는 거예요. '엄마, 나 쫓겨난 거 같아? 내가 왜 쫓겨나, 엄마. 그냥 저녁 먹고 밖을 내다보고 앉아 있는데 산책 좀 하고 싶더라고. 그래 야금야금 산을 내려오다 보니까 한길까지 왔어. 되돌아 올라갈 생각을 하는데, 왕십리 가요! 합승 차장이 소릴 지르는 거야. 그래서 탔지.'

'아이구, 이 지지배가 시방 뭐라고 한다니?'

어머니가 드디어 벌떡 자리에서 일어나셨어요. '얘, 나가서 택시 불러라' 하시는 거예요. 오빠들, 동생들은, '좋다 말았네' 하면서 택시를 잡으러 나가는데. 엄마는 동리사람이 행여나 이, 말도 안 되는 새 색시 몰골을 볼까봐 머리에 수건을 씌워서는 택시에 밀어 넣더라고요."

"와아, 정말 믿기지 않는 얘기다. 어떻게 그런 엉뚱한……."

"저도 안 믿겨요."

"그래, 집에 돌아가니까 남편이 뭐랍디까?"

"남편은 아직 안 돌아왔고요, 시어머니께서는 나폴레옹처럼 이쪽 마루 끝에서 저쪽 마루 끝으로 왔다갔다 안절부절 못하고 계시다가 드디어 대문간 어둠 속에 서 있는 며느리를 발견하신 거예요. '너, 지금 어디 갔다 오는 거냐!' 소리를 지르시더라고요. 한참 말을 못하고 서 있다가, 용서해주세요, 고개를 팍 숙였죠. '그냥, 엄마가 보고 싶어서…….' 입을 열기가 무섭게, '뭐가 어쩌고 어째! 낼 모래면 친정에 근친 가는데 고 새 못 참아서 그 거지꼴로 밤중에, 응? 너, 친정에서 그렇게 가르치던? 대학원이나 나온 애가 가정교육 그따위로 받았어? 그래, 신발은? 시에미 신발짝까지 끌고 친정 가니까 느이 엄마가 뭐라시던?' 흠, 할 말이 있어야죠……. 용서해달라고 빌었죠."

"크흐흐, 털신발이 시어머니 거였구나. 못 말린다니까."

선배는 바람 빠져나간 풍선처럼 주저앉아 고개를 좌우로 흔들고 있었다.

"그래, 남편은?"

"후후후, 나중에, 남편에게 이실직고했죠. 웃음을 못 참고 입에다 손을 막고 다가오더니 절 슬그머니 안아주더라고요. 그렇게도 엄마가 보고 싶었냐고 하면서요."

"야, 조병옥! 너 시집 잘 간 거다. 그런 남편이 어딨니! 공 박사만 멋진 사람인가 했더니 첫 번째 남편도 좋은 사람이었다, 얘."

"……좋은 사람이었죠."

"그런데, 왜 헤어졌어? 쌈 한 번 안하고 살더니……. 응?"

"쌈 한 번 안 했으니까 헤어졌죠."

"뭐라구?"

"그래요……."

"그래요라니? 결혼 잘 한 줄 알았는데?"

"글쎄요. 세상엔 잘 한 결혼과 잘못 한 결혼 두 가지만 있는 게 아니더라고요. 그 형태나 곡절이 얼마나 다양해요. 그 사람이 날 잘못 만난 거예요."

"……?"

"우린 결혼하는 게 아니었어요."

"겉으로는 평화롭게 살기에 난……."

"결혼은 내게 굉장한 혼란을 가져왔어요. 난 내가 어떤 사람인지 몰랐다가, 결혼이란 걸 한 후에야 어떤 것이 원래의 나였는지 기억해내려고 애쓰더라고요. 도대체 '나'라고 기억하고 있는 '나'가 정말 원래의 나인지 확신할 수가 없었어요. 애써 기억 속에서 나를 들여다보아도 내가 옛날부터 있던 그대로 보이는 것 같지가 않고 각색되어서 나오는 것 같기도 하고…….

여하튼 난 분명히 물리적인 폭력을 한 게 아닌데도 내 행동이 다분히 폭력성을 가지고 있었다는 걸 늦게야 깨닫고 혼자 많이 울었어요. 결국 내가 기억해낼 수 있었던 건, 내가 나도 모르는 사이에 끊임없이 뭐에 쫓기는 아이로 자란 거였어요. 어린 나이에도 당한 자, 피해자들 옆에 쫓아 다녔던 거, 늘 두렵고……."

"나 오늘 그 얘기 좀 들어볼 수 있을까?"

선배는 정색을 하며 다가앉았다.

"뭘요?"

"진번엔 얘길 시작하다 말았잖아."

"……?"

"성장기 얘기. 결혼 전에 남편한테 다 실토했단 말은 들었어. 하지만……."

"실토……, 그건 그저 경험한 사실만 털어놓은 거죠. 그냥 날 괴롭히는 상념들을 떨쳐버리고 싶은 심정에 내게 있었던 일 다 털어놨던 것 같아요. 하지만 현상적 피해에 대해선 저 자신도 그렇게까지는 인지하지 못하고 있었어요. 그게 결혼 후에 표면으로 올라온 거죠."

"그래도 그 남잔 살면서 단 한 번도 그런 얘기 끄집어내서 당신을 괴롭혀 준 적이 없었다며? 혼전 관계니 뭐니 하면서. 그건 아주 훌륭한 점 아닌가?"

"혼전 관계? 지금 선배님은 선배님이 추리하고 싶은 대로 얘길 끌고 나가고 있어요. 그 사람이 날 잘못 만난 거라고 말씀드린 건 혼전 관계하고는 상관없는……."

나는 말하다 말고 됐다는 뜻으로 손사래를 쳤다.

"당신 화내는 거야?"

"난 누구하고 살았어도, 내가 원하지 않았어도 상처를 주었을 거라니까요. 우린 그 흔해빠진 부부 말다툼 같은 것도 잘 안 했어요. 사람이 죽을 때 보면 호흡과 호흡 사이의 간격이 점점 길어지다가 마침내 숨소리가 완전히 멈추잖아요. 우린 그냥 그렇게 될 때까지 살다가 헤어진 거예요."

나는 늘 이런 종류의 이야기 끝이 그래왔던 것처럼 익숙한 체념으로 끝을 내려 했다. 나는 찻값 계산을 하려고 지갑을 꺼냈다.

"나완 얘기가 안 된다?"

"선배, 미안해요. 난 그냥……, 내가 이런 얘길 창아릴 다 털어놓고 얘기 한 번 해봤으면 좋겠어요. 곰팡이 실은 세상 잣대 들고 오지 말고 그냥 맨얼굴로 와서 얘기하자는 사람 있으면 난 다 털어놓을 수 있어요. 선배의 선입견이 싫어요."

"흠, 나도 이혼한 사람이니까 그냥 알고 싶었을 뿐이야. 서로 부딪칠 때가 주로 어느 때였는지."

"부딪쳐보지도 않았어요."

나는 식은 커피를 벌컥벌컥 마셔버렸다.

선배도 나도 아무 말 없이 앉아 있었다. 몇 초가 그렇게 지났다.

더러러럭! 알커피 가는 기계가 두 사람의 난처한 침묵을 순식간에 갈아버렸다.

"선배, 죄송해요. 제가 피곤하니까 말을 막 한 건 아닌지."

선배는 말에 앞서 고개부터 내저었다.

"오해 말아. 당신의 얘길 듣는다기보다 내가 걸어온 길을 더듬고 싶었겠지……."

나는 선배의 커피 잔에 리필을 부탁했다. 그녀는 들고 일어서려던 핸드백을 다시 놓으며 앉았다.

"궁금했어. 당신 성격에 아이들 데리고 결혼이라는 걸 또 한 것도 불가사의했고."

"여하튼 난 다시 살아났어요. 공 서방 속에서 잃어버렸던 삶의 열정을 다시 찾기 시작했으니까요. 사람들이 그런다더군요. 간장한테 시집가는 거 한 번이면 족하지 또 간장이냐고요, 호호."

"그러나저러나 한번 물어보고 싶었어. 공 박사를 만나게 되면서 사회, 정치문제에 더 관심을 갖게 된 건가? 아니면 그 전부터?"

"호호, 어려서부터 반골 기질이 많다는 얘긴 들었어요. 억울하게 얻어맞는 아이를 보면 사내놈처럼 달려들어 힘 센 놈에게 욕지거릴 한다든지, 옷 잘 입고 자가용으로 학교에 오는 아이들한테는 그게 네 힘으로 번 돈이냐? 따지고, 암튼……. 하지만 나라니 민족이니 그런 걸 생각하면서 신문도 보고 뉴스에 귀도 기울인 건 이 사람 만난 후부터라고 해도 틀리지 않아요. 가령 내 조국이 저렇게 갈라져 있고 그것 때문에 수많은 사람들이 병을 앓고 있는데 그 병을 고칠 수 있는 길은 '통일'이다 할 때, 내가 아는 예술가들은, 그들이 갖고 있는 아주 직물적인 생각은 그게 지금 당신과 나 사이에 무어 크게 상관이냐예요. 어떻게 상관이 없어요? 음악가는 음악이나 하고 그런 건 정치가한테 맡기라고요? 맡겼으면 잘하나 봐야 될 것 아닌가요.

우린 어찌됐든, 그 더럽다고 말하는 '정치', 그놈의 정치 밖에서는 존재할 수 없는 거잖아요."

"그러면, 사회, 정치문제에 관심이 없는 것도 전 남편을 떠난 이유가 됐다?"

"……미치겠네, 선배."

"그런 이유 때문에 아이를 가진 사람들이 헤어지다니. 이해가 안 간다."

나는 후회했다. 이야기가 또 다시 이런 식으로 흘러가고 있었다.

"선배, 이해해달란 말 안 했어요. 그런 이유 때문에 헤어졌다고도 안 했고요."

나는 방어적으로 말했다.

"그분은 뭐라고 합디까, 당신이 떠난다니까?"

"……."

"그 흔해빠진 따귀 한 대도 못 얻어맞고 떠났수?"

"따귀요? …… 서로 불쌍해서 헤어지지 못한 세월이 얼만데. 별거할 때 이혼을 결심해놓고도 아이들 때문에 얼마나 시간을 끌었는데요. 도저히 못 헤어지겠다고, 도로 기어들어 가겠다고 전화를 했어요. 비오는 날 밤에 공중전화 부스에서 질질 울면서요."

"그랬더니?"

"당신이 지금은 그렇게 약한 소릴 하지만 얼마 안 가서 또 똑같은 이유로 앓아누울 게 뻔하니 이왕 결심한 거 그대로 밀고 나가자고 하더군요."

"아이들은 어떡하고?"

"아이들은 첨부터 내게 다 주지 않으면 난 그냥 불행하거나 말거나 이혼 안 하고 주저눌러앉아 살겠다고 했어요. 양육비고 뭐고 내가 벌어서 할

터이니 당신은 유학 가서 공부나 실컷 하라고 했어요. 자기가 경제적으로 어떻게 해볼 도리가 없어서였던지, 암튼 생각보다 시간 끌지 않고 내가 요구한 '친권 포기서'를 써주었어요. 경제적으로 능력이 있었더라도 아마 내게 아이들을 내주었을 거예요. 아이들에겐 아빠보다 엄마가 더 필요하다는 걸 안다고 하면서 내가 하자는 대로 해주었어요."

"참 드문 남자다. 참 멋지다."

"욕심이 없는 사람이에요. 그래서 같이 사는 사람을 고생시키는지도 몰라요. 제가 자기 곁을 떠나고 나서야 나름대로 야심을 갖고 공부도 하고 작품 활동도 하게 됐죠. 같이 백년해로는 못했지만 우린 서로 진심으로 행복을 빌면서 살아요. 필요한 책이 있으면 사서 보내주고 그 쪽에서도 좋은 음악악보 사면 보내주고."

"재혼했다며?"

"재혼하면 책 선물 못 하나요?"

"가끔 만나기도 하나? 아이들 보러도 오구?"

"일 년에 한 번 정도? 이 근처에 여행 오면…… 애들하고 점심도 먹고 가요. 공 박사가 나더러 나가서 얘기도 하고 놀다가 들어오라고 하지만 무슨 할 얘기가 있겠어요. 어느 날 즈이 아빠가요, 전화도 미리 안 하고 버스로 우리 동리 숲길을 들어서다 아이들과 새아빠를 봤대요. 두 아이 손을 잡고 탁구채를 들고 캘캘 웃어가며 앙감질로 뛰어가는 모습을요. 아이 아빠가 아이들하고 점심 먹고 돌아가면서 전화를 제게 했어요. 아이들의 새아빠가 너무 좋은 분 같아서 참 보기 좋았다고요……."

"그분도 아이 있지?"

"네……."

"호정이, 호산이는 엄마의 이혼을 어떻게 말합디까? 내 얘긴 어릴 때 말고 지금은?"

"큰 놈이 그러더군요. '엄마가 물론 알고 있는 것 같지만 어떤 땐 엄마가 충분히 알고 있는 것 같지 않다는 인상을 받아서 말인데, 정말야. 엄마 듣기 좋으라고 하는 말 아니야. 엄마의 이혼은 조금도 엄마가 우리 둘에게 자책감을 가질 이유가 돼서는 안 돼. 엄마 이혼으로 인해서 우린 너무나 많은 것을 얻었단 말이야. 화티 같은 사람 아무나 만나는 거 아니잖아. 그런 분을 우리 가족으로 만날 수 있었다는 거, 그런 분의 영향을 받아가며 자랐다는 거……. 우리가 얻은 것 중에 제일 큰 게 그거야. 사랑에 대해서도 중요한 걸 알게 해주셨어. 나도 엄마처럼 사랑해야 결혼할 거야. 서른 넘었다고 아무하고나 결혼하진 않을 거야' 하더라고요."

"당신은 참 행복한 사람이요."

"그래요……."

"자, 우리 일어나자, 공 박사님 기다리시겠다. 실은 오늘 당신 어린 시절 얘길 들려달라고 졸라볼 판이었는데 다른 얘기만 했네. 다음번엔 해줄 수 있지?"

"……."

나는 대답하지 않았다.

"내키지 않으면 더 기다릴게."

선배는 왜 만날 때마다 어두웠던 내 어린 시절 얘기를 들려달라고 하는 건가? 글을 쓰는 분이기 때문인가? 아니면 어디서 무슨 얘길 듣고 온 것인가? 선배로 인해 어느 날 기어코 내가 스스로 좋아하지 않는 내 내부의 끔찍한 것을 끄집어낸다면…….

그동안의 잡담더께로 눌려 있었던 나의 '두려움'이란 지병이 다시 모가지를 들고 일어났다. 그 두려움은 택시비로 준비한 지폐를 꼬깃꼬깃 접고 또 접는 걸로만 나타나고 있었다.

"여보, 손님 모시고 나가 밥 먹고 놀다 와. 나 혼자도 얼마든지 차 끓여 마실 수 있잖아."

애써 아무렇지도 않은 것처럼 말했지만, 오늘 아침 남편의 기분은 말이 아니었다.

정기 진찰에서 나온 피검사 결과 때문이다. 단식을 성공적으로 하고 있다고 생각했는데……, 하루아침에 그의 얼어붙었던 가슴에서 조금씩 발아되고 있었던 희망의 싹이 서리를 맞고 만 것이다. 간 기능이 말이 아니었다. GPT가 159(정상수치 - 23), GOT가 496(정상수치 - 18)으로 나왔다.

남편의 허리에 오일 마사지를 해주면서 위로할 말을 찾았지만 결국 나는 혼자 있게 해달라는 남편의 말을 거역하지 못했다.

여느 때 같았으면 그가 오늘 아침 잚어진 어둠의 희뿌연 공간속에 한숨으로 주저앉아 있을 나였다. 그런 내가 어떻게 다른 곳으로 통로를 만들어 시시닥거릴 수 있었는지……. 뜻밖의 반전이었다.

20. 어찌 내 어머님뿐이랴!

단식치료 21일째.

이 세상에 끔찍하게 힘든 일 중엔 똥을 몸 밖으로 밀어내는 일도 있다는 것을 깨달은 날이다. 손가락을 넣어서 끄집어낸 지 2주일하고도 하루가 더 지난 오늘 나는 또 한 번 비장한 결심을 하고 '작업장'을 들여다보았다. 두세 번 난감한 고비를 넘겼지만 겨우 한 줌도 안 되는 시커먼 배설물 부스러기를 파냈을 뿐이었다. 기대에 어긋난 수확에 낙담하고 주저앉아 버린 나에게 남편은 '당신은 따라 들어오지 말아봐' 하면서 다시 화장실로 향했다. 나는 화장실 문 앞에 서서 남편이 힘을 줄 때마다 같이 힘을 주고 서 있었다. 10분은 족히 흘렀을 게다. 아아, 드디어…… 와르르, 그는 뱃속에 남아 있던 애물단지를 스스로 밖으로 내보내는 데 성공한 것이다. 잠시 후 그는 비에 젖은 고양이처럼 부스스한 모습으로 걸어 나왔다.

나는 따뜻한 물수건으로 얼굴을 닦아주었다.

"용해, 당신. 어떻게 그렇게 해냈수……."

나는 치솟아 오르는 눈물을 어금니로 누르며 말했다.

남편을 자게 놔두었다. 나는 호산이가 쑤어놓은 죽을 한 숟갈 뜨다가 가슴팍이 아프고 옥죄어 와서 그만두었다. 날이 새면 베를린에 간 큰아이가 온다. 병든 엄마를 데리고 병원에 가기 위해 일부러 그 아이가 온다. 조직검사 결과를 보기 위해 바쁜 시간 내어 집에 오는 것을 빤히 알고 있는데도 아이는 '대학 등록이 끝났으니까 그냥 다녀가려고 오는 것'이라고 했다.

흘낏 본 바깥에 눈발이 날리고 있었다. 나는 희뿌연 잿빛 공기 속으로 조금씩 조금씩 침잠되어 가고 있었다. 나는 이 세상에 없고 싶었다.

멀리서 응접실 벽시계가 새벽 한 시를 치는 소리가 들렸다.

"뭐 해, 당신. 자지 않고?"

자리끼로 머리맡에 놓아두었던 물을 마시며 남편이 말했다.

"명상하고 있는 걸 내가 방해했나? 미안해. 아까부터 벽만 보고 앉아 있어서……."

"……벽을 와작와작 씹어 먹고 싶어."

나는 아드득 이를 물었다.

이불을 젖히고 침대에 걸터앉은 남편은 어둠속에서 나를 등지고 앉아서 내가 뭐라고 입을 열길 기다리고 있었다.

"어떤 남자 생각하다가 잠을 놓쳤어요. 어제 유영희 편지에 그 사람 얘기가……."

"김원일?"

"당신도 읽었수?"

"근데? 그 사람이 누군데?"

"김수임은 알우?"

"누구?"

"그, 왜, 1950년이었던가. '한국의 마타하리 사건'으로 매도돼서 사형당한 여자, 김수임."

"그래……. 김수임, 그런데?"

"그 김수임의 아들이 김원일야. 당신이 암 선고 받기 직전에 나 미국 갔었잖우. 그때 만난 신학자야. 그러고 보니 당신한테 얘기해줄 겨를도 없었다. 그 사람이 많이 아픈가봐……."

남편은 자기도 이젠 잠이 깼으니 얘기 좀 해달라고 했다.

1985년 가을이었으니까, 남편이 병에 걸리기 전의 일이었다. 그날 정오 나는 로스앤젤레스 한인 타운에서 유재건* 변호사와 점심을 먹고 있었다. 해외에서 국내 민주화 운동에 동조했거나 박 정권을 비판한 단체나 개인은 귀국절차가 무척 까다로웠던 때라 나는 독일을 떠나 우선 미국으로 이민할 생각을 하고 변호사 사무실을 찾아갔던 것이다. 변호사 의뢰비는커녕 여비도 다 떨어져 전전긍긍하는 나를 언제 알아챘는지 유 변호사는 아예 묻지도 않는 말로 나를 맞았다.

"조 선생님, 제 사무실에 오실 땐 그저 한 가지만 생각하고 오세요. 점심 메뉴를 무얼로 하면 좋을까 하는 거요."

"아, 네에. 무얼 좋아하시는데요?"

"아니, 제가 좋아하는 거 말고요, 조 선생님이 좋아하시는 거. 초대는 제가 하니까요."

"네?"

"건강도 안 좋으시다는 말 들었어요. 그러니 오늘은 제가 흑염소탕 집으로 모시죠."

벙하고 서 있는 나에게 같이 간 친구가 귀띔해주었다. 유능한 변호사라고. 돈 없는 사람, 억울하게 당한 사람 보면 자기 돈 털어서라도 도와주는 사람이니 변호사 의뢰비도 너무 걱정 안 해도 될 거라고.

식사하면서 얘기를 나누다 보니 내게 정녕 돈 따위 걱정이 있었던가 싶게 되어버렸다. 빈 주머니로 인해 나를 심난하게 했던 것들을 까무룩 잊게 해주는 이 변호사에겐 인간미만 있는 것이 아니었다. 그의 유머 센스는 나를 능가하고 있었다.

"아이고, 그 여자 이젠 권총까지 준비했나봐. 남자가 자기만 좋아했었는데 최근엔 전화도 안 온대. 딴 여자한테 맘 뺏긴 게 분명하다 이거야."

서류를 뒤적거리며 그는 혼잣말을 했다. 어느새 반말을 하고 있었다. 귀에 거슬리지 않았다.

"히스패닉이죠. 오후에 그 여자가 여길 와. 권총도 하나 샀다니까 으스스한 거 있지. 신불리 상담해줬다가 빵! 쏘면. 후후후."

"같이 있어 드릴까요?"

"무슨 소리. 그럼 '빠, 방'이지. 두 발 한꺼번에."

그는 오른손을 번쩍 들어 한 번에 두 방을 쏘는 시늉을 했다.

"왜요?"

"매력 있는 여잔 가만 안 둘 기세거든."

"하하하."

우리는 일시에 포복절도했다.

식사를 대접받고 나오면서 친구와 나는 큰 규모의 데모행렬과 마주쳤다.

"백인경찰을 징계하라! 죄 없는 흑인을 짐승처럼 구타한 백인경찰을 징계하라!"

한 흑인단체와 로스앤젤레스 재야 인권운동가들이 주최하는 데모행렬이었다. 생각해볼 것도 없었다. 우리는 즉각 대열에 가담해 목청껏 소리를 질렀다. 그때, '저어, 한국분이십니까?' 하면서 내게 말을 붙여온 젊은 남자가 있었다. 그가 김수임의 아들 김원일이었다는 사실을 알게 된 건 얼마 후의 일이었지만, 눈이 부리부리하고 이목구비가 잘생긴데다가 목소리에 어딘지 모르는 슬픔까지 묻어 있는 이 젊은이에겐 처음부터 나의 심혼(心魂)을 흔들어놓는 무엇이 있었다. 그는 신학자였다. 며칠 후 그가 이끄는 소그룹의 성경연구 모임에 참석한 나는 거기 온 사람들에게서 그가 어떤 인생역경을 헤치고 미국까지 와 살고 있는지를 대충 알게 됐다.

미군정 시대 세칭 '한국의 마타하리 사건'으로 체포되어 1950년 사형장의 이슬로 사라진 여인 김수임, 그녀는 빈농의 딸로 태어났지만 미국 선교사의 도움으로 이화여전 영문과에 입학했고 상위권의 성적을 따내는가 하면 후에 세브란스 병원에서 병원장 비서로 활약할 정도로, 그 시대로서는 많지 않은 인텔리 여성 중 하나였다.

그녀의 애인 이강국은 1945년, 해방과 함께 몽양 여운형과 건국준비위원회를 결성하고 활동하던 중 미군정을 전면적으로 비판한 죄로 체포령이 내려지고, 결국 그는 월북한다. 북에서 활동하던 중 1955년, 이른바 '종파사건'으로 체포되어 박헌영과 함께 북한 땅에서 사형당하고 만다.

이강국이 월북한 후 김수임은 미군 낭낭클럽에서 호스티스로 일하다가 미군정 헌병사령관 베어드를 만난다. 그와의 사이에서 생긴 아들이 김원일이다. 1950년 젖먹이를 혼자 남겨두고 김수임은 한국의 수사기관에 의해 체포된다. 그 당시 막강한 파워를 가졌던 베어드 사령관과 이강국 사이에서, 즉 남과 북, 미국 사이에서 국제적 간첩행위를 했다는 누명을 쓰고 김수임은 군법재판 3일 만에 사형에 처해진다.

"어머니 얼굴도 못 본 아이었어. 아버지 베어드도 만나본 일이 없대. 1980년에 죽었다는 말을 들었대. 결국 김원일은 고아원에 맡겨졌다가 어느 한국인 부부의 양자로 입양돼 미국으로 이민한 거래."

"김수임의 애인이 몇 년도에 월북했다고?"

"1946년. 미군정 때."

"그때라면 아직 두 개의 분단국가가 생기기 전인데 어떻게 그런 일이?"

"때가 되면 한국에 나가서 역사자료수집도 하고 한국 정치사도 공부하고 어머니 사형당한 현장도 가본다고 했어. 들리는 얘기로만 알고 있는 거니까 자기가 직접 확인을 해야 한다고. '힘 있는 자들이 그렇게 처리해버려서 그렇게 쉽게 역사의 급류 속에 익사해간 사람들이 어찌 내 어머님뿐이겠느냐'고 하면서 눈물을 짓더라고요. 그분이 지금 많이 아프대요……."

정작 내 잠을 몇 번이나 밀어 보낸 것은 나의 친구 유영희가 보내온 김원일의 자작시였다. 통일운동 선구자로 알려진 노의선 목사님의 부탁을 받고 목사님의 부인 장례식에서 읽은 조시다.

어머니

우리의 어머님입니다.
오, 하나님, 얼어붙은 강물 위를 떠도는 적막처럼
한 여자의 역사가 나무상자 속에 누워 있습니다.
당신의 딸입니다.
우리의 어머니입니다.

우리의 할머니입니다.

한일합방 거친 역사의 수레바퀴 소리 들으며
깨어나듯 태어난 한국의 딸입니다.
짚신 둘러메고 과거보러 다니던 가난한 선비의 딸입니다.
혼숫감 옷 한 벌 들고 지주의 아들에게 시집갔던
수줍고 외로운, 그러나 꽃다운 새색시입니다.
십 남매 낳으며 몸이 헐 대로 헐어버린
오오, 하나님, 인류 역사의 모든 어머니들,
그 어머니들을 하나로 뭉쳐놓은 것 같은 어머니입니다.

동란 속 피난길에 눈물로 찐 감자를 자식들에게 먹이는
포성보다 더 무서운 한국의 어머니입니다.
태평양 건너는 배멀미 속에 모든 것을 토해내며 그렇게 왔어도

모진 향수 끝내 이기지 못해
남의 하늘 밑, 남의 땅 속에 묻혀야 하는
실향 가족의 어머니입니다.

오, 하나님, 얼어붙은 강물 위를 떠도는 적막처럼
한 여자의 이야기가 나무상자 속에 누워 있습니다.

당신의 딸입니다.
당신의 어머니입니다.
우리의 할머니입니다.
나뭇결보다 더 부드러운 당신의 품으로

그의 영혼을 감싸소서.

"성경공부 모임에서 몇 번 더 만났지. 교회는 많은데 교회가 해야 될 일은 안 한다고 하더군. 김원일 씨는 안병무 선생님의 '민중 신학'을 얘기했어. 민중이란 건 복음서에서 보듯이 세상에서 쓸모없다고 버린 '돌들'이라고. 어부, 세리, 병자, 굶주린 자, 창녀 같은 쓸모없는 돌들로 예수는 자신의 회당을 지었다고."

"그게 초대교회의 참모습이었지……."

남편이 말문을 열었다.

"생각해봐. 대제사장들이나 바리새인들의 그 화려한 성전. 거기 대치되는 초대교회의 모습을. 중세교회가 어땠는지 알지? 그 무서운 광신적 편견, 타협 모르는 독선과 교만으로 마녀사냥을 할 때야. 그때 이단으로 찍힌 여인을 부활시킨 예수의 목소리를 상상해봐. 간음한 여인을 용서하는……. 그 그리스도의 목소리가 과연 오늘의 바벨탑에서 들을 수 있을까."

나는, 흥분하기 시작하는 남편에게 물컵을 쥐어주었지만 그는 밀어놓으며 계속 열을 올렸다.

"김원일 씨 얘기가 맞아. 교회가 해야 될 일을 교회가 안 하고 있어. 당신도 내가 베를린에서 인터뷰할 때 그 자리에 있었잖아. 골비처(Gollwitzer) 교수가 뭐랬어. '기독교인들은 높은 성채의 안전한 곳에 머물러 저 밑에서 몰아치는 풍랑에 밀려 허우적거리는 대중을 내려다보고만 있을 게 아니라 그들과 같이 풍랑 속에 뛰어 들어가야 한다', 응? 무슨 말이겠어."

나는 듣고 있었다.

"기독교 사상이 모든 강령이나 이념이나 체제를 초월한다고 해. 그 말을 잘못 해석하는 사람도 있더군. 이것들에게 무관심하거나 발뺌을 한다는 의미의 탈정치화나 현실기피를 뜻하는 게 아니잖아. 적극적으로 참여하되 거기에 얽매이지 않는다는 것을 의미하는데……. 강령, 이념, 체제 그따위 것들은 인간의 사회적, 물질적 이해관계의 역사적 산물이야. 거기서 생겨난 것이기 때문에 그 강령이나 이념이나 체제에 반대되는 것도 얼마든지 있을 수 있어. 그러니 자연히 이들 사이에 대립, 경쟁, 또 뭐냐, 적대관계가 생겨날 수 있지. 쉽게 말하면 어떤 한 인간이 어느 특정한 이념에만 자신을 묶어놓으면 그가 원하든 안 원하든 그와는 대립된 이념을 추구하는 사람과 적대관계에 빠지게 돼."

"그렇게 되면 기독교적 사랑의 실천은 못 하는 거잖아."

"성서 속에 착한 사마리아인의 얘기가 나오지만 우리 기독교인들이 사마리아인이 돼야 하는 건 물론이야. 하지만 개인적 차원에서 행하는 선행의 선을 넘어서 이 사회 속에서 강도가 득실거리는 상황을 없애도록 하는 체제의 개혁까지 생각해야 해. 그건 그대로 두고 강도에게 피해 입은 사람에게만 선심을 쓴다면……."

"악순환은 계속되는 거지……."

"계속되는 거지. 지금 한국 상황이 우리에게 요청하고 있는 건 개인적 차원의 소극적 현실참여만이 아니야. 제2, 제3의 김수임, 김원일이 만들어지지 않게 하려면 어떻게 해야겠어?"

"알아. 당신이 맨날 말하는, 민족적, 민중적 차원의 적극적인 개조."

"바로 그거야. 그런 차원의 개조 없이 양극체제 내에서 인간의 자유회복이 가능할 수 있겠어. 아이고, 그러나저러나 우리 귀여운 음악교수님, 언제부터 이렇게 정치얘기도 함께 할 수 있게 됐나, 허허."

"다 영감님 종양 덕이 아니겠습메."

우리는 웃었다. 이내 접어들인 웃음이지만 참으로 오랜만의 웃음이었다.

포대기 한 개로 둘의 어깨를 두르고, 어느새 소복이 쌓인 눈길을 내다보았다. 잠 안 오는 독일 할아버지가 푸들 한 마리를 앞세우고 비틀비틀 걷는다. 빵집 불빛 앞을 지나더니 외진 모퉁이로 사라진다.

42일 단식의 고지, 21일째인 오늘을 정상으로 내일부터는 꺾어져 내려갈 도표에 빨간 줄을 그으며 남편과 나는 새로 사온 예쁜 초에 불을 댕기자고 했다. 성냥을 그었다. 불이 하르르 타오르며 남편의 창백한 얼굴을 비추다가 사그라졌다.

* **유재건** 미국연방정부 지역사회 변호사. '이철수 사건' 후원회장 겸 변호사. MBC 시사토론 진행자. 경원대학 교수, 학장 등 역임. 현 국회의원.

21. 그 혹독했던 장흑극의 하루

단식치료 24일째.

내 병력(病歷) 차트를 보고 있던 의사가 흐린 눈으로 나와 아들을 쳐다보았다.

"흠, 팡크레아스(Pancreas: 췌장) 쪽에 혹 같은 게 발견됐어요. 물혹인지 그냥 혹인지 아직은 모르겠지만. 췌장 헤드(head) 쪽에……."

심장이 멎었다. 큰아이도 나도 서로를 마주 볼 엄두도 못 내고 있었다.

의사가 또 말했다.

"에에르체페(E. R. C. P.) 검사를 해야겠어요."

"네? 그게……?"

내가 입을 뗐다.

"십이지장 내시경인데 조영제를 주입해서 방사선 촬영을 하는 겁니다."

"어딜요?"

"담낭, 췌관을 들여다보는 진찰이죠."

"선생님."

아들이 조심스럽게 의사를 불렀다.

"오늘, 우리 엄마 위장 조직검사 결과 보러 오라고 하셨는데……."

"그래요. 위장이 많이 헐었네요. 다행히 암은 아니고요. 보통은 췌장에 혹이 생겨도 모르고 지나다가 이미 다 늦은 후에야 발견들 하는데, 프라우 공은 운이 좋으신 거죠, 조기 발견이 됐으니. 이번에 장 초음파검사를 하다가 우연히 췌장에서 발견됐는데……."

"암인가요?"

내가 물었다.

"아니, 아니. 미리 걱정하지 마세요, 프라우 공."

"췌장도 조직검사하게 되나요?"

아들이 물었다.

"흠, 이게 아주 까다로운 데에 위치해서, 외과의사와 의논해야겠지만……. 지금으로 봐서는 작은 수술을 통해 조직검사를 하게 될 가능성이 많아요. 우선 내시경 검사 날짜를 잡아놓고 가시죠."

"아!"

나는 짧은 신음을 뱉었다.

집으로 향하는 도중 우리 모자는 숲속의 조그마한 찻집을 찾아 들어갔다. 운전하면서도 아이는 자꾸만 눈물을 닦고 있었다. 병원 주차장을 떠나며 아들이 뇌인 말을 떠올렸다.

"난 알아. 엄만 안 죽어! 엄마 같은 영혼이 어떻게 숨이 끊길 수가 있어!"

나는 아들의 어깨를 만져주었다.

"아까 한 네 말 맞아. 이 엄만 죽는 것마저도 시시하게 죽으면 안 돼. 이렇게 그냥 죽으면 폼 안 나, 그치?"

"엄마, 목마르지? 어서 이거 마셔."

우리는 주스 컵을 짱 하고 부딪치고는 벌컥벌컥 한 숨에 다 마셔버렸다. 잔을 비우고 나서 아들의 눈을 마주 보려던 나는 별안간 헉헉 흐느끼고 있는 청년 앞에 가슴팍이 무너졌다.

"엄마, 여기서 다 울어버리고 집에 가자."

아들은 얼룩진 뺨을 양손으로 번갈아 닦으며 말했다.

"그래, 그래. 호정아, 엄마 말대로 해줘. 엄마한테 아무 일도 없었던 거야. 그냥 의사가 위장약만 먹으면 된다고 한 거다. 화티 단식치료 끝낼 때까지 엄만 병원 안 가. 췌장 혹 따위 잊어버려, 알았지?"

"엄마……."

"엄만 안 죽어. 자, 우리 드라이브 좀 하다 들어가자!"

우리 모자는 차창을 활짝 열어놓고 달렸다. 어제까지보다도 더 왜소해진 '희망의 나라'를 향해 바람을 앞세우고 달렸다.

앞집 여자가 우리 집 소포를 대신 받아놨다고 제법 큰 통을 전해주었다. 아가리가 미어지게 편지를 물고 있는 우편함은 어릴 적 고향에서 본 개똥어멈의 상추쌈 먹는 모습을 연상시켰다.

"여보, 우리 다녀왔다아. 편지가 한 보따리 왔어. 리영희* 교수님이 소포도 보내셨네. 안 박사님, 유인호* 교수님 편지도 오고."

나는 소프라노 톤으로 랩을 해가며 방문을 열었다.

소포상자를 풀면서 나는 병원에 다녀온 보고를 간단히 했다. 남편은 안도의 한숨을 쉬었다.

"정말 괜찮대? 약만 먹으면 된대?"

"그렇다니까. 이젠 당신만 단식치료 성공하면 만사가 오케이다!"

나는 두 팔로 춤추는 시늉까지 해가며 호들갑을 떨었다.

포장지를 뜯자 박스 뚜껑에 '칼슘의 왕'이란 대문짝만한 글씨가 붙어 있었다.

쪽지 한 장이 툭 떨어졌다. 리영희 교수님 글씨였다.

공 박사께는 따로 이 안에 편지 넣었습니다. 공 박사도 공 박사지만 우리 애인(이렇게 말하면 또 유 교수가 어림없는 소리 말라고 하겠지만), 병옥 씨의 건강을 위해 칼슘을 보냅니다.

처음엔 멋모르는 자리에서 두 분을 뵈었고, 두 번째는 해동 여관(이해동 목사님 댁)에서 곁물로 만났고, 세 번째는 병옥 씨가 만들어준 맛있는 안주에 술 한 잔 했지요. 서기까시는 좋았는네 그날따라 우리 애인, 병옥 씨가 건강이 안 좋아 시커먼 남자끼리만 재미없게 마셨던 생각이 나서 오늘은 병옥 씨에게 칼슘을 보내주기로 했지요. 우리 애인이 까서 입에 넣어준 독일 자두 생각이 자주 납니다. (이하 생략)

남편에게 온 두툼한 편지를 뜯었다.

사랑하는 공 박사님, 그리고 병옥 씨,

(앞부분 생략)

어제 저녁(사실은 자정 지나도록 늦게까지) 유 교수랑 어울려서 기분 좋게 둬 잔 했지요. 그 양반 몇 달 걸쳐서 부인 동반으로 동남아 몇 나라를 돌고 왔지요. 늙은이들끼리 재미 톡톡히 봤다 합디다. 선물로 받은 중국제 만년필로 지금 시운전하고 있는 겁니다. 유 교수하고 우리 사랑하는 병옥 씨 얘기 많이 했지요. 만사가 여의치 않은 생활과 환경 속에서 건강 하나만이라도 유지돼야지요.

지금도 가끔 동포들 모여서 장구치고, 창도 한가락 뽑고 눈물도 한 되씩 흘리고 온갖 상소리도 퍼붓고 악도 쓰고 그럽니까? 다시 독일에 갈 기회가 있으면 이번에는 밤새도록 한 판 벌이고 싶어요. 그래야 병옥 씨 병도 혼비백산 해버릴 텐데.

거기 갔을 때 가슴 아팠던 일도 많았습니다. 정규명* 박사, 그 천재의 머리를 두부공장에 쓰고 있으니……. 뮌헨의 안 박사도 그렇고.

병옥 씨의 악보를 마당굿 패거리들에게 보냈더니 그들은 벌써 그 노랠 부르고 있더군요. 내가 세상일에 어두워서 오히려 늦었더라고요.

그곳 텔레비전에도 이 나라 소식들이 가끔 나옵니까? 야단이에요. 언제 이성을 되찾아서 남들처럼 상식이 통하는 사회가 될는지. 가슴이 아픕니다. 오늘 무슨 일이 일어날지, 내일 벼락이 떨어질지, 한 치 앞이 보이지 않는 칠흑 같은 어두움이올시다. 매일 재판, 재판.

그러나 계절만은 서울도 완연히 봄의 내방을 느끼게 합니다. 봄은 정녕 오려는가?

지금은 저녁 8시 반. 밖은 깜깜한데 연구실에 앉아서 강의 준비하는 책을 보다가 집에 돌아갈 참입니다. 실력도 없는 놈이 뭘 가르친답시고, 책을 들여다보면 머리가 아파지고 눈이 감기고, 그래도 내일 닥친 시간 메워야 하니 이렇게 늦게까지 앉아 있는 거지요. 집사람도 한 줄 써넣고 싶어 할 텐데 그냥 부쳐야겠습니다.

프랑크푸르트에 애인 하나 만들어놓고 왔다니까 유 교수가 병옥 씨는 자기 애인이라고 기득권을 주장해서 우리 두 사람 사이가 보통 험악한 상태가 아니올시다. 다음에 유 교수에게 편지 쓰실 때에는 소속을 분명히 밝혀주시오. 저녁에 우리 마누라가 미역국 끓여놓았다니 한 사발 먹고 쉴까 합니다.

공 박사님의 성공적 치료를 빕니다. 두 분을 눈앞에 그리면서. 오늘은 이만 끝!

서울에서 리영희

“당신 또 다른 애인 편지도 읽어 봐.”

남편이 미소 지으며 말했다.

공 박사님 내외분께!

(앞부분 생략)

공 박사님의 편지에 있는 말씀 ‘최근 한국농업에 관한 페이퍼(paper)’는 준비가 다 되어갑니다. 저도 기회 있으면 그걸 찾아보려던 참이라 고마웠습니다.

나이가 들어 주위 여러분의 권유에 못 이겨 회갑논문집을 냈다고 제가 말씀 드렸던가요? 회갑논문집 어쩌고 하기에 할 일 없으면 염불이나 하라고 호통 쳤는네 장을병, 리영희, 박현채 씨 등이 치밀하게 계획해준 덕분에 내용도 좋은 논문집이 나왔습니다. 우리나라에서 처음 갖춘 새로운 체제, 최고의 내용이라는 칭찬도 받고 있습니다. 『우리 시대 민족운동의 과제』라는 제목에 맞는 정치, 경제, 종교, 문학, 사회, 농민, 공동체 등에 관한 글들입니다. 금년 여름엔 책 들고 마누라도 끼워 차고 가서 만나뵐 테니 공 박사님도 병마 털고 일어나셔야 합니다.

금년 내 생일(양력 7. 17.) 잔치는 거기 가서 애인들(해동 여관에도 제 애인, 이종옥 씨가 있으니까 애인‘들’이죠) 양 옆에 앉혀놓고 성대하게 축배를 올리겠습니다. 이런 시국에 마누라 데리고 나들이한다고 할까봐 좀 언짢기는 하지만 ‘옥바라지’ 대가로 생각하고 있습니다.

마치 형무소에서 쓰는 편지마냥 글씨가 자꾸 가늘어져서 이만 씁니다.

유인호 드림

낯익은 글씨가 눈에 들어왔다. 안병무 선생님의 편지였다.

병옥 씨 보오,

(전략)

함석헌 선생, 그도 오래 계시지 못할 거요. 그가 수년 전부터 사자의 글들(죽었다 살아온 자들의 글들)을 자주 읽으면서 죽음 다음의 생을 언급했었지. 그 전까지는 그는 죽음에 대해 심각하게 생각지 않았어. 그런 어른이 암 수술 받은 후부터는 생에 대한 애착이 어찌나 강한지. 그래서 내가, 수양이라는 게 별 게 아니군요, 뭘 그렇게 죽음을 무서워하십니까, 천하의 함석헌 선생님이! 했지.

그럼, 그런 나는? 벌써 십 수 년을 죽음 가까이 살면서, 몸조심하는 것을 권리로 알고 민중행진에도 참여 못하고 '현장'도 안 가는데, 그러면서 아직 죽음은 나와 상관없는 듯 살고 있는데, 때로는 죽은 나의 시체와 마주 앉아서 다른 조객들과 더불어 구경하는데도, 그래도 정작 죽음이 인식 안에 들어오면 어떨까? 죽음은 사람의 인식 안에는 들어올 수 없는 현실, 이론으로야 삶과 죽음은 둘이 아니고 죽음은 삶에 속해 있는 거라고 하면서도……. 무슨 말인지 나도 몰라.(이하 생략)

다른 엽서도 읽어주었다.

이역 땅에서 예술가로서의 긍지와 자존심을 잃지 않고 살고 계시는 조 선생님의 모습, 깊은 향수에 젖어 기타 치며 노래 부를 때의 모습은 언제나 제 가슴에 깊게 남아 있습니다.

올해 상반기는 통일 굿과 문학자 심포지엄으로 바삐 보내느라 글 한 자 못 쓰고 말았습니다. 후반기에는 어떻게 해서라도 책상머리에 앉아 고난 속에서 창조되고 있는 우리 땅의 소리를 써야 하겠습니다. (이하 생략)

도쿄에서 이회성* 올림

나의 혹독한 잔혹극의 하루는 이렇게 막을 내렸다.

따뜻한 물을 한 대야 떠다 남편의 발을 씻겨주고 나서 나는 거리로 뛰쳐나왔다. 윙윙대는 밤바람 소리에서도, 어둠을 뚫고 치닫는 자동차 헤드라이트에서도 나름대로의 소박한 판타지를 가질 수 있었던 어제까지의 날들이 한낮 그리움으로 손짓하며 뒷걸음질치고 있었다.

오늘 아침 10시를 기해 내 머리 위에 내려앉아 버린 하늘엔 별조차 보이지 않았다. 나는 숲길로 들어섰다. 뛰기 시작했다. 숨이 헐떡이고 가슴이 터질 것같이 아파올 때에야 내가 갈 곳이 없는 것을 알았다.

상가로 나와서부터는 천천히 걸었다. 빵가게 유리문에 50을 넘긴 지 한참 된 낯선 여인이 서 있었다. 긴 오후가 가고, 일몰의 시간이 가고, 자정이 가까워오도록 남의 말만 전달하는 배우 역을 맡아야 했던 그녀의 마비된 안면을 마주 보았다. 풀어주어야 한다! 나는 그녀에게 한 마디 말을 하게 했다.

"아아아아아아아아아아아!"

* **리영희(李泳禧)** 당시 한양대학교 교수. 대표저서로는 『전환시대의 논리』, 『우상과 이성』, 『8억 인과의 대화』 등이 있고, 최근 나온 저서로는 임헌영 민족문제연구소장과의 대화로 구성된 인생회고록 『대화』(부제: 한 지식인의 삶과 사상)이 있음.

* **유인호(兪仁浩)** 당시 중앙대학교 정경대학 교수. 대표저서로는 『한국경제의 재평가』, 『한국경제의 실상과 허상』, 『농업협업화의 연구』, 『민족경제의 발전과 왜곡』 등이 있음.

* **정규명(鄭圭明)** 물리학 박사. 프랑크푸르트 괴테대학 이론물리학과 연구원. 2005년 독일에서 영면.

* **이회성(李恢成)** 재일 한국인 작가. 1972년 『다듬이질하는 여인』으로 아쿠타가와 상 수상. 오구리 감독의 영화 〈가야코를 위하여〉의 원작자.

리영희 선생의 편지

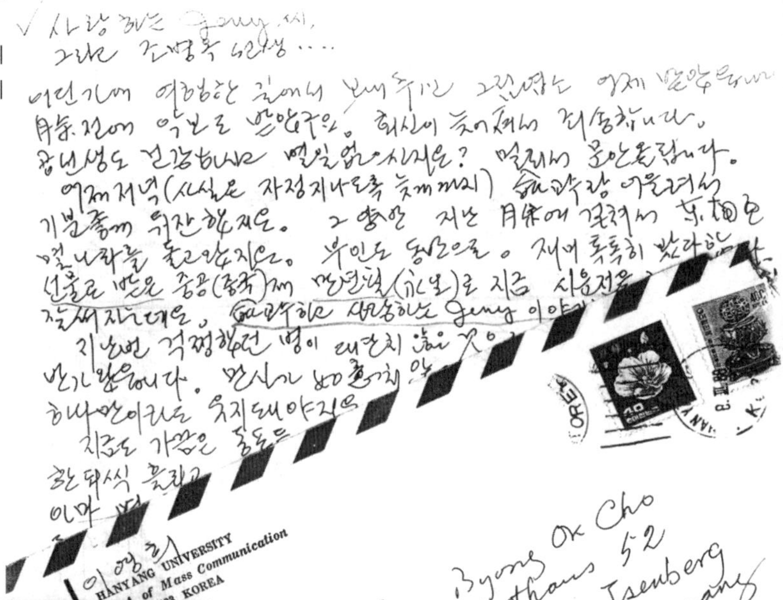

사랑하는 Jenny 씨,
그리고 조병옥 선생....

어딘가에 여행하는 길에서 보내주신 그림엽서는 어제 받았읍니다. 月余전에 우편으로 받았군요. 회신이 늦어져서 죄송합니다. 공선생도 건강하시고 별일없으시지요? 멀리서 문안올립니다.

어제저녁(사실은 자정지나도록 늦게까지) 金교수랑 어울려서 기분좋게 [illegible] 했지요. 그 동안 저는 月余에 걸쳐서 東[illegible]을 몇나라를 돌고왔지요. 부인도 동반으로. 재미 톡톡히 봤다는 [illegible] 선물로 받은 중공(중국)제 면도칼(?)로 지금 사용[illegible] 잘 쓰고 있대요. [illegible] 사랑하는 Jenny 이야기.

지난번 걱정하던 병이 대단치 않은 것으로 [illegible] 보기 좋았읍니다. [illegible] 하나 뿐이라도 웃지 돼야지요.

이영희

HANYANG UNIVERSITY
[illegible] of Mass Communication
[illegible] KOREA

Frau Byong Ok Cho
Am Forthaus 52
6078 Neu-Isenburg
2 West Germany

유인호 선생(사진 왼쪽)과 그의 편지

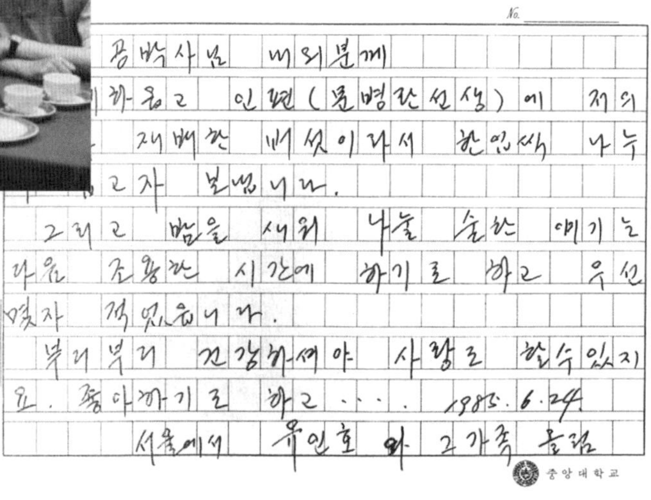

공박사님 내외분께

[illegible]하우고 인편(문병란선생)에 저의 [illegible] 재배한 버섯이라서 한입씩 나누(어 먹)고자 보냅니다.

그리고 밤을 새워 나눌 술판 얘기는 다음 조용한 시간에 하기로 하고 우선 몇자 적었읍니다.

부디 부디 건강하셔야 사랑도 할수있지요. 좋아하기로 하고.... 1983. 6. 24.

서울에서 유인호와 그가족 올림

중앙대학교

22. 병상 인터뷰

단식치료 26일째.

재야인사 9천8백여, '박종철 군 국민추도준비위'

고문으로 학살된 서울대 박종철 군을 추도하기 위해 송건호 민언협 의장, 계훈제 민통련 부의장, 박형규 목사 등 재야 민주인사들은 27일 오전 10시경 민추협 본부에 모여 '박 군 국민추도회 준비위원회' 발족식을 열었다.

이 준비위에는 함석헌, 이민우, 문익환, 지학순, 백기완, 이소선, 이돈명, 이우정 씨 등을 비롯하여 전국 각 계층의 민주인사, 학생들 9천8백여 명이 참가하고 있다.

'박종철 군 추모 및 고문 근절을 위한 인권회복 미사'에서 김수환 추기경은 "이것은 지난해 6월의 부천 성고문 사건, 재작년 9월의 민청년 의장 김근태 씨에 대한 고문사건과 같은 연속적 고문사태의 하나다. 정부, 민정당은 고문 방지를 위한 기구 설치를 제안하고 있으나, 고문이 자행되는 것은 법과 제도의 불비 때문이 아니라 인권존중을 그 본연의 의무로 삼는 공권력이 인권보장에 대한 투철한 정신과 각고의 노력이 없기 때문이라"고 호소했다.

- 1987년 2월 1일자 ≪민족시보≫

나는 읽던 신문을 들고 남편 방을 노크했다.

"여보, 피의자가 아니라 수배자의 소재를 알기 위한 참고인으로 수사를 받았는데, 어떻게 고문까지 받다가 목숨을 잃어요?"

"알고 있어. 그 신문 이제야 왔어?"

"배편으로 오잖우. 당신 오늘 인터뷰, 너무 무리하진 마, 안 해도 되는 거니까."

"약속한 거니까 짧게라도 해주어야지."

"일문일답식은 너무 무리잖우?"

"내가 알아서 할게. 힘들면 중간에 힘들다고 말하지 뭐……."

지난주 연기해 놓았던 헤센 방송국 인터뷰가 있는 날이다. 다다음주 일요일 오후에 나갈 방송 〈외국인, 그들의 망명생활〉 코너 담당 취재팀은 약속보다 반시간 먼저 들이닥쳤다. 마이크, 카메라, 조명 등을 좁은 방 안에 빼곡히 차게 설치하고 나니 약속된 10시가 됐다.

마이크의 스위치를 올리며 기자가 말했다.

"자료를 보면 독터 공께서 연루된 세칭 '동백림 사건'은 한국사회의 공권력 남용이 만들어낸 극도의 폭력정치에 의한 희생물이라 생각됩니다. 윤이상 씨 인터뷰를 통해서 '동백림 사건' 이후 이곳 독일에서 망명생활을 하고 계시는 분들의 고충을 대강 들었습니다. 오늘은 독터 공께서 이끌고 계시는 '유럽 김지하 구출위원회'에 대한 얘기와 한국에서의 악투엘(aktuell: 현실성 있는)한 정치적 문제를 말씀해주십시오. 건강도 안 좋으시니 '일문일답식'보다는, 글쎄요. 독터 공께서 그냥 자유로이 말씀하실 시간을 드려도 좋고요. 중간에 힘드시면 말씀해주십시오."

남편은 일문일답식도 상관없다고 말했다.

"'유럽 김지하 구출위원회'에 회원으로 가입한 유럽인은 어떤 분들인가요?"

"작가, 시인, 정치가, 신학자 등이지요."

"모두 독일인인가요, 아니면?"

"독일인이 가장 많죠., 스웨덴 학자, 그리고 스위스 시인도 있습니다."

"모두 만만찮은 분들이라고 알고 있습니다만, 몇 분만 이름을 알려주실 수 있을까요?"

"프라우 하이네만(Frau Heinemann: 전 독일연방 대통령 부인)을 위시해서, 작가 루이제 린저, 작가 마리에타 파이츠(Marietta Peitz), 작가 귄터 그라스, 신학자 골비처 등이죠."

"정치가로는?"

"에스페데(SPD: 사민당)에 두 분, 그뤼네(Gruene: 녹색당)에 한 분이 있습니다."

"주로 하는 일은?"

"유럽 각 나라에 돌아다니면서 김지하의 문학사상에 대해 널리 알리고 그의 석방 운동을 했죠."

"김지하의 문학사상에 대해, 짧은 시간에 다 여쭈어볼 수는 없겠지만 간단하게나마 말씀해주실 수 있을까요?"

"그의 사상을 서술하는 일은 좀처럼 용이하지 않아요. 미리 만들어진 액면 속에 그의 사상을 맞추어 낀다는 것 자체가 무리한 짓이죠. 그 사람 자신이 밝혔듯이 그의 사상은 기존(旣存)에 속하기를 꺼려해요. 변증법적 발전의 무한대 속에 자리 잡고 있어서요."

"자료를 보면 그의 저항사상과 민중의 저항이 맞물려 언급돼 있던데요."

"기독교적 보편원리로서의 '사랑'은 그의 사고의 다이내믹 속에서 본다면 평화적인 민중의 저항사상과 결합돼요. 민중의 저항은 그 자체가 계급사회에 있어서 억눌린 자들의 집단적 복권행위이기도 하고 '사랑'을 바탕으로 한 제한된 폭력, 즉 사랑의 폭력이기도 해요. 김지하가 내세우는 '폭력'은 억압을 가하는 폭력이 아니라 저항의 폭력, 인간성을 파괴하는 폭력이 아니라 인간성을 회복하는 폭력이죠."

"민중의 저항사상이라 하셨는데 '민중'을 어떻게 설명할 수 있을까요?"

"민중이란 세계정치 무대에서는 제국주의나 신식민주의의 수탈을 받는 약소국가군일 것이고, 자본주의 사회에서는 생산에 참여하되 생산에 대한 본연의 권리를 박탈당한 탈권된 노임대중을 말하고, 그리고 독재체제하에서는 소수 지배자의 횡포와 억압 속에서 신음하는 인간군을 총칭하죠."

"김지하는 민중인가요?"

"내가 김지하 구출운동을 시작할 때 지하의 상태가 어땠는지 알아야 합니다.

그의 입은 숨을 쉬는 일 외에는 아무것도 할 수가 없었어요. 감옥 안에서 그의 손은 보리밥 덩어리를 입에 운반하는 일밖에는 할 수가 없었어요. 그렇게 고문당하고도 또 끌려 들어가고 또 잡히고 또 고문당하고. 결국 그는 민중의 밑바닥 속으로 몸을 던져 그들의 벗이 됐죠. 그리고 민중과 동질화됨으로써 민중 자체가 됐어요. 민중 자체가 되기까지 그 과정을 거치는 동안에 그는 사회공동체 속에서 밖으로 몰려난 저주받은 무리들 속에서 위대한 민중의 파토스와 역사 창조의 바퀴를 돌릴 수 있는 잠재력을 발견합니다. 그는 아직 한 번도 제대로 동력화되지 않은 거대한 민중의 힘에 절대 신뢰를 갖게 됩니다. 그는 남들이 피안에서 찾는 신을 역사 속에서, 그리고 구체적으로는 민중 속에서 찾아냅니다."

"가톨릭 신자로 알고 있는데 그에게 예수는 어떤 존재인가요?"

"지하에게 예수는 계급과 이념을 초월해서 영구혁명을 스스로 체현한 자로 등장하죠. 따라서 궁극적으로는 민중의 억압자까지도 해방시킨다는 사고구조 속에서만 지하의 혁명적 정치신학이 이해될 수 있는 겁니다."

"현 한국 정세에 대해 조금 말씀해주시지요. 금년 초 12대 국회의원 선거에서 기층계급 속에서의 의식화작업과 저변 조직으로 대중운동을 지도해온 운동권이 야당세력에 대거 진출하지 않았습니까? 그 영향이 어떤 변화를 가져올까요?"

"운동권이 일으키는 바람이 어느 방향으로 움직이느냐에 따라서 앞으로 정치기상도가 변화할 것은 사실이지만 이들 운동권의 집단적 정치의지가 그들이 원하는 방향으로 관철되느냐의 여부와 성패의 관건은 역시 얼마나 그들이 대중의 행동적 지지를 받느냐에 달려 있다는 사실도 부인 못합니다.

잠자고 있는 대중의 잠재역량을 동력화해서 그걸 대중 자신이 원하는 새로운 질서창조로 연결시키는 운동 속으로 수렴해가기 위해서는 운동권과 기층계급 간에 의식의 동질화 작업은 물론 행동적 연대와 공통된 투쟁경험의 축적이 있어야 되리라고 봐요."

"그들, 소위 운동권들이 추구하는 정치이념도 모두 같다고 볼 수는 없을 텐데요."

"정치이념은 물론 조직원리, 운동전략, 그리고 무엇보다도 상황분석 면에서 다소간 차이는 있겠죠. 하지만 그들이 추구하는 정치적 이상과 움직이는 방향에 있어서는 일치한다고 봅니다."

"구체적으로 예를 들면?"

"그들이 원하는 것이 사회의 부분수리나 국부치료라는 개량주의의 처방이 아니라 체제의 근본적인 구조, 즉 틀의 개조에 있다는 것은 쉽게 알 만해요."

"분단상황 속에서의 틀의 개조작업이란 게 쉽지 않을 텐데, 여러 가지 준비과정도 필요하겠지요?"

"남한에서 새로운 체제를 만들기 위해서는, 그리고 거시적으로는 남북통일이라는 민족적 지상과제를 조기 달성하는 방향으로 남한의 체제 전반을 틀 잡기 위한 과감한 작업의 대전제로 대충 세 가지를 생각할 수 있을 것 같아요.

첫째는 남한이 미. 일과의 지배 - 종속관계를 청산하고 대외관계에 있어서 민족적 자주노선을 찾는 일이죠.

둘째는 한국 사회 내의 극대화된 사회적, 계급적 모순을 극복하는 일이에요. 우선 경제적 민주주의의 실현을 위해 사회의 물질적 가치가 소수집단에 의해 과독점되는 수탈체제를 벗어나야죠. 정치적 민주주의는 경제적 민주주의 없이는 실현될 수 없다는 것이 우리 역사체험의 교훈이기 때문이죠.

셋째는 한국 사회 속에 만연된 도덕적 타락풍조를 쇄신하는 일이에요. 우리 사회의 지적, 도덕적 생활관이 외래 마취문화의 세례로 돌이킬 수 없이 오도돼 있어요. 미국의 대한정책이 이면성(二面性)을 지닌 기만정책이었다는 것을 깨닫지 못한 채 우리는 40년간 미국을 흠모해왔어요. 최근 한국 내의 기층운동의 본류를 이루고 있는 민족적, 민중적 민주주의 운동이 광주의거 이후 반외세 자주를 이념적 기축으로 하는 민족해방운동으로 질적 발전을 하게 된 이유도 여기서 찾아야 하지 않을까 생각해요."

"힘들었지? 수고 많이 했어요, 여보."

내가 말했다.

"이상하지, 전엔 이렇지 않았는데……. 한참 얘길 하고 있는데 별안간 힘이 빠지는 거야. 밥 굶어서 그런 게 아니야. 모든 게 무의미해지는 거야. 오래 전에 떠났던 집에 다시 들어갔다가 실망해서 도로 도망치고 싶은 기분 같은 거, 그런 거야."

남편은 내가 가지고 올라온 우편물을 대강대강 살펴보며 중얼거렸다.

"난 조마조마해서 혼났어. 당신 닥터가 허락 안 했어. 너무 무리하면 안 된다고 인터뷰 스케줄 취소하라고 했는데……."

"여기, 이런 분들 얘기를 했어야 되는 건데."

그는 뒤적거리고 있던 여러 개의 편지 중 두 개를 뽑아 내 앞에 밀어 보이며 말했다. 하나는 이승만* 목사님 내외분으로부터, 또 하나는 김동수* 교수로부터 온 편지였다.

"아버지를 죽인 북한공산당원을 용서하고 북한 형제들 돕는 일에 앞장선 이런 분들 얘기를 해야 되는 건데……."

"아이고, 어차피 당신 음성은 15분으로 편집되는 거예요. 당신 병 물리치고 일어나면 그때는 그런 얘기 다 하자고요. 차 마시고 당신 눈 좀 붙여요."

"김동수, 이승만, 이분들이 하는 일은 우리 같은 학자들이 주둥아리나 놀리고 있는 거하곤 차원이 달라. '탄압을 받았기 때문에, 기독교가 탄압을 받았기 때문에 남과 북 화해운동에 앞장설 수 있고, 또한 내게 그럴 능력도 주어진 거다'라고 한 김동수 교수의 말……. '내가 공산주의자들 앞에 떳떳이 마주 앉아 대화를 나눌 수 있는 것도 그들이 내 원수이기 때문에 주어진 자격이다. 그들을 용서하고 화해를 청할 자격이 내게 있는 거다', 응? 얼마나 감동적인 말이야. 분단국가의 지식인이 적어도 이 정도는 돼야지.

당신 뉴욕의 이승만 목사님 댁 갔다 와서 눈물 글썽이며 얘기했잖아. 공산치하에서 투옥됐다가 어느 방공호에서 다른 목사님들과 사살당한 자기 아버지를 보고, 아버지가 하지 못하고 가신 사역을 하기 위해 신학공부를 했어. 목사가 됐는데 그럼 그 담에 '원수 갚아야지!' 했느냔 말야. 아버지를 죽인 북한 공산당원을 용서하고 가난에 시달리는 북한 돕는 일에 앞장섰어. 당신이 그 집 방문했을 때 이 목사님 부부가 다른 사람도 아닌 바로 기독교인들에게 용공주의자로 몰려 그 많고 많던 한인 친구들도 발걸음이 끊어졌더라고 얘기했잖아."

"1983년일 거야. 이 목사님이 미국 장로교 총회 아시아 담당 총무로 재직하고 있을 때야. 이 목사님을 친북인사로 매도하는 일부 한국 교계에선 미국 장로교 총회가 처음으로 북한 선교지침을 채택해서 북한 돕기 운동을 하니까 대표 열 명을 애틀랜타 시에서 열리고 있던 총회에 급파해가지고는, 만약 이 의제가 채택되면 북한을 공식 승인하는 결과가 된다고 그 선교지침 채택을 강력히 항의했대."

"그래서? 그게 먹혀들어갔나?"

"안 먹혀들어갔지. 미국장로교 총회가 북한 선교지침을 그대로 채택한 걸."

"흠……."

"그 큰 땅덩이, 미국 내 주요 교단만 해도 서른네 갠가 그렇지 아마? 교인 수만 해도 5,000만인데, 그런 미국 교회협의회 회장이면……. 물론 그땐 미국 장로교회 아시아 담당 총무였지만, 그런 궂은 일 안 하고 제왕처럼 군림하고 편안히 폼 내며 살 수 있어. 혜선이*가 옆에서 같이 고민하고 같이 뛰는 모습도 너무 아름다웠어. 월급 타면 뚝 떼서 어려운 사람들에게 나눠주고, 휴가 받아도 쉬지 않고 돌아다니며 식량부족으로 고통받는 이북 어린이들 밥 좀 먹이자고 호소하러 다니고. 어떻게 일일이 다 말로 해?"

남편은 긴 한숨을 쉬었다. 느닷없는 소나기가 유리창을 두드려댔다.

"참, 난 헛살았어. 헛살았어……."

"왜 그래요, 또?"

나는 짜증 묻은 어조로 말했다.

"민중 팔아먹으면서 주둥아리 놀리다 보니 민중이 저쪽에 서서 나보고 웃어. 흠, 오늘도 죽음이란 놈 앞에 한 발 더 갔는데……. 마지막 인터뷰 치고는 너무 너절하다. 버나드 쇼가 말했지, 죽을 땐 자기 자신이 완전하게 소진된 상태길 원한다고. 이 분들 봐. 이렇게 허루허루를 남을 위해 소진된 상태로 살면서 저녁때가 되면 부끄럼 없이 침대에 드는데. 난 뭐야?"

남편이 말을 마치자마자 내가 말했다.

"아이고, 부끄럼 있이 살자, 좀. 당신 그 '부끄럼 없이 살자'는 거 때문에 나 숨 막혀 죽겠수. 때론 너무 이기적이야. 당신은 당신이 세상에서 이 조병옥이를 가장 잘 알고 가장 사랑한다고 얘기하지만 당신이 날 모르는 게 있어. 당신의 캄캄한 인생 속에 들어와 당신 닮아가며 캄캄하게 살다가도 때론 나도 발작이 나. 도망쳐 나오고 싶어."

"여보, 그게 무슨……?"

"4주째 밥도 굶고 기진맥진한 상태에서 인터뷰도 했어. 건강할 때처럼 만족하겐 못했지만 최선을 다했어. 오늘의 일은 그걸로 족하면 안 되우?

헛살았어, 헛살았어……? 자책을 시작하면 난 어디 가서 숨을 돌리란 말유."

"난 별 뜻 없었는데 당신 오늘 왜 이러지?"

"별 뜻 없이, 별 뜻 없이 날 지치게 하고 있잖아, 난 잠시라도 햇빛을 보고 싶은데 당신이 자꾸 두꺼운 커튼을 내려. 물론 처음에 난 당신의 그 진지함에 뽕 간 사람야. 하지만 젠장 지금 당신은 아픈 사람이잖아. 중환자 병실엔 이따금은 진지함보다 좀 풀어진 시시거림도 필요해."

"여보……."

"내가 가엾지도 않수? 새처럼 날아다니던 내가 새끼 둘 끌고 당신 집에 들어오면서 난 긴장하기 시작했어. 당신 방이 너무 어두워서 연거푸 촛불을 밝혀보고, 화사한 꽃도 꽂아주면서 감옥에서 얼어붙은 당신 가슴에 피 좀 돌게 해주느라 노심초사했어."

남편의 얼굴이 굳어졌다.

"얼굴 좀 펴란 말이야. 그리고 '이만하면 오늘은 됐다' 할 줄도 알아야 돼. 사회학, 정치학 한다는 사람들, 골치 찌푸리지 않으면 무슨 큰일 나는 줄 알아. 오늘만 해도 그래. 몸이 그 지경인데도 해낼 수 있었다는 데 대해 감사할 줄도 알란 말유. 난 이젠 정말 좀 쉬고 싶어. 날 가끔 놔주고 싶어. 당신 정원에 심어져 당신만 보는 꽃으로 사는 게 너무 힘들어……. 난 별 거 원하는 거 아냐. 난, 그만 좀 심각하고 싶단 말야. 감옥에서 풀려 나와 16년이 지났는데도 당신은 걸핏하면 그 속에 들어가 죽치고 앉아 나까지 들어오라고 손짓하는 거 알우? 난 웃고 싶어, 꽃처럼 이유 없이도 웃고 싶단 말이야. 마릴린 먼로는 아니지만 거품목욕탕에 들어가 엘비스 노래 틀어놓고 그놈의 구접스런 심각함 따위 다 내동댕이치고 한번 맵자하게 웃어보고 싶을 때가 왜 없겠수! 하나님도 '젠장, 조병옥!

너, 깐 놈의 거품목욕 한번 해보렴' 하실 거다!"

나는 방을 뛰쳐나왔다. 잠시 주춤거리다가 층계로 뛰어 내려갔다. 5층에서 지하 1층까지 한 번도 쉬지 않고. 켈러(Keller: 지하창고) 문을 열었다. 내일 아침에 먹을 살구 잼 한 병을 꺼내 들다가 미끄러져 그 자리에 주저앉았다. 정지된 시간들이 창고 가득 그물을 치고 있었다. 사위를 둘러보았다. 내 삶의 한 끝이라도 닿아 있어 연대감을 주는 것은 세상엔 아무것도 없었다. 벙어리 거미 한 마리가 나를 지켜보고 있었다.

* **이승만** 당시 미국 장로교총회장. 예일 대학 신학교 신학박사. 시카고 신학대학 박사 학위 받음. 현 버지니아 주 리치먼드 유니온 장로교신학교 선교학 교수.

* **김동수** 미국 버지니아 주 노폭 대학 사회복지학과 교수.

* **혜선이** 이승만 목사의 부인, 평양 이장춘 장로의 딸. 이화대학 의과대학 졸업. 리치몬드 유니온 장로교신학교 부설 과학 · 예술 · 신학연구소 소장.

23. 리해(理解)하시라요

단식치료 27일째.

"난 오늘 기도할 준비가 안 돼 있었던 것 같아."

이해동 목사님의 기도가 그처럼 간절했건만 목사님 내외분이 떠나시자 그는 머리를 양 옆으로 저으며 말했다.

"미안해. 내 고통을 평안으로 가장시키고 앉아 있었을 뿐이야."

나는 나오는 한숨을 삼켜버렸다.

"여보, 하아다크(Hardach) 교수님이 오늘 오셔도 되냐고 묻는데."

나는 화제를 바꿔보려 했다. 학위논문 쓸 때 지도교수였던 분이다.

"내일 오후 괜찮죠?"

"여보, 당신 말만 하지 말고 내 말 좀 들어."

그의 가슴에 뭔가가 치밀어 오르고 있었다. 병 때문에 금연하지 않았더라면 연기를 깊이 빨아 한숨과 함께 직선으로 토해냈을 그였다.

"내가 요즘 너무 많은 사람들하고 지내는 것 같아. 죽어가는 것도 너무 오랫동안 확인시켜주는 것 같고. 없어지려면 빨리 없어지지 이건 너무

긴 작별이야…….”

“없어진다고요?”

“자꾸 허망에 빠진단 말야. 어제 방송 인터뷰 하고 나서도 같은 허망에 빠져 잠을 못 잤어. 사람들 만나 얘기를 하다 보면 내가 그들이 누리고 있는 세상에, 병으로 인한 공포감이 없는 시간 속에 편승하더라고.”

그는 티슈를 뽑아 식은땀을 문질렀다.

“그러고 나서 그들은 가는 거야. 밤이 오면 난 끝도 없는 깊은 나락으로 떨어져. 머리가 깨지고 피를 흘리고…….”

“여보!”

내가 자리를 털고 일어났다. 그는 나를 쳐다보지도 않고 계속 중얼거렸다.

“하루하루가 아무런 연계 없이 열리는 거 정말 못 견디겠어.”

“그만 해!”

내가 소리를 높였다. 아니, 그건 내가 아니라 네 입이었을 게다.

“오늘 목사님의 기도 속에서 난 힘을 얻었어.”

나의 목소리에 무게가 실렸다.

“믿음, 소망, 사랑. 그중에 제일은 사랑이라는 예수의 말. 무슨 뜻인지 첨으로 와 닿더라. ‘믿음을 갖고 있는 속’에서만 사랑이 보이는 건데 그걸 몰랐어. 광야에 나가서도 버티고 견딜 수 있다는 것, 사랑을 가진 믿음의 뿌리로 내려지면 어느 사막에서도 꿋꿋이 서 있을 수 있어. 필요 충족을 위해 갖는 믿음 말고, 응? 이거 내가 당신에게 첨 얘기하는 거 아냐. 당신이, 바로 당신이 ‘해외 남북 기독자 만남’ 때 말한 거야. 기억 안 나우? 호텔 로비에서 말했어, 북에서 온 젊은이에게. 광야에서도 버티고 견딜 수 있는 믿음을 갖자고.”

"그랬나? 당신은 기억력도 좋다……."

1982년 초겨울, 비엔나에서는 해외에 사는 기독교인과 북한 사람들의 만남이 있었다. 2박 3일의 일정 중 둘째 날이었던 것 같다. 점심시간이 끝나자 참가자들은 삼삼오오 거리로 나가 잠시 산책을 즐겼다. 나는 북에서 온 여연구* 여사와 나란히 걸었다.

오전 내내 내린 함박눈이 쌓이고 쌓여 온통 은세계를 이루고 있었다. 그녀와 나는 일행과 좀 떨어져서 걸었다. 긴 침묵이 뽀드득뽀드득 눈길 걷는 소리로만 나타나고 있었다. 다정히 팔이라도 끼고 걷고 싶다는 생각은 그쪽이 먼저 했었던지 내가 다가가 그녀의 왼쪽 팔을 두 손으로 안다시피 끼었을 때 그녀의 눈에 이슬이 맺히는 것을 나는 보았다. 나는 그때 왜 이런 말을 했을까?

"우리 그냥 걸어요, 걷기만 해요, 선생님……. 손잡고 걸으면 거북하신가요?"

나는 그녀의 오버코트에 묻은 눈을 털어주며 말했다.

"아닙니다. 괜찮습니다."

뜻밖에도 그녀는 서울말을 했다. 그러나 억양까지는 어쩔 수 없이 평양쪽의 것이었다.

"……그냥 다시 헤어지기 전에 선생님과 이렇게 산책이라도 하고 싶었어요. 아무 말씀도 묻지 않을게요."

나는 왜 이런 말을 자꾸 하는지 스스로도 알 수 없었다. 그녀는 말 대신 헛기침을 몇 번 하는 것으로 차오르는 가슴을 누르는 것 같았다. 안개로 어두워오는 길 저 너머로 소리 없이 오고가는 자동차의 안개용 노란색 헤드라이트가 듬성듬성 서 있는 예술가들의 동상 머리 위를 스쳐가고 있었다.

그녀가 걸음을 멈췄다. 손목시계를 보았다. 그리고 내 얼굴을 바라보았다.

"돌아가셔야 되나요?"

내가 물었다.

"일없습니다. 시간 있어요."

이번엔 '괜찮습니다' 대신 '일없습니다'라고 말했다. 그리고 무언가 결심한 듯 밭은기침을 하며 내게 물었다.

"첫날……, 남쪽 대표께서 조 선생을 소개할 때 제 옆에 앉은 남녘 동포가 살짝 말해주더군요. 서울 시민회관에서 시립음악단인가를 직접 지휘하신 일도 있었다고요. 정말 대단하십니다."

"아니……."

나는 발걸음을 멈췄다. 얼른 손목시계를 보았다. 우리 두 사람에게 주어진 '자유 시간'이 얼마나 남았나를 확인해야 했다. 그리고 경황없이 말했다.

"선생님. 이런 귀한 시간에 그런 시시한 얘긴 하고 싶지 않은데요. 이게 제게 어떤 시간인데요. 차라리 말 같은 거 하지 말고 그냥 이렇게 걸어요, 선생님……."

그것은 나의 진심이었다. 그러나 어찌하랴. 이때 내게 보여준 그녀의 반응은 오히려 나를 당황스럽게 했으니.

"오늘은 조 선생과 이렇게 산책을 했으니 재미있는 보고를 할 수 있게 됐습니다."

나는 움찔했다. 보고? 아 그렇지, 이분들은 누구와 보낸 시간에 대해 보고하는 저녁시간을 갖는다. 그래, 아무 시시한 얘기라도 그냥 하는 거다. 나는 그녀를 편안하게 해줘야 한다는 생각이 들었다.

"네. 말씀드리지요. 제가 단지 여자라는 이유 때문에 얼마 동안 사람들의 재미있는 볼거리로 상품화된 적이 있었어요. 제가 제 작품을 연주할 경우 작품해석을 다른 사람에게 맡기는 것보다 제가 그냥 해석해주는 게 좋겠다 싶어 '지휘자 워크숍'에 참여한 일이 있어요. 1971년에 서울 시립교향악단 주최로 한 달 동안 남산 음악당에서 열린 행산데 저도 40여 명의 참가자 중 하나였어요. 지도교수는 당시 미국 스탁턴(Stockton) 심포니 오케스트라의 지휘자 원경수 교수였는데, 그때 시립교향악단에서는 지휘자를 양성하기 위해서 '연구 지휘자'를 뽑게 됐어요. 남자 둘에 여자 하나가 뽑혔는데, 뽑히자마자 저는 전국에서 몰려온 기자들에게 쫓겨 다니느라 골치를 앓은 적이 있어요."

"그게 어드래서 쫓겨다닙네까?"

"신문마다 대문짝만하게 제목이 실리길 '드디어 한국에 여류지휘자 탄생!'"

"그거이 맞는 얘기 아닌가요?"

그녀가 조용히 물었다.

"아까도 말씀드렸지만, 말하자면, 음……. 글로 말한다면 수필 쓰던 사람이 시 쓰는 법도 배우러 간 건데 느닷없이 이게 완전히 거품상품으로 뜬 거죠."

"그 후에 오케스트라 지휘는 많이 하실 수 있었겠네요. 어떤 곡을 연주하셨나요?"

"처음엔 당선 축하 공개연주를 남산음악당에서 했어요. 다른 당선자들도 한 악장씩 맡아서 했는데 저는 베토벤의 8번 교향곡 2악장을 연주했죠. 연주 전에, 리허설 때 있었던 일을 생각하면 자다가도 식은땀이 나요. 아이고, 여자 주제에 무슨 오케스트라 지휘냐 하는, 그 사내 단원들의 아니꼬운 표정이라니요. 리허설 하는데요, 지휘봉이 내려지면 소리가 나와야 될 거 아녜요. 그런데 일부러 1초, 2초쯤 늦게 소릴 내주고 나서 저 여성 지휘자께서 뭐라나 표정을 살피는 거예요. 싱글싱글 웃어가면서요. 현악기의 활이 일제히 아래로 그어져야 할 때도 그중 몇 명은 일부러 위쪽으로 홱 그어 올리는 거예요."

"그럼 어떻게 연주를 할 수 있었나요?"

"이제 TV 카메라도 오고 신문기자들이 빽 둘러서서 카메라를 들이대고 녹화가 시작될 시간이 되니까 할 수 없죠, 뭐. 악장 김창환 선생님이 제게 슬쩍 말씀해주시더라고요. '이 사람들 지금 이렇게 야료 부려도 녹화가 시작되면 즈이들 음악가로서의 자존심은 지켜야 하니까 그때는 제대로 연주를 해줄 테니 소신대로 지휘해요. 원경수 선생님이 째려보고 있고 또 내가 옆에 앉아 있으니까 떨지 말고, 알았죠?' 하고 용기를 주었어요."

"베토벤만 연주했나요, 아니면?"

"그날은 베토벤만 했고요. 그 이듬해, 73년엔 이화대학 대강당에서 슈베르트의 8번 〈미완성 교향곡〉 전곡을 연주했죠. 그 후 제가 만든 관현악곡도 시민회관에서 직접 지휘봉 잡고 발표했고요."

"아아, 정말 용하십니다."

"창피한 일이죠. 지휘를 전공으로 공부한 사람도 적어도 10년 이상을 공부하지 않으면 무대에 함부로 올라가는 게 아니라는데, 한 달 만에……. 웃기는 광기였어요. 전, 한번 그렇게 광기가 일어나면 평상시에 하고 싶던 일에 겁 없이 손을 대는 병이 있어요. 그 병 때문에 사람들은 재미있어하지만 저 자신은 또 한 번 망가지는 거죠."

"오후 세미나가 시작됐시오. 어서 들어들 오시랍네다."

호텔 뒷문 쪽에서 검은 제복을 입은 북한 쪽 사람이 여연구 여사를 부르고 있었다. 나는 그에게 재빨리 달려가 사진 한 장을 찍어달라고 말했다.

1981년 가을, 서독에 있는 '조국통일 해외 기독자회'(회장 이화선 목사)는 〈남북 기독자 간의 화해와 대화〉라는 기치를 내걸고 북한 사람(기독교인 중심으로)과 해외 기독교인들을 초청하고 스위스 그바트에서 '통일의 잔치'를 마련한 적이 있다. 그 이듬해 비엔나에서 다시 이 행사가 열렸을 때는 나도 참여한 것이다.

해외, 특히 미국 시민권 소지자들은 평양을 오가면서 헤어진 가족도 만나고 여행도 즐기고 했지만 나로서는 처음 있는 일이라 적잖게 긴장해 있었다. 옷도 검은 치마에 흰 블라우스를 입고 구두는 되도록 너무 높지 않은 것으로 준비하는 등, 단정하게 보이려고 무척 신경을 썼다. 겨우 3박 4일 동안이었다. 그 짧은 시간을 그들과 허심탄회하게 접촉하면서 어느새 구면지기처럼 친근해지고 만 것은 전혀 예측하지 못했던 결과였다.

겉보기에 그들이 우리와 다른 점은 가슴에 배지를 달고 있는 것뿐이었다. 회의 중에 특이하게 보이는 것도 있었다. 그들에게는 개인의 의견을 말하는 일이 없었다. 사전에 준비과정을 갖고 합의된 의견을 발표했고, 발표하는 사람의 서열도 정해져 있기 때문에 자유토론에 들어가면 준비된 답이 없을 때가 있었다. 이런 경우엔 아예 말을 하지 않고 있는 것이 특이했다.

그런가 하면 남쪽에서 온 참석자들이 자유토론에 들어가면 준비가 됐건 안 됐건 너도나도 한 마디씩 하는 통에 시간만 끌고 있을 때도 많았다.

우리가 통일을 위해 새벽기도회를 하는 거니까 예수를 안 믿는 당신들이지만 협조해주면 좋겠다고 했는데 남한 측에서보다 오히려 북한 사람들이 더 많이 참석했고 그들은 지각도 하는 일이 없었다.

사과만 먹으면 알레르기 반응을 일으켜 목구멍이 부어오르고 눈이 충혈되어 며칠씩 고생을 해야 하는 나를 가까운 친구들은 다 알고 있었다. 그런 나에게 큰 사과 한 개를 들고 와 먹어보라고 권하는 북의 청년이 있었다. 그때 남쪽 사람들은 그와 나와의 이 짧은 만남을 '예외적 교류'라고 칭하며 즐거워했다. 농약 때문에 먹지 못한다는 말을 하자 이 사과는 자기가 직접 가지고 온 것이고 북에서는 농약 같은 거 절대 치지 않으니 안심하라는 것이었다. 칼을 들고 껍질을 깎으려 하자 그는 껍질째 잡숴보라고 했다. 나는 그래도 걱정스러워 쥐똥 만하게 몇 조각 잘라 조심스럽게 입에 넣었다. 그 큰 사과 한 개를 다 먹어 치울 때까지 사람들은 나를 지켜보고 있었다. 정말 아무 일도 없었다. 내가 사과를 먹을 수 있다니. 잊을 수 없는 추억이었다.

남측, 북측이 하루 저녁씩 맡아 만찬을 베풀었다. 남측에서는 우리가 머물고 있는 호텔 측에 맡겨 음식을 준비했다. 북측이 우리를 초대한 날 한복을 차려입고 만찬회장으로 들어가던 나는 그만 그 자리에 굳어져 버렸다. 덴마크 영화 〈바베트의 만찬〉을 연상케 하는 희한한 음식들이 푸짐하게 진열되어 있었다. 동포 대접한다고 북에서 직접 들고 온 것이라고 했다. 멍게, 생굴, 전복 회, 간장게장, 가자미식혜, 러시아산 고니, 홍어찜, 북어찜, 대하 등 각종 해산물에다가 청포묵. 각종 젓갈, 그리고 과일과 떡……. 헤아릴 수 없이 많은 음식이 뷔페식 테이블에 전시되어 있었다. 음식이라기보다는 하나하나가 예술작품이었다.

만남 3일째 되는 날, 비엔나 시내관광 스케줄로 들어가면서 남측과 북측은 처음으로 섞여 앉게 됐다. 유럽에 오래 살았다는 이유에서인지 안내는 조병옥이가 맡으라고 했다. 내가 비엔나에 대해 아는 것이 아무것도 없다는 사실을 아는 사람은 없는 모양이었다. 안내용 마이크를 잡는 순간 나는 문득 북녘 동포들을 좀 즐겁게 해주어야겠다는 생각이 들었다.

"차내에 계신 사랑하는 동포 여러분, 이제 우리는 그 지루하고 긴 통일 공부를 마치고 이 아름답기 그지없는 예술의 도시 비엔나를, 그것도 눈이 펄펄 내리고 있는 이 꿈의 도시를 관광하겠습니다. 에에, 지금 오른쪽에 보이는 건물은 400년 전에 지은 법원건물로서……."

여기까지 말했을 때 미국과 캐나다에서 온 교수들이 큰 소리로 웃기 시작했다. 김동수 교수가 북한 동포들을 위해 잠깐 보조설명을 해드리겠다고 하면서 자리에서 일어났다. 그의 고향은 이북이었다.

"허허허, 거저, 거저 저 건물이 아주 오래된 건물이고나, 거저 고렇게 생각하시믄 됩니다. 데 모사니, 우리 조 교수님의 안내를 구라파 여행 올 때마다 여러 번 받다 보니, 거 400년 됐느니 500년 됐느니 하는 건 다 곧이듣지 않는 게 상책이라는 걸 알았습네다. 이따 호텔 방에 가서 팜프렛 읽어보시면 다 아시게 될 겝니다."

모두들 박수를 쳤다. 나는 계속했다.

"동포 여러분, 이자 오른쪽을 한 번 보시라요."

그들은 일제히 오른쪽으로 목을 돌렸다.

"다음은 왼쪽을 한 번 보시라요."

모두들 왼쪽을 내다보았다.

"보시다시피 아무것도 없습네다."

으핫핫핫. 남쪽 사람들이 배꼽을 잡고 요절복통 웃는 동안 북녘 동포들의 얼굴은 어리둥절이었다. 북한 동포를 좀 실컷 웃겨드려야겠다는 나의 의도는 이번에도 빗나갔다. 남쪽 사람들은 옆에 앉은 북의 동포들에게 설명을 따로 해주느라 바빴다. 여연구 여사만은 즉각적인 반응을 보이며 활짝 웃었다. 그녀는 나의 장난기를 알아챈 것 같았다.

시내 관광을 마치자 약 한 시간가량의 자유시간이 주어졌고 나는 지체 없이 여연구 여사에게 다가가 눈길을 함께 걷지 않겠느냐고 청했던 것이다. 생각지도 않았던 그놈의 '시립교향악단 연구지휘자' 얘기만 안 나왔어도 우리 둘의 시간은 비엔나의 하얀 겨울과 함께 오래도록 하얗고 깨끗하게 남을 수 있었을 텐데 하는 생각을 나는 지금도 한다.

고작 두 밤을 자고 떠나는 북의 동포들이 한 명씩 셔틀버스에 오르고 있었다. 나는 아직도, 지금 무슨 일이 일어나고 있는 건지 알지 못한 채 낯선 이별 앞에 멍하니 서 있었다. 여연구 여사는 이 조병옥이가 뚫어지게 보고 있다는 사실을 모를 리 없을 텐데도 끝내 고개를 돌리지 않고 버스에 올랐다.

그때였다. 그 청년이, 나에게 공해 없는 북의 사과를 들고 와 먹어보라고 권했던 그 청년이 우리 남쪽 전송객 쪽으로 뛰어오는 것이 보였다. 그는 그 많은 사람들 앞에서 나를 와락 안았다. 그리고 비명처럼 말했다.

"누님, 남녘 동포들이 누님을 자꾸 안는 걸 여러 번 봤드랬어요. 리해(理解)하시라요. 저도 한 번 누님을 꼭 안고 싶었습네다. 잘 가시라요. 통일되면 만나자우요……."

나는 울지도 못했다.

눌려진 숨통 밑으로 터져 나오는 그의 통곡을 싣고 버스는 움직이기 시작했다.

어느새 인간들의 발자취를 사그리 지워버린 눈길 위로 두 개의 긴 평행선을 그으며 버스는 점점 우리들 시야를 빠져나갔다.

왜 하필 그 순간 나는 그따위 생각을 떠올리며 쓴 웃음을 삼켰는지. 후에 이런 걸 '통일의 발자취'라고 하며 우쭐해할지 모른다는 생각을.

* **여연구(呂燕九 1927~1996)** 여운형(呂運亨)의 딸. 1947년 이화여자전문학교 재학 중 월북하여 모스크바 대학에서 영문학 공부. 1981년 조국통일민주주의전선 중앙위원회 서기국장 때부터 북한 정치가로 활약하면서 1984년에는 제네바 국제의원연맹 총회, 1985년에는 나이로비 세계여성대회에 참가했고 1989년에는 범민족대회 대표 및 제13차 세계학생축전 남북회담 대표로 활동. 1991년에는 〈아시아 평화와 여성의 역할〉 서울 토론회에 북한 대표로 참가함.

눈길을 함께 걸었던 여연구 여사(오른쪽)와 저자

24. 멸치 볶는 사람

단식치료 28일째.

"내 글 읽고 모처럼 즐거웠대."

내가 말했다.

"글?"

"단상 하나 써서 보냈잖우, 토론토 ≪뉴코리아 타임스≫에……."

"신문 왔어?"

"신문도 오고, 당신이 사랑하는 범구 씨한테서 편지도 오고. 읽어줄게."

(전략)

어떤 순간에도 결단할 수 있기 위해서는 자신의 순간순간 삶마다 진실하지 않으면 안 된다는 생각도 오래 잊고 있다가 선생님을 뵙고 다시 생각해내게 됐습니다. 최후의 순간을 맞아 아무 준비 없이 자신의 인생이, 후회와 허점, 과오투성이라는 것만을 확인하게 된다면 얼마나 허망할까요. 새삼 절대자 앞에서 자신의 교만을 뉘우치며, 언제 어느 순간에 부름을 받더라도 또는 결단을 요구받더라도 자신의 삶의 자리를, 잘 개켜진 아침 잠자리같이 정리된 모습으로 확인하고 갈 수 있다면 좋겠다는 생각을 합니다.

한동안 지저분한 정치인들의 입에서 '마음을 비웠다'느니 하는 소리가 유행했습니다만 마음을 비운다는 것이 얼마나 어려운 것인가를 느낍니다. 막상 마음을 비우고 나면, 즉 아집을 버리고 탈아(脫我)하고 나면 그게 바로 법의 세계요, 무한 자유로움의 세계인데, 세속에 발 담그고 그 속에서 기생해 나가는 속인으론 그게 참 어렵다는 것을 또 한 번 느낍니다.

선생님 뵙고 돌아오면서 백기완* 씨의 「전지요양의 길목에서」란 시를 떠올렸습니다. 다 기억나지는 않지만 요지는 '어떤 외부적 환경의 압력에도 굴하지 않고 불사조와 같은 의지로 일어나 되돌아오겠다'는 결의를 다진 시였던 것 같습니다.

선생님, 이겨내시리라 믿습니다.

적적하실 듯하여 수다 좀 떨었습니다.

저의 수다보다는 이번에 조 선생님이 토론토 신문에 쓰신 「박수」라는 글이 선생님을 더 즐겁게 해 드릴 것이라 믿습니다. 온 식구가 모처럼만에 웃었습니다.

1987년 3월 정범구* 올림

"「박수」라는 글도 읽어줘 봐. 오늘은 기운이 달려서 산책은 못 하겠어."

기운이 달리는 것은 나도 마찬가지였다. 나날이 힘겨워지는 책임감이란 놈이 이제는 더는 못 해낼 것 같다고 자리차고 일어서려는 것을 나는 들고 있던 ≪뉴코리아 타임스≫ 신문지로 덮어씌워 버렸다.

|단상| **박 수**

연주가 끝나면 박수를 친다. 박수야 누구나 다 손바닥으로(발바닥이 아닌)

치는 것이니 그 소리에 있어선 누가 쳐도 다를 게 없다. 헌데 그 박수의 질을 관찰해 보면 각양각색이다.

죽기 아니면 살기로 치는 '열정파 박수'가 있는가 하면 남이 치니까 마지못해 치는 '체면 박수', 치기는 치는데 소리가 안 나는 소위 '나이롱 박수'도 있다. '아첨 박수'라는 게 없을 수 없다. 박수갈채를 받는 사람이 자기의 출세와 관계가 될 때는 그 사람이 보는 앞에서는 소리도 제스처도 커진다. 크게 치는 박수 중엔 본인이 알아주거나 말거나 오래오래 손바닥이 부르트도록 치는 게 있으니, 국내 연주자에게는 인색하기 짝이 없지만 외국인 연주자 앞에서만은 필요 이상으로 열광하며 쳐주는 '사대주의 박수'다.

친한 친구가 연주회를 갖는다니 생전 안 매던 넥타이를 추켜 매고 음악회 관람석에 앉아는 있으나 도무지 남에게 갈채를 보낼 경황조차 없는 '10년 실업자의 박수'는 보기에도 딱하다. 눈동자를 반쯤 아래로 깔고 그것도 박수랍시고 틱틱 치고 앉아 있는 꼴이라니.

그런데,

이 박수를 받는 연주자의 모습도 가지가지다.

연주자(혹은 작곡자)는 연주가 끝나는 즉시 절을 한 번 깊숙이 머리 숙여 하고는 무대 뒤로 일단 사라진다. 팬들이 많고 잘 알려진 연주자의 경우 막 뒤에 들어가 땀도 닦고 주스도 한 잔 마시고 환하게 웃는 얼굴로 우아하게 다시 무대에 나타나 앙코르 박수에 답례를 한다. 여유만만하게 들락날락 여러 번 해도 박수는 끊이지 않는다.

하지만 이름이 알려지지 않은 연주가의 경우 박수를 길게 받기가 좀처럼 어렵다. 막 뒤에 들어가서 언감생심 주스라도 마시다가는 모처럼 연습해 놓은 '들락날락 절 연습'은 허사로 돌아가기가 일쑤다. 연주 끝난 직후 괜스레(?) 동서남북에 일일이 절을 하며 어정거리다가 박수가 뚝 끊이지니까 경황없이 무대에서 사라지는 초년병들의 모습도 볼 수 있다.

나의 은사 나운영 교수가 내게 농담처럼 하신 말씀이 있다.

"어허, 박수를 받는 비법을 아직도 모르는군. 곡(曲)의 끄트머리가 이렇게 조용히 끝나면 우레와 같은 박수는 받기 틀리는 거예요. 고함을 지르듯이 포르테(forte: 강하게)로 1, 2분 끌다가 칼로 자르듯이 끝나게 작곡해야 열광적인 박수를 받는 거라니까요."

얼마 전, 나는 국내 어느 퇴직교수로 부터 서울에서 열린 '시낭송의 밤' 녹음테이프를 전해 받았다. 내가 이화여고 다닐 때 교육학을 가르쳐 주신 성내운(成來運)* 교수님이 낭송하셨다.

껍데기는 가라, 4월도 알맹이만 남고
껍데기는 가라, 동학의 아우성만 살고

그리하여 이곳에선 아사달 아사녀가
중립의 초례청 앞에 서서
부끄럼 빛내주며 맞절할지니

껍데기는 가라, 한라에서 백두까지
향그런 흙 가슴만 남고
그 모든 쇠붙이는 가라

(신동엽 시)

이어서 김지하의 「타는 목마름으로」, 양성우의 「청산이 소리쳐 부르거든」도 낭송되었다. 시종 외워서 읊으시는 성 교수님의 음성을 듣고 있던 나는 길게 앉아 있던 자세를 곧추세우지 않으면 안 되었다. 참으로 굉장한 퍼포먼스였다. 일시에 피가 일고 열이 끓어올랐다. 낭송도 일품이거니와 끝날 때 박수를 받으시는 모습 또한 특이했다.

"박수를 치십시오, 크게요!"

그는 큰 소리로 말했다. 시를 읊어가는 동안 나는 그가 하나의 시 낭송자나 시 전달자가 아닌, 그 시가 전하고자 하는 살아 있는 메시지로 느껴졌다.

그가 받고자 하는 박수는 무엇인가?

감옥에 있을 때 로터스 상을 타게 됐다는 소식을 들은 김지하가 수상소감으로 남긴 말을 기억한다.

"이 상은 이 세상에서 쫓겨나 고통의 바다를 헤매면서도 끈질기게 투쟁하는 우리 민중 전체의 지혜로운 삶의 노력에 보내는 상으로 받아들이겠습니다."

"여보, 난 가끔 그런 생각을 해. 장례식에서들 질질 울잖아? 울지 말구 박수치면 어떨까? 내 얘긴, 아주 멋있게 살다가 가신 스승이나 선배, 혹은 나라님도 좋아. 순국열사면 더 좋고. 장엄한 음악을 배경으로 영정이 장례식장을 떠날 때 뜨거운 박수로 보내드리는 거야, 응? 어때요?"

남편은 픽 하고 웃었다.

"그 죽은 사람이 모든 이의 박수를 받을 만한 자격이 있다 없다는 누가 정하는 건데?"

나는 대답을 못 했다. 우리는 한참 침묵했다.

"여보, 근데……."

내가 불쑥 말했다.

"모택동을 봐. 모든 중국 사람의 박수를 받고 있지 않나?"

"흠. 모택동 어록만 놓고 보자구. '붉은 성서'로 지칭될 만큼 이 어록이 중국 사람들 사이에 갖는 비중은 엄청나. 일종의 신앙고백의 대상으로까지 격상돼 있지. 하지만 그건 다분히 관의 강제력과 민의 자발적인 수용이 기술적으로 절충돼서 탈 없이 이루어진 효과라고 봐야 돼."

"그럼 그게 언제 가서는 박물관 구석에 뒹굴러 다닐지도 모른다고?"

"사람이 보내는 박수는 오래 안 가. 역사가 주는 박수라야지."

"흠……."

"그런데 이거 무슨 냄새야?" 남편이 물었다.

"응, 미안해, 아침에 멸치 좀 볶았거든……."

"나도 멸치 좀 볶을 수 있었으면."

"그게 소원이유?"

"박수는 안 받아도 좋아. 내가 제일 부러운 건 멸치 볶는 사람이야……."

"그래요! 당신 42일 단식 끝나면 우리 집 멸치볶음은 몽땅 당신이 맡아, 알았쥬?"

* **백기완** 재야 정치인, 통일문제연구소 소장.

* **정범구** 전 국회의원. CBS 시사토크 진행자. 저서: 『정범구의 세상읽기』 등.

* **성내운(成來運)** 교육학자. 전 광주대학교 총장(총장 재직 당시 핵발전소 반대 성명서 발표).

25. 뮌헨의 휴일

단식치료 29일째.

카메라만 달랑 메고 뮌헨 거리 관광에 나섰다. 여러 번 다녀간 곳이지만 혼자만의 자유를 누리기는 오늘이 처음이었다. 마리엔 광장(Marienplats) 쪽으로 방향을 잡았다. 루드빅스 가(Ludwigs str.)를 지나 테아티너 거리(Theatiner - str.)를 거닐면서도 나는 줄곧 그 생각만 했다. 누가 내 뒤를 밟고 있다. 뒤를 돌아다보지 말자. 뒤를 돌아다보지 말자……. 영화 제목은 잊어버렸지만 노처녀 캐서린 헵번의 뒷모습에 뜨거운 시선을 꽂고 있던 이태리 영화배우 로사나 브라지, 그 화사한 아이보리색 신사복의 사나이가 지금 내 뒤를 쫓고 있다.

마리엔 광장 마당카페 한구석에 자리를 찾아 앉았다. 맥주부터 주문했다. 뢰벤브로이(Loewenbraeu) 맥주병에 그려진 사자 녀석 궁둥이가 오늘따라 왜 그렇게 만져주고 싶도록 귀여운 건지. 나는 그 초록색 맥주병을 번쩍 들어 달아오른 내 얼굴에 비벼댔다. 아, 이 안온한 차가움.

'누가, 어떤 놈이 날더러 늙었대? 캐서린 헵번이 그 영화 찍을 때도

서른 중턱을 훨씬 넘겼을 때야. 난 마흔 중턱을 넘겼지만 그건 아무도 짐작 못해!'

나는 손거울을 꺼내 얼굴을 들여다보았다. 에구머니, 이게 꿈인가 생신가! 거울 속 저편에 아이보리색 재킷을 걸친 로사나가 나를 뚫어지게 쏘아보고 앉아 있는 게 아닌가! 아냐, 쏘아보는 대상이 내가 아닐 수도 있어. 선글라스를 썼으니 딴 데를 보고 있는지도. 한번 돌아다볼까? 아냐, 그렇게 싸게 놀 때가 아니지. 그럼 어쩌나. 그래도 궁금하다. ……가만있자, 얼굴 좀 다시 손질하고. 나는 다시 손거울을 꺼냈다. 어, 이게 어떻게 된 일이야? 거울 속 로사나가 없어졌다. 온 몸의 힘이 퍼스르르 빠져나가는 것을 느꼈다. 나는 몸을 홱 돌려 그가 있던 자리를 살펴봤다.

"구텐 탁(Guten Tag: 낮 인사), 프로이라인(미스)……."

그는 어느새 내 옆구리까지 바싹 다가와 손을 내밀었다. 독일 사람은 처음 만나는 사람과도 곧잘 악수로 첫 인사를 한다.

"제 이름은 게하르트 훼퍼(Gehardt Hoever)입니다. 여기 같이 앉아도 되겠습니까?"

"네? ……네."

반짝이는 흰 이를 드러내며 그는 사람 잡는 고운 미소를 던지고 있었다. 40은 아직 안 돼 보였다. 가슴 뛰는 소릴 들킬세라 나는 공연한 헛기침을 연거푸 했다.

"혹시 야판(Japan)에서 오셨나요?"

"네? 케헤헤헤……."

떨고 있던 속 공기를 나는 생각지도 않은 야릇한 웃음으로 뱉어내 버렸다. 그리고 저절로 말문이 트였다.

"실망인데요."

"아, 실례를 한 것 같습니다. 저는 그냥……."

"용서해 드릴게요. 독일인은 자국민 다음으로 반기는 게 일본인이니까요."

"아니, 무슨 말씀을……."

그는 맞은편에 앉았다. 선글라스를 벗는 순간 나는 처음으로 로사나의 환상에서 깨어났다. '녀석, 선글라스 좀 그대로 걸치고 있지 않고설랑.' 그의 콧등 아래쪽만 보았을 때가 더 좋았다는 생각이 스쳐갔다. 그는 내게 명함 한 장을 내밀었다. 얼듯 훑어보니 영화제작자 겸 영화감독이었다. 명함과 그 사내의 얼굴을 번갈아 훑어보고 있던 나는 '당신도 뭐 마실 거를 시키라'고 제법 여유 있게 말했다. 매력 없이 생긴 남자는 여자를 긴장시키지 않는다는 것을 알았다. 그는 궁금해 못 견디겠다고 하면서 내게 물었다.

"독일인이 자국민 다음으로 일본인을 선호한다는 얘기는 무엇인가요? 2차 대전 동맹국이었다는 거 때문인가요?"

"그건 오히려 제가 물어볼 말인데요. 독일인이 일본인 다음으론 누굴 좋아하는지도 저는 아는데요."

"……?"

호기심 이는 그의 눈동자가 아까보다는 귀여워 보였다.

"개 아닌가요?" 내가 말했다.

"하하, 개라고요?"

"그 담엔 고양이고요."

"아니, 프로이라인……."

그는 자기 손뼉을 여러 번 쳐가며 웃었다.

“저, 프로이라인이 아니라 프라우(Frau: 영어로 미시즈) 공인데요.”

“프라우 공, 그런 얘긴 어디서 들으셨는지 모르지만…….”

“고양이 다음으로 귀히 여기는 게 있죠, 개똥!”

“나인, 나인(아니, 아니), 하하하.”

그는 앉았던 자리에서 일어나 하늘을 향해 두 손바닥을 벌리고 한 바퀴 돌더니 다시 자리에 앉았다.

“아직 안 끝났는데요. 개똥 다음으로 인정해주는 게 있죠. ‘터키 노동자들’. 당신네들 필요에 의해 수입된 노동인력, 온갖 더러운 일은 다 맡아서 하는.”

그의 표정이 굳어졌다.

“제 뒤를 좇으셨나요?”

나는 한참 망설였던 질문을 했다.

“그럼요.”

그는 서슴지 않고 대답했다.

“굉장히 당연한 일을 하신 것같이 대답하시네요.”

“그럼요. 음……. 짧은 만남, 짧은 대화였지만 프라우 공이 저를 완전 매료시켰습니다. 저는 지금 제가 제작하고 감독하는 필름(Film)에 출연할 여배우를 찾고 있습니다.”

켁? 놀란 나 대신 식탁 위의 냅킨이 하릴없이 펄럭댔다. 미동도 없이 앉아 있는 나를 한참 보고 있던 그가 또 한마디를 뱉었다.

“한국 여자를 찾고 있어요.”

푸하하하, 나는 소리 내어 웃었다. 그는 왜 웃느냐고 물었다.

"혹시 생기다 만 한국 여자를 찾으십니까?"

농담이 흘러나올 정도로 나의 긴장이 제법 풀려가고 있었다. 잠시 코밑수염을 만지작거리며 앉아 있던 그는 짐짓 심각한 표정을 지으며 나를 제법 다정하게 불렀다.

"들어보세요, 프라우 공. 난 당신을 거의 네 시간 동안 지켜보고 있었어요. 당신이 묵고 있는 루드빅스 호텔에 친구 만나러 갔다가 로비에서 당신이 여러 친구들과 이야기를 하는 모습, 장난치는 모습, 그리고 헤어지는 장면도 멀리서 지켜보았지요. 식사하실 때도 바로 옆 테이블에 앉아 당신을 지켜보고 있었습니다."

"진짜로 웃기시네요. 호호, 설마 시방 나더러 영화 출연하라는 건 아니겠죠?"

"프라우 공, 아무것도 결정된 게 없습니다. 오늘 저녁에 극본을 가지고 조감독이 찾아갈 것입니다. 지금 묵고 계신 호텔로요. 우선 읽어보시고 제게 전화를 주시면 제가 호텔로 찾아뵙겠습니다. 프라우 공이 맡으셨으면 하는 주인공은 율리아(Julia)와 테레사(Teresa)라는 쌍둥이입니다. 그럼 오늘은 이만."

뭐라고 말도 못하고 눈만 껌뻑거리는 사이에 그는 찻값을 계산하고 손을 흔들어 보이며 사라졌다.

나는 자리에서 일어났다. 숙소 쪽을 향해 걷기 시작했다. 캐서린 헵번으로 '마리엔 광장'에 왔던 조병옥이 율리아로 변신해 '테아티너 거리'를 걷고 있는 것이 쇼윈도를 통해 영상처럼 지나가고 있었다. 나는 윈도 속의 여인에게 손을 흔들어주었다. 그리고 계속 걸었다. 나를 정지시키는 것은 아무것도 없었다. 그 많은 신호등조차도 줄줄이 초록빛으로 열리고 있었다.

뒷머리 옆머리를 빵 돌려 기계로 밀어 올리고 머리꼭대기에만 꼬슬꼬슬한 파마머리가 남겨져 있어 마치 '백두산 수리취'를 연상케 하는 헤어스타일의 청년이 시나리오를 들고 왔다. 조감독이라고 자기를 소개하면서.

"쾰른(Koeln) TV 방송국에서 훼퍼 스튜디오(Studio)에 위촉한 작품입니다. 제목은 〈2021년 — 세 번째 밀레니엄으로 가고 있는 교회〉고요. 45분을 한 꼭지로 다섯 시리즈를 찍는데 일단 한 번 읽어보시고 전화 주십시오."

"그러니까 TV 드라마인가요?"

내가 물었다.

"스토리는 드라마로 엮어지지만 반 이상이 다큐입니다. 읽어보시면 아실 겁니다."

극본을 받아들고 나는 공원 벤치를 찾아 가 앉았다.

주로 제3세계를 취재하는 문화부기자 겸 리포터, 팀(Tim)은 유태계 독일인이다. 한국 간호원 율리아(Julia: 천주교 이름)와 가정을 이루고 이곳 뮌헨 근교에서 10년 가까이 살고 있다. 어느 날 그는 한 기독교 기관에서 연구위촉을 받는다. 인도, 가나, 콩고, 태국 그리고 코리아를 여행하며 그들 각 나라의 정치적, 사회적 상황을 취재하는 한편 그 나라의 토속적 종교문화의 역사와 실태를 조사하여 기독교와의 접목을 위한 미래 아시아의 비전을 제시하는 프로젝트다.

극심한 가난으로 인해 여기저기로 흐트러진 가족의 생존 여부도 모르고 살고 있던 율리아는 남편 팀(Tim)이 그 프로젝트를 위해 한 달 이상 한국여행을 하게 된다는 말을 듣고 자기의 쌍둥이 자매 테레사(Teresa)를 찾아봐 달라고 부탁한다.

자매가 나란히 서서 영세받을 때의 사진을 지니고 한국으로 떠난 남편에게서 반가운 전화가 온다. 드디어 테레사를 찾았다는 소식이다.

프랑크푸르트 공항, 쌍둥이의 감격적인 상봉 장면을 읽다가 나는 훼퍼 감독에게 전화를 걸었다.

"제가 율리아인가요, 테레사인가요?"

"둘 다죠."

"네? 둘 다요?"

"아, 네. 그건 기술적으로 가능합니다. 프라우 공, 늦어도 12월 초부터는 크랭크인(crank in)해야 되니까 각본 읽으시는 즉시 여기 조감독과 얘길 나누시고 나서 떠나셔야 됩니다."

"아직 하겠다고 안 했는데요."

"물론 안 하셨죠. 계약 조건부터 사소한 디테일까지 일단 조감독과 얘기를 나누시고 나면 그 담엔 카메라 감독을 만나시고, 그리고 오신 김에 율리아의 남편 역을 맡은 클라우스까지 만나고 가셔야 합니다."

"하나만 더 묻겠습니다. 율리아는 그냥 평범한 가정부인인가요?"

"네? 무슨 말씀인지?"

"추천할 만한 한국 여자가 있어서요. 얼굴도 뛰어나게 예쁘고, 끼도……."

"프라우 공, 나는 배우를 찾을 때 사진으로 찾지 않습니다. 감각으로 찾지요. 일단 끝까지 읽어보셨으면 합니다."

나는 끽 소리 못 하고 수화기를 놓았다.

밤사이 극본을 다 읽고 아침 8시에 호텔 카페에서 조감독과 마주 앉았다.

"제 심정을 솔직히 말씀드리겠습니다, 헤어(미스터)……."

"베르크(Berg)입니다."

"헤어 베르크. 우선 이 율리아라는 주인공 속에 제 감정 이입이 힘들

것 같아요. 제가 배우가 아니라서 그런지, 별로 구미가 당기는 역이 아니네요."

"네. 그럴 수도 있겠죠. 벌써 촬영이 완료된 거부터 말씀드리지요. 율리아와 테레사는 쌍둥인데 이 자매가 다섯 살 때 한국 어느 성당에서 영세를 받아요. 그 장면은 벌써 찍어왔어요. 나중에 보시면 아시겠지만 그 아이들의 모습이 프라우 공과 비슷해요."

"맙소사."

"한국의 전통 예식, 장례식의 상여 등 모두 찍어왔어요. 그리고 참, 또 하나. 어젯밤, 감독님과 스탭들 모임에서 결정된 건데 이 작품 전체의 흐름을 이야기로 해주는 내레이션이 굉장히 중요하거든요. 그런데 그걸 프라우 공이 맡으면 정말 좋겠다고 했어요."

"내가요?"

"프라우 공의 독일어 발음은 포라겐(Vorragen: 뛰어난)하다고, 아주 음악적이고 역동적이라고 감독님이 말해서."

"그거 하면 출연료도 올라가나요?"

"물론이죠."

"얼마나 주시는데요?"

"우선 율리아와 테레사가 나오는 신만 찍는 데 3주 내지 4주를 잡습니다. 출연료는 1만 5,000마르크 잡고 있습니다. 물론 내레이션은 엑스트라로 지불하고요."

"와아, 많이 주네요. 촬영은 어디서?"

"대체로 우리 '훼퍼 촬영 스튜디오'에서 합니다. 뮌헨 중심가죠."

나는 말했다. 출연하고 싶지만 조건이 있다고.

1. 여행 갔다 돌아온 남편과의 키스 신은 촬영 때 수위조절을 하되, 내 의견을 더 많이 참작해주어야 한다.
2. 율리아는 한국에서 인력수출로 파독된 간호원이지만 간호원 근무 임기를 마친 후 독일에서 작곡공부를 하고 있는 사람이면 좋겠다. 그래서 조국의 민주화를 위해 민중의 노래를 만들어 교민사회에 보급시키고 있는 사람이면 좋겠다.
3. 두 번째 시리즈, 한국을 위한 컷에서 주제곡은 내 작품이라야 하고 피아노 치는 장면도 내가 직접 출연한다.
4. 파독된 한국 간호원에 대해 좀 더 상세히 알릴 수 있는 장면을 보충해 써 넣는다.

말없이 내가 하는 말을 종이쪽지에 적던 '수리취 머리'는 자리에서 일어나면서 장난기 어린 한 마디를 던졌다.

"남편 역 맡은 배우가 아주 미남인데 키스 신을 다른 걸로 대치해놓고 후회 안 하실지."

나의 제안 중 2번, 3번을 놓고 각본 쓴 사람하고의 합의가 어려워 결국 나는 이틀 동안을 더 여관방에서 뒹굴어야 했다. 여관비는 물론 그쪽에서 물어준다고 하면서 조금만 더 기다리라는 전갈이 왔다. 이틀째 저녁 늦은 시간에 감독이 헐레벌떡 나를 찾아왔다. 2, 3번이 내 뜻대로 통과됐단다. 나는 내레이션도 맡겠다고 쾌히 승낙했다. 문제의 키스 신은 그날 봐서 자연스럽게 조종하자는 아리송한 말을 남기고 감독은 호텔을 떠났다.

다음날 아침, 카메라 촬영감독이 나타났다. 그는 호텔 방까지 올라와 카메라 테스트를 했다. 허수아비처럼 서 있는 내 주위를 뱅뱅 돌며 앞으로 찍었다, 옆으로 찍었다, 발랑 누워서 찍었다 갖은 짓을 다 했다.

그가 떠나고 나니 문제의 주연 남우가 오신다는 기별이다. 나는 괜히 긴장되어 거울 앞으로 가 앉았다. 희한한 일이었다. 파슬파슬 말라가던 중년 여인의 피부는 어디로 사라진 건가! 비 갠 날 풀섶에서 튀어나온 청개구리같이 보송보송한 한 소녀가 놀란 눈망울로 나를 마주 보고 있었다. 금방이라도 숨어버리고 싶은 수줍은 가슴이 오르락내리락 두근거리고 있었다.

드디어 나타났다. 키는 184cm정도? 나이는 아직 40 미만? 하얀 얼굴에 숯검뎅이 같은 눈썹, 두 눈썹이 잘못하면 붙을 정도로 양 미간이 좁은데 그 사이로 치솟은 콧등 위로 몇 개의 검은 깨가 뿌려져 있다. 짧게 깎은 턱수염은 그런대로 그의 매력 포인트 같았다. 그는 그 흔해 빠진 독일식 악수도 뒤로 미루고 묵묵히 내 주위를 두어 바퀴 돌고 있었다. 나는 우선은 기다렸다. 기다리다 보니 그 기다림이 인내의 한계에 온 듯 내 속에서 슬슬 역겨움이 올라왔다. 내가 먼저 한마디 했다.

"내가 심히 어지러우니 어디 좀 앉아주시겠어요?"

"아아, 물론이죠. 실례했습니다. 클라우스(Klaus)입니다."

그는 손을 내밀었다. 자리에 앉아서도 그는 턱수염만 조근조근 만지고 있을 뿐 말을 걸지 않았다. 멋쩍고 아니꼬운 기분을 이런저런 앉음새 고침으로 되사리고 있을 때 이 천하의 무례한 놈이 정색을 하며 물었다.

"어떻게 영화를 찍을 생각을 하셨나요?"

나는 당황하지 않았다. 싸움은 진작부터 내 속에서 시작되고 있었기 때문이다.

"글쎄요. 그 쪽은 어떻게 영화배우가 될 생각을 하셨나요?"

"아, 저요. 전 연극학과를 나왔거든요."

"전 음악학과를 나왔거든요."

"아, 좋습니다, 좋습니다."

"뭐가 좋은데요?"

"네? 으하하하핫."

"실망하셨나요? 젖이 안 커서?"

"오오, 프라우 공! 어떻게 그런 말씀을. 오, 나인 나인(아니, 아니)……. 전 그냥 오늘 서로 사귀러 나온 건데."

그는 화끈 달아 오른 얼굴을 두 손으로 쓸어내리며 말했다.

"사귀러 나오셨으면 예의를 갖추셔야지, 사람을 세워놓고 몇 바퀴 돌지를 않나. 독일 대학 연극학과에서는 그렇게 가르치나 보죠?"

"아이고, 잘못했습니다, 프라우 공. 사과드리죠, 하하하."

그는 두 손을 내게 내밀며 말했다. 나도 씩 웃어주었다.

우리는 공원으로 나갔다. 내가 비둘기들에게 빵조각을 던져주고 있는 사이에 그는 아이스크림을 사다 내게 다정하게 먹여주며 '로마의 휴일' 같은 '뮌헨의 휴일'을 만들자고 말했지만 나는 아직도 속이 다 안 풀려 한 대 더 올려붙였다.

"그쪽은 그레고리 펙 근처도 못 가게 생겼지만 나야 오드리 헵번의 골체미(骨體美)를 능가하는 매력의 소유자니 그쪽이 날 왕녀 모시듯 하지 않으면 어떤 결과가 올지 알고 계시겠네요."

그는 두 손을 싹싹 비비며 살려달라고 했다. 불과 두어 시간 만에 그는 내게 백기를 들었다고 말했다.

"정말 재미있는 촬영이 될 것 같네요."

하면서 그는 나의 어깨를 뒤로 가만히 안았다.

1983년 12월 1일, 드디어 크랭크인 하는 날이 왔다. 코리아 편 〈자유를 염원하는 노래(Ein Lied fuer Freiheit)〉 중 한 신(scene)부터 촬영에 들어갔다. 헤어진 지 22년 만에 극적인 해후를 한 자매. 피아노 앞에 앉은 율리아는 테레사를 위해 자신이 작곡한 노래를 들려준다.

오, 자유. 오, 자유
나는 자유 하리라, 자유 하리라.

나는 비록 얽매였으나
나는 이제 돌아가리
자유 주시는 내 주님께

간주를 치면서 나는 그 위에 한 청년의 절규를 읊었다.

나는 기도와 묵상 속에서 어렸을 때 본 영화의 마지막 장면을 연상합니다. 나치스에 대항하여 싸우는 프랑스 레지스탕스 운동에 참가한 대학생이 마침내 나치스에 잡혀 형장으로 끌려갑니다. 앞에 가는 사람은 묵주를 손에 들고 묵묵히 묵상하며 걸어갑니다. 그런데 그 뒤에 오는 사람은, '나는 아무 일도 안 했다'고 계속 투덜거립니다. 이때 앞에 가던 사람이 뒤에 가는 사람을 향하여 말합니다. '바로 당신이 아무 일도 안 했기 때문에 우리는 모두 죽음으로 끌려가는 것이고 또한 죽어야 하는 것입니다'라고. 오늘 우리를 처단하는 국가보안법이라는 악법이 내일은 당신과 당신의 자식을 국가보안법 위반으로 몰아 재판할 것입니다. 기억하십시오. 김현장*

바퀴 달린 차를 타고 카메라가 피아노 치는 내 주위를 몇 바퀴를 돌며 촬영했다. 동생 테레사의 얼굴이 정면으로 찍힐 때는 율리아인 내가 그녀의 자리에 가서 앉아 있고, 테레사의 뒷모습만 찍을 때는 나의 뒷모습을 닮은 뮌헨대학교 학생이 대역을 하고 나는 계속 피아노를 치며 노래를 했다.

한 시간 이상의 승강이 끝에 문제의 '키스 신'을, 그냥 '와락 껴안는 장면'으로 대치시키자는 데 합의를 봤다. 아무려나 그것도 만만치 않은 연기실력을 요했다.

남편이 몇 달간의 아프리카 취재 출장을 마치고 집으로 돌아오는 날이다. 초인종이 울리면 아내 율리아가 바람같이 현관으로 뛰어나가 남편의 목에 매달리는 장면, 그리고 다시 얼굴을 마주 보며 애무를 하는 장면을 찍는데 스물 네 번의 엔지(NG)를 냈다.

"못 살겠다, 못 살아. 다른 장면은 그렇게 잘하더니 왜 그 시시한 걸 가지고 이렇게 시간을 끌어!"

총감독과 카메라 감독이 번갈아가며 땅을 쳤다. 12시 점심시간을 넘긴 지도 반시간이 지났다. 카메라 감독이 머리를 설레설레 흔들며 투덜거렸다.

"큰 일야. 이 신(scene)이 오전에 끝나야 오후에 '바다 신'으로 들어가는데."

그는 내 손을 끌어다가 모니터 앞에 앉혀놓고, 도대체 자신의 연기의 어디가 어색한지 직접 보면서 연구 좀 하라고 신경질 섞어 말했다.

남편 역의 클라우스도 화가 잔뜩 나 있었다. '자, 자, 다시 시도해봅시다!' 감독이 손뼉을 치자 필름번호 작대기 치는 사람이 내 귀에다 입을 대고 속삭였다.

"남편이란 녀석이 뭐 어디 섹시한 데가 있어야지, 쯧쯧. 눈을 아예 감고 뛰어요, 그냥. 나 같은 미남을 생각하면서."

"눈 감고?"

"뒤에서 찍으니까 눈 떴는지 감았는지 안 보여!"

감독이 손뼉을 두 번 딱딱 쳤다.

감독: 자, 이번엔 성공시켜 봅시다. 배고파도 5분만 참으십시다!

조감독: (손을 번쩍 든다) 조용!

감독: 다스 리히트(Das Licht: 조명)!

감독: 프란츠(Franz)!

프란츠: 순서 259! (작대기를 탁 친다)

감독: 무직(Musik: 음악)!

음악 담당, 마르쿠스(Marcus): 로이푸트(Läuft: 갑니다)!

감독: (방 안에 있는 율리아를 향해) 큐!

그런데 얼씨구? 방문을 차며 뛰어나올 줄 알았던 율리아가 이번엔 아예 나오질 않았다. 감독은 한 번 더 외쳤다. 큐! 나는 지칠 대로 지쳐 있었다. 남편이 아니라 상감마마가 온대도 뛰어나갈 기운이 없었다. 문이 열렸다. 입을 헤 벌리고 80 먹은 노인네 표정을 한 율리아가 꽁꽁 얼어붙은 겨울 눈길을 미끄러질세라 조심해서 걷는 김대중 대통령처럼 뒤뚱뒤뚱 걸어 나왔다.

우헤헤헤! 스탭들이 촬영장 바닥에 와르르 쓰러졌다. 입을 딱 벌리고 한참 제자리에 서 있던 감독이 내게로 다가왔다. 그는 내 허리를 꽉 끌어안고 비명처럼 소릴 질렀다.

"여러분, 이 말괄량이 코레아너린(Koreanerin: 한국 여자) 때문에 오늘 오전 촬영은 더는 못 합니다. 수고하셨어요!"

고요한 아침의 나라, 한국 바닷가 촬영을 앞두고 나는 가슴이 설레어 점심밥도 대강대강 먹어치웠다. 뮌헨 근처에 바다는 없으니 아마 뮌헨 남쪽 테간세(Tegern See: 테간 호수)에 가서 찍겠지.

머플러가 바람에 잘 날릴 수 있도록 코디는 하늘하늘한 것으로 골라 매주었다. 블라우스도 바람에 우아하게 날려야 된다고 얇고 부드러운 것으로 입혀주었다.

"프라우 공, 준비됐으면 2층 3호실로 올라오십시오."

스피커에서 조감독의 목소리가 들렸다. 신바람이 나서 층계를 두 개씩 겅정겅정 뛰어 올라간 나에게 조감독은 창가에 서서 포즈를 잡으라고 했다.

"무슨 포즈요?"

내가 물었다. 그는 내 말엔 대답도 안하고 뒤에다 대고 "예행연습 시작합니다!" 하고 소릴 질렀다. 선풍기에서 바람이 일고 내 머플러가 날렸다. 내가 물었다.

"바다를 바라보라고 안 그랬나요?"

"맞습니다."

"바다가 어디 있는데요?"

"프라우 공은 그냥 이 창문에서 고향을 그리는 눈으로 먼 바다 수평선만 내다보면 됩니다."

"근데, 수평선이 어디 있는데요?"

스탭들은 또 한 번 동그라지며 웃었다. 바다는 벌써 찍어다 놨다는 것이다. 나는 '이제 그만하고 집으로 가겠다'고 말했다. 모두들 바닥에 데굴데굴 구르며 웃었다.

4주 동안의 촬영을 마친 나를 위해 그들은 송별파티를 열어주고 꽃다발도

선물로 주었다. 파티라고 하지만 모두들 풀이 죽어 있었다. 도대체 이 여자가 떠나고 나면 무슨 재미로 나머지 촬영을 계속하느냐는 것이다.

짐을 싸놓고 샤워를 하는데 전화가 울렸다. 감독의 목소리였다.

"큰일 났습니다. 프라우 공이 한 열흘만이라도 더 머물러 주셔야겠습니다. 부탁합니다. 그렇게만 해주신다면 개런티는 후히 쳐서 드리겠습니다. 프라우 공 붙들어놓으라고 모두들 데모를 하고 있으니……."

"그럼 전 아무것도 안 해도 출연료로 쳐 주신다고요?"

"그냥 옆에 앉아서 지금까지처럼 재미있는 말만 던지시면 일당을 드리겠습니다."

"남편에게 전화해보고요. 이번엔 가짜가 아닌 진짜 남편한테 물어봐야죠."

나는 결국 일주일을 더 그들과 놀다가 프랑크푸르트로 올라왔다.

"영화상영 끝! 이젠 당신 '음악체조' 시간이야."

나는 오디오에서 테이프를 끄집어내며 말했다.

"불과 2년 반 전이었는데. 저렇게 발랄하고 예뻤던 당신이 지금 이 꼴이 뭐냐……."

고 새 못 참고 현실로 돌아온 남편의 투덜거림이다.

"히구, 그 기고만장했던 캐서린 헵번도 별 수 없이 쪼그랑 바가지가 됐는데 제까짓 조병옥이가 무슨 통뼈라고 고대로 있겠음매!"

나는 노래를 흥얼거리며 음악체조용 테이프를 찾으러 응접실로 갔다.

"인생~ 일장~ 춘몽인데~ 아니나 노지를 못하리라……."

* **김현장** 1982년 3월 부산미문화원 방화사건 관련자로 구속됨.

20.00 Tagesschau

20.15 2021 – Kirche auf dem Weg ins 3. Jahrtausend

(2) – 5tlg. Serie von L. Kühnhardt und J. Grundmann – **Ein Lied für die Freiheit**

Timm . . . . Klaus Abramowsky
Julia/Theresa . . . . Byong-ok Kong
Manuel . . . . Jens-Daniel Herzog
Victor . . . . John A. Waddell
und andere – Regie: Günter Hoever

Julia, Timms Frau, stammt aus Korea. Beim Besuch ihrer Zwillingsschwester Theresa erinnert sie sich an ihre Taufe vor sieben Jahren (Foto). Damals ließen sich, nach Jahrhunderten der Verfolgung, viele koreanische Christen taufen. – In Dokumentarteilen: Die Kirche Koreas in den 80er Jahren. **Nächste** Folge am 28. Oktober

출연한 영화의 TV 편성표. 아래 사진은 주인공이 어린 시절 영세받는 사진(아역 배우).

TV 영화 〈2021년 – 세 번째 밀레니엄으로 가고 있는 교회〉의 리허설 장면

26. 화해

3월 29일, 단식치료 33일째.

남편의 침대 옆에 캘린더가 걸려 있다. 매일 한 장씩 떼는 일력이 나흘 전 3월 25일에 머물러 있다. 그날 그가 현기증으로 넘어지고 나서는 모든 것이 그날에 머물러 있었다.

싱크대에는 사흘 동안 건드리지 않은 그릇들이 산처럼 모여 주먹질을 하고 있었다. 그래도 한때는 사랑받았던 존재가 아니었느냐고 외치는 듯하다.

호정이가 짐을 싸고 있었다. 내일 베를린으로 올라가 개학 준비를 해야 되기 때문이다. 몇 주 전, 한 번 예행연습을 해봤지만 아직은 전혀 익숙해지지 않은 이별을 또 해야 하는 것이다. 익숙해지기는커녕 단 한 발짝도 진척되지 않은 그 끔찍한 헤어짐에 대비해 나는 아무것도 비축해놓은 것이 없었다. 채 아물지도 않은 아픈 살끼리 그냥 문지르는 수밖에 무슨 도리가 있으랴.

"여보오."

남편의 목소리다.

"내일, 호정이 베를린 가면 언제 만날지 모르잖아. 오늘 저녁에 두 아이 다 불러줘. 내가 할 말이 있어."

할 말? 그의 느닷없는 부탁은 내가 말로 이리저리 캐묻기에는 너무도 깊숙한 곳에 꽂혀 있는 것 같았다. 혹시 유언, 그걸 하려는 건가? 나는 움직일 수가 없었다. 벽을 등에 대고 그 자리에 미끄러지듯 주저앉았다.

두 아이가 아버지 앞에 앉았다.

"사랑하는 내 자식들, 나는 왜 진즉 너희들을 이렇게 불러보지 못했는지……."

그는 이렇게 말문을 터뜨렸다.

"호정아, 호산아. 그동안……. 십여 년 동안 너희들과 지내면서, 너희들한테 화티로서 잘못한 것, 이렇게 가슴 뜨겁게 너희들에게 용서를 빈다. 물론 내가 이렇게 용서를 비는 것이 내게 편리하기 때문에 하는 것이 아니란다……."

그는 한참 동안 눈을 감고 가쁜 숨을 달래고 있었다.

"몇 주 전, 호정이가 베를린으로 떠나던 날 죽음을 앞둔 내게 마지막으로 주고 간 말……. 이렇게 말했지. '화티, 많은 저의 친구들이 그래요. 자기들의 부모는 단순히 어렸을 때만 필요한 존재였다고요. 커서는 대화가 되는 상대도 아니고, 존경받는 대상도 아니래요. 그런데 우리 아버지와 어머니는 우리가 어른이 돼서도 우리들의 친구로, 동지로, 선배로 사랑받고 존경받을 수 있는 분들로 계셔서 걔들은 우리가 부럽대요. 화티, 난 화티가 자랑스러워요' 하고 말했던 날 너는……."

그는 울고 있었다. 아이들도 눈물을 닦고 있었다.

"그래. 너는 이 화티를 용서해주었지……. 네가 베를린으로 떠나고 나서 호산이가 그랬어. '친아빠가 아니기 때문에 우리들을 내 자식들아! 하고 한번 뜨겁게 안아주지도 못하신 거 우리도 알아요. 하지만 두고 보세요. 만약 불행히도 화티가 저희보다 먼저 저세상으로 가신다 해도 하늘에서 내려다보시면 예쁘게 생긴 콩(Kong: 공 씨의 독일어)들이 여기저기 뛰어다니며 노는 모습 구경하실 거예요. 전 장가가서 무지 많은 콩을 낳을 거예요. 한국 법이 아무리 우리를 캉(Kang: 강 씨의 독일어, 전 남편의 성)이라 우겨도 우린 화티가 길러준 화티의 콩들이니까요.' 그렇게 말했을 때……."

그는 하던 말을 잇지 못했다. 아이들이 그의 손을 잡아주었다. 그는 소나기처럼 울었다.

"그날, 호산이도 나를, 나를 용서해주었어. 나는 너희들에게 결코 좋은 아버지가 아니었단다. 그래서 난 한 번 크게 너희들 앞에서 울어야 해. 이건, 이건 내겐 얼마나 큰 기쁨의 울음인지, 희열인지. 지금 이렇게 울면서 내 속에 꽈악 응어리져 있던 죄의식이 풀리고 있는 거……. 내가 병들지 않았더라면 까맣게 잊고 갈 내 죄값의 큰 파노라마를 매일매일 들여다보면서, 난 매 순간 너희들에게 달려가 너희들을 안고 울면서 고백하고 싶었어……."

아이들이 화티를 와락 안았다.

"그래, 그래. 호정아, 호산아. 우리 셋이서 이렇게 무한한 기쁨 속에서, 하나님과의 일치 속에서 영원히 이렇게 기쁨을 나누자. 무슨 운명이 우리를 떼어놓으려 하더라도 하나님이 우리에게 주신 이 만남을 소중히 받아들이고, 저세상에 가서도 막 얼싸안는 친구가 되자꾸나."

가슴 뼛속으로 한 떼의 바람이 소리치며 지나가고 있었다. 그들이 그렇게 아름답게 얼싸안고 울지 않았더라면 창 밖의 자작나무 잎사귀가 그토록 찬란하게 춤을 추고 있는 것이 어찌 내 눈에 잡혔으랴.

"호정아, 호산아. 여기 좀 앉아봐. 내가 너희들에게 얘기해주고 싶은 게 있어."

나는 그에게 차를 한 잔 따라주고 아이들에게도 보리차를 건네주었다.

"우리가 교회에 나가지만, 난 어떤 때는 하나님하고 친해지기가 참 어려워서 고민할 때가 많았어. 내가 하나님! 하고 아무도 없는 방에서 울부짖어도 하나님이 어디 계신지 보이질 않아. 그래서 하나님을 찾아서 헤매는 거야. 그런데 내가 이 병으로 인해…… 내 앞에 나타나시는 하나님을 만난 거야. 하나님은 어디서 자기에게 나타나느냐? 너희들이 하나님을 정말로 사랑한다고 생각할 적에, 정말 하나님이 조금이라도 내 곁을 떠나면 안 되겠다고 생각할 적에, 내 얘긴, 아쉬움과 절절한 열망과 하나님에 대한 요청, 그런 것들이 내 속에서 부글부글 끓을 적에 그 속에 하나님이 계셔. 하나님은 딴 데 가시는 찾을 길이 없어. 그 속에서 찾아야 돼. 어디서 구체적인 하나님을 발견할 수 있을까, 참 오랫동안 찾으면서 기도를 했지……. 결국 하나님을 찾았다 했을 때 그분은 딴 데 있는 게 아니었어. '나 여기 있다, 뭘 찾니? 나 여기 있어. 넌 왜 딴 데 가서 자꾸 나를 찾니? 그건 내가 아니야. 제단이지. 제단, 하나님과 비슷한 것을 만들어놓고 네가 막 그 앞에서 노래도 부르고 춤도 추며 기뻐하는 신전의 제단일 뿐이야. 하나님은 바로 네 속에 있어' 하고 말씀하셨어."

"우린, 화티가 하나님 얘기를 하는 거 처음 들어요. 맨날 한국의 민주화에 대한 얘기, 아니면 역사 얘기만 하시더니……."

큰아이가 말했다.

"그래, 그랬지. 네 말대로 난 해외에서도 조국의 민주화, 조국의 통일문제를 늘 들고 다녔지……. 니가 이왕에 민주화 운동 얘길 꺼냈으니 너희들과 헤어지기 전에 얘길 해주어야겠다.

난 우리나라가 꼭 '민주화'가 돼야 된다고 생각하는 사람이 아니야. 너희들이 생각하면 '아버진 별안간 이상한 말을 한다' 하겠지. '민주주의를 위해서 여태껏 싸웠고 그러다가 감옥에도 간 아버지가 지금 무슨 말을 하느냐' 하겠지만, 지금 한국에서 하는 민주주의는 우리가 그것을 위해서 싸우다 죽을 그런 것이 못 돼. 민주주의는 하나의 대리신이야. 다시 얘기하면 민주주의가 우리를 살리는 게 아니란 말이다. 어떤 땐 민주주의라는 대리신 때문에 우리가 잘못된, 가치가 없는, 더러운, 사기당한 죽음을 당할 때가 있어. 사기당하지. 민주주의라는 말이 우리를 사기하지."

두 아이는 서로의 얼굴을 마주 보았다. 화티는 얘기를 계속했다.

"생각해봐라. 자, 한국에 야당이 없어본 적이 있니? 민주주의 한다고들 하지. 지금 하고 있는 건 형식적인 민주주의야. 그건 대리정치란다. 말하자면 국회에 사람이 얼마나 출석했느냐, 거기 야당이 참석했느냐, 참정권 문제라든가 등등 몇 가지가 있지. 내 얘긴 뭐냐 하면 민주주의라는 것이 우리가 보통 상상할 수 있는 것보다 훨씬 복잡한 기만장치에 의해서 우리를 기만하고 있다는 거야. 군인 정치가들이 말하지. '아니, 우리가 이렇게 선거도 하고 민주주의식으로 잘하고 있는데 왜 못된 놈의 학생들이 데모를 하고 우릴 덮어놓고 물어뜯고 야단이냐', 응?

학생들이 바라는 건, 그리고 우리가 바라는 건 어떤 거냐 하면 형식과 내용이 일치하는 민주주의야. 지금 군인들이 하는 그따위 정치적인 민주주의 비스름한 것만으로는 아무것도 안 된단 말이야. 사회적 민주주의가 이루어져야 돼. 사회적 민주주의의 실현은, 이건 정치적 민주주의보다 훨씬 가치가 있는 거지. 그리고 그보다 더 중요한 것은 경제적 민주주의를 이루는 거란다. 못 알아듣겠으면 나중에 엄마에게 물어보아라. 오늘 많이 얘기하지 못하겠지만 한 가지만 더 얘기할게."

그는 몹시 힘들어하고 있었다.

"마지막으로 하나만 더……. 우리 한국 사회가 추구해야 할 것 중에 가장 중요한 게 있어. 인간의 양심의 자유야. 실천할 수 있는 자유, 사회적 양심을 길러가는 교육적인 풍토야. 사람은 자꾸 배우고 길러져야 돼. 이 풍토를 길러가지 않으면 민주주의는 누가 해도 되지 않아."

"여보, 이제 그만하고 좀 누워요. 호정이 베를린 갔다 또 내려올 텐데 그때 또 얘기하면 되잖아."

나는 남편을 눕도록 도와주고 나서 LA의 홍동근 목사님이 보내신 시편 한 편을 읽어주었다.

> 내 영혼아, 여호와를 송축하라.
> 내 속에 있는 것들아. 다 그 성호를 송축하라.
> 내 영혼아, 여호와를 송축하며 그 모든 은택을 잊지 말지어다.
> 저가 네 모든 죄악을 사하시며, 네 모든 병을 고치시며, 네 생명을 파멸에서 구속하시고
> 인자와 긍휼로 관을 씌우시며 좋은 것으로 네 소원을 만족케 하사
> 네 청춘으로 독수리같이 새롭게 하시는도다.
>
> -「시편」 103편 1~5절

"화티, 오늘부터 좀머짜이트(Sommerzeit: 섬머타임)야. 그러니까 화티 단식도 한 시간 빨리 끝나게 되는 거예요."

호산이가 환하게 웃으며 말했다.

"화티, 그런데요, 화티 단식이 끝나는 4월 7일이 무슨 날인지 아세요?"

이번엔 호정이가 물었다.

"무슨 날인데?"

"헤헤, 보건의 날!"

우리는 모두 다 활짝 웃었다. 밖에서만 서성거리던 봄이 우리 집 높은 문턱을 넘어 성큼 들어섰다. 화티는 아이들에게 용돈을 주며 나가 놀라고 했다.

"이젠 죽어도 좋을 것 같아. 정말 기뻐. 정말 기뻐……."

그의 목소리엔 힘과 희열이 실려 있었다.

"내일부턴 손톱 깎는 기계 제 자리에 안 놔뒀다고 애들 잡지 않겠네, 호호."

나는 이런 말로 슬쩍 남편을 건드렸다.

"응? 손톱깎이? 깐 놈의 손톱깎이, 내가 내일 나가서 열 개쯤 사다놓을 거야! 또 말해봐. 뭐 또 사다놓을까?"

"돈 많으니까 손톱깎이, 발톱깎이 할 거 없이 기냥 박스로 사다 놓자. 나 요새 돈 많아."

"돈?"

"오늘도 민건회(民建會)* 친구들하고 장혜원 박사, 김순실 여사, 한계일 여사, 그리고 스웨덴의 임유직 씨가 보냈어."

내일 새벽에 떠난다는 큰아이를 위해 먹을 것 좀 사다놓는다고 집을 나서던 나는 문병 온 김길순 씨, 임희길 씨와 마주쳤다.

"너무 늦게 왔죠? 잘라꼬 이불도 다 폈는데 임 형이 자꾸 문병 가자 안 캅니꺼."

김 형이 말했다.

큰 행사가 있을 때마다 뒤에서 일하는 사람이 있다. 독일에서 민주화 운동에 참여하는 사람 중에 감투도 가져본 일 없고 명예직도 없고 사람들 앞에 나서서 생색을 내본 일도 없지만 궂은일은 도맡아 한 사람, 왼손이 하는 일을 오른손이 모르게 하는 많은 사람 중 구태여 한 사람만 꼽으라면 단연 이곳 민건회(민주사회건설협의회)의 임희길 씨라고 말들 한다.

작년이었을 게다. 내가 중국 레스토랑에서 쿡으로 일할 때였다. 손님이 뜸한 오후 3시경 한국인 손님 대 여섯 명이 레스토랑으로 들어섰다. 웨이터가 음식을 주문받고 있는 동안 나는 부엌 쪽 창틈으로 객실을 들여다보았다. 임희길 씨의 뒷모습이 보였다. 나는 무릎을 쳤다. 저 아름다운 사람에게 좋은 재료 다 꺼내서 최고의 요리를 만들어 서비스로 내보내는 거다! 덴마크 태생 여류 소설가 아이작 디네센(Isak Dinesen: 원명 Karen Blixen)이 쓴 『바베트의 만찬』(Babette's Feast)에서처럼 있는 정성 다해 곱빼기 만찬을 베푸는 거다. 『바베트의 만찬』의 경우와 다른 점은 단 한 가지다. 그녀는 당첨된 복권으로 베풀었고 나는 레스토랑 주인집 재산으로 은혜를 베푼 것이다.

"야, 이거 정말 환상적이다!"

손님들의 환성이 식당 부엌까지 들렸다. 웨이터에게 잘 먹었다는 인사를 해가며 그들은 주차장으로 내려갔다. 부엌 창문을 통해 주차장을 내려다본 나는 그 자리에 풀썩 주저앉았다. 그의 뒷모습이 아닌 앞모습을 본 것이다. 그는 임희길 씨가 아닌 엉뚱한 사람이었다.

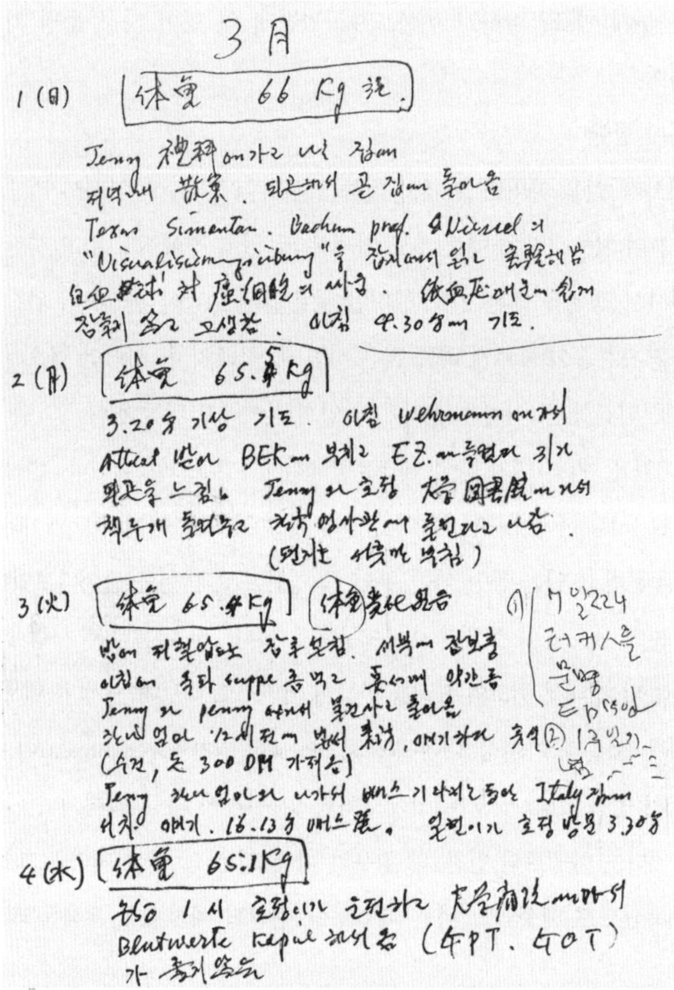

42일 단식 치료 기간에 남긴 공광덕의 메모

---

* **민건회** 민주사회건설협의회. 1974년 3월 1일 독일 본(Bonn)에서 노동자, 학생, 종교인, 지성인들 55명이 어우러져 조국의 군사독재를 반대하는 성명을 냄으로써 해외 민족민주운동의 첫 장을 연 단체.

27. 받아들임과 내줌

단식치료 34일째.

돌보기를 갖다 달라고 하더니 남편은 어제 읽어준 김수남 씨의 편지를 다시 음미하고 있었다.

보며 함께할 밤이 있다면, 더디 새어도 좋은 어둠이 아니겠냐고 하신 말씀 기억합니다. 공 박사님의 평화를 지켜보고 있노라면 성한 우리가 불구인 듯싶습니다.

저는 요즘 아침저녁으로 단전호흡을 하면서 명상하는 시간을 갖습니다.

'숨'에 대하여 생각해봅니다. 날숨과 들숨의 원리처럼 완벽한 변증법적 통일이 또 있을까! 받아들임은 내놓기 위함이며, 전제이며, 결과이며, 목적이니 그 역도 마찬가지여서, 단 한 순간도 그 원리에 위선, 가식이 없습니다. '숨'을 통하여 참 사랑 ― 받아들임(소유)과 내줌(헌신) ― 의 통일적, 생명적 원리를 생각해 보니 참 그럴듯합니다.

또한 이 숨과 명상을 통하여 '관념'과 '물리적 실제'의 통일, 즉 관념이 파워(power)로 바뀌는 흥미로운 현상에 대해서도 생각해봅니다. 꼭 무슨 도사나 지가 된 것 같지요?

1987년 3월, LA에서 김수남 올림

“잘 다녀와. 공부 열심히 하고…….”

말하면서 울지 않을 수 있어서 다행스러웠다. 버스가 핸들을 꺾어 길모퉁이로 사라질 때까지 차창 밖으로 긴 손 흔들어준 아들이 아직도 길 끝 저편에서 바람으로 손짓하고 있었다. 지난달에 이미 길들여진 이별이라 그런가, 알고 가는 밤길처럼 두려움도 한 발짝 물러서 있는 것 같았다. 인간사 무관심이라기보다, 그냥 모든 걸 그들의 노정에 놔주며 오늘도 주어진 하루를 말없이 떠먹어야 한다. 여드레 남은 마지막 마라톤 코스, 꺼질듯 말듯한 그의 ‘들숨 - 날숨’이 견디고 견뎌서 생과 사를 넘어선 제3의 것에 가슴 닿아 테이프를 끊는 시간까지 쉬지 말고 가야 한다. 뛰어야 한다.

남편의 명상치료시간이다. 들숨과 날숨의 길이를 충분히 지속시키는 치료에 좋은 음악, 사뮈엘 바버(Samuel Barber)의 〈현을 위한 아다지오〉를 올려놓고 나는 아들 방으로 건너왔다.

머리에 헤드폰을 뒤집어썼다. 아들이 미리 알고 짚어놓고 간 음악인가. 베토벤의 9번 교향곡 중 〈환희의 합창〉이 밀물처럼 들어왔다.

미미파솔 솔파미레 도도레미 미 레레

미미파솔 솔파미레 도도레미 레 도도

(합동 찬송가 13장 선율과 같은 것임. ‘기뻐하며 경배하세 영광의 주 하나님’)

음악 평론가 빅터 추카칸들(V.Zuckerkandl)은 이렇게 말했다.

> 선율(Melody)이 무엇이냐고 물으면 '음들의 연속', 또는 '일련의 음들'이라고 말하는 이가 있다. 그러나 음들의 연속이라고 해서 모두 선율은 아니다. 고양이나 강아지가 피아노 건반 위를 지나가면서 내는 소리는 음들의 연속이지 선율은 아니다. 선율은 의미 있는 음들의 연속이다.

선율을 들을 때 우리는 음들의 연속을 듣는 게 아니다. 음으로 된 문장을 듣는다.

이 힙칭곡 첫 줄의 끝 부분, '도도레미 미 레레'에서 맨 끝 음 '레' 음 하나만을 들었을 때는 단순히 한 음으로 끝난다. 그러나 이 악구(Phrase)의 끝에서 '레'를 들었을 때는 분명한 활동상태에 있는 음으로 들리는 것이다. 바로 '레'라는 음에 역동성(dynamic Quality)이라고 부를 수 있는 새로운 특성이 생겼기 때문이다.

요즘 들어 남편은 말을 거둬들였다. 항상 음악과 같이 흐르던 대화가 하루하루 사라져 가고 있다. 이따금 극히 비활동적인 음을 하나둘 뱉어낼 뿐 그의 말에서는 끌고 잡아당기는 '힘의 작용'이 사라져 가고 있다. 그가 간간히 던지는 말은 음 하나로만 존재할 뿐 활동을 위한 방향 지시를 안 한다. 방향 지시를 받지 않는 음은 자신을 원하는 다른 음으로 연결해가려는 시도를 하지 않는다.

이러한 현상은 그의 호흡의 리듬에서도 역력히 드러난다. 들숨이 날숨을 전제로 하지 않고 하나의 독립된 형태로 보일 때가 있다. 이따금 울리는 그의 음성은 고양이가 건반 위를 지나가는 소리처럼 의미 없이 들린다.

내 안에 배치된 진동감각을 건드리지 못한다.

내가 그에게 던져주는 음이 설사 어떻게라도 반응하지 않고는 도저히 배길 수 없는 도음(導音)으로 이끌고 가서 자극을 주어도 그는 무풍으로 앉아 있다. 곤두박질하듯 빠른 하강음으로 부딪쳐 보아도 그는 산처럼 앉아 있다. 완전한 불속성의 정지음으로.

헤드폰 코드를 뽑아들고 남편 방으로 건너갔다. 남편이 듣고 있었던 음악을 되감기해놓고 내 헤드폰 코드를 그의 오디오에 꽂았다.

베토벤의 〈환희의 합창〉에서 느꼈던 비교적 외적인 세계가 사뮈엘 바버의 〈현을 위한 아다지오〉에서는 보다 감정의 세계로, 보다 안으로 스며드는 내적인 곳으로 인도되는 것을 느낀다. 보고, 듣고, 만지는 베토벤의 음악이 바버(Barber)에서는 고요, 흥분, 활기 같은, 보이지 않는 느낌의 바다로 흐르고 있었다. 그 흐름에서의 '받아들임과 내줌'은 '방아쇠와 그 후속효과'의 역할을 훨씬 뛰어넘어 속에서 서로가 부서지면서 억천만겁(億千萬劫)의 춤으로 녹아드는 장관을 이루고 있었다.

주르륵. 수평으로 있던 눈물이 수직으로 떨어졌다.

때르르르릉.

"엄마, 아빠, 사랑해! 나 잘 도착했어요."

아들의 목소리였다.

정지해 있던 내 속의 음이 다시 '향함'으로 바뀌는 순간이었다. 그 울림은 이미 다른 음으로 가는 도중에 있었고 급기야는 빠른 글리산도(Glissando)로 상승하여 쿵! 하는 부딪침과 함께 방향을 돌렸다.

"여보, 호정이 잘 도착했대. 아빨 사랑한대."

내 목소리는 약음기(弱音器)를 빼어놓은 현악기 소리처럼 쨍했다. 남편의 얼굴에 잠시 그늘이 비켜섰다.

28. 귀인과 귀신의 행렬

1987년, 4월 2일, 단식치료 37일째.

시간이 쉬지 않고 가주는 게 요즘처럼 고마운 때가 있었던가. 24시간이 다섯 번만 더 가면 된다. 120시간만 밀고 가다오.

남편은 세 가지 부탁을 연달아 말했다.

"뱃속에 가스가 꽉 찼어. 따뜻한 물주머니 좀 올려놔 줄래."

"세계기근아동 돕는 기구(Welthungerhilfe) 있잖아. 거기 돈 좀 보내줘."

"내 걱정 말고 당신 부활절예배 성가대연습 다녀와."

호산이가 응접실에서 엄마에게 손짓을 했다. 서울의 빈민촌 철거 광경, 항의하는 기독교 신자의 평화적 시위를 무분별하게 구타하는 사복전경들이 〈호이테 저널(heute Journal)〉이란 TV 뉴스화면에 나오고 있었다.

나는 아이에게 부탁한다.

"오늘부터 단식 끝나는 날까지는 저런 화면은 화티에게 보여주지 않기! 조용히 기도하시게 도와드리기, 알았지?"

알았다고 고개를 끄떡인 호산이가 내게 바싹 다가왔다.

"엄마, 화티가 이상해. 자꾸 혼자 중얼중얼하셔. 내가 옆에 가도 모르셔."

"겁먹지 말자, 하나님이 돌봐주고 계셔."

오늘은 아침 수업이 없어 집에 있겠다는 아이에게 환자를 맡기고 나는 송금을 하러 은행으로 향했다.

일을 마치고 돌아와 현관에 들어서니 모차르트의 〈레퀴엠〉이 남편 방에서 흘러나오고 있었다. 가만히 문틈으로 들여다봤다. 그는 친구가 준 조그마한 십자가를 가슴에 올려놓고 눈을 감고 있었다.

아이가 호밀 빵에 쿠박(Quark)을 발라 어미 입에 넣어주면서 억지로라도 잡수셔야 한다고 말했다. 독일에서는 아침식사가 이렇게 간단한 게 보통이다.

"화티가 모차르트 〈레퀴엠〉 틀어달라고 하셨어, 부활절보다 카알후라이탁(Karfreitag: 성 금요일)이 더 중요한 날이라고 하시면서."

"그래, 호산아. 우리 식구들 이번 수난주간을 어느 때보다 의미 있게 보내자. 우리 감사하자. 감사하자……. 자꾸만 감사하자."

아이가 티슈를 뽑아 엄마의 젖은 눈에 대주었다.

아직은 한 줌 햇살이 남아 있는 저녁이었다. 남편을 호산이에게 맡기고 나는 집을 나섰다. 동네 루드비히 우얼란트(Ludwig Uhland) 소학교가 파했나 보다. 아이들이 재잘거리며 한 무더기씩 떼 지어 교문을 빠져 나가고, 교직원들도 뒤따라 떠나고 나면 텅 빈 운동장 한구석엔 벤치 한 개만 사람 없이 앉아 있다.

바람이 분다. 벤치를 가로질러 길게 저녁 그림자를 드리운 국기 게양대가 머리꼭지에 얹은 둥근 공을 바람 따라 굴리며 따까따까 울기 시작하면 벤치는 안다. 내가 자기를 찾아오리라는 것을.

가을이 아니더라도 바람에 떨어진 이파리 몇 개 깔아놓고 오늘도 그는 나를 맞아주었다. 잠시 하늘 향해 얼굴 드리우고 바람을 느껴보고 있는 나를 그는 묵묵히 지켜보고만 있다. 따까따까……. 깃대꼭지가 바람 속에 운다. 그 속에 내 어릴 적 고향이 보인다.

"방송국 차 왔다!"

아이들이 소리 지르며 뛴다. 서울 창경국민학교 운동장으로 에이치엘케이에이(HLKA)라고 쓴 소형 트럭이 들어오면 기다리고 있던 합창단원 아이들은 앞 다투어 달려가 트럭에 오른다. HLKA는 한국방송공사(KBS)의 전신으로 정동 경기여고와 덕수국민학교 운동장 뒤쪽에 자리 잡고 있었다. 금요일 오후 4시 40분, 어린이 라디오 드라마 〈똘똘이의 모험〉이 끝나면 우리 창경국민학교 합창단의 노래순서가 생방송으로 진행됐다. 1948년 전국 어린이 합창 콩쿠르에서 1등 수상한 경력이 있고부터 얻어진 정기방송 출연이었다.

방송 스케줄이 있는 어느 금요일이었다. 감기로 기침을 하는 단원이 있어, 합창지휘를 맡은 나는 긴장하고 있었다. 그 당시는 모두가 생방송으로 진행됐기 때문이다. 방송실에 준비 신호가 들어오기 전 나는 뒷줄에 서 있는 그 아이에게 단단히 일렀다. 예를 들면 '앞으로, 앞으로 총칼 메고 나간다~' 하는 노래에서 맨 끝 자 '다'가 포르테(forte: 강하게)로 소리를 지를 때 참았던 기침을 콱! 하면 된다고.

시작 시간을 카운트 다운하는 숫자가 거꾸로 떨어지고 있었다. 빨간 불이 켜지면 누가 기침을 하든 방귀를 뀌든 어김없이 시작해야 하는 것이다. 그토록 단단히 일러두었건만 아이는 이미 '총칼'이란 가사에서 재채기를 콱! 해버린 것이다. 그리고는 연거푸 두 번을 더 신음 같은 기침소릴 냈다. 아이고, 망했구나, 저 아이가 계속 기침을 해댈 텐데 이를 어찌하면 좋은가?

아직도 여섯 곡은 더 불러야 하는데……. 지휘봉을 흔들며 녹음실을 건너다 보니 PD의 얼굴은 차마 눈뜨고 봐줄 수 없을 정도로 뭉그러졌고 옆에 있는 도우미마저 입을 두 손으로 틀어막고 안절부절 못했다. 눈치를 챈 기침의 주인공이 출입구 쪽으로 조르르 나와 문고리를 잡는 순간이었다. 피디가 손사래를 치며 잡아먹을 듯이 비명을 지르는 표정을 보였다. 방음문이기 때문에 생방송 중에 열면 안 된다는 주의를 받았던 생각이 났는지 기침의 주인공은 다시 자기 위치로 돌아와 바닥에 주저앉아 치마를 뒤집어썼다.

기침하는 아이를 사전에 알아서 빼놓지 않고 그냥 데리고 가 그런 불상사를 일으켰다고 교장 선생님은 나를 호되게 야단치셨다. 이 방송권을 따내기 위해 지난번 합창 대회에서 차점으로 떨어진 학교가 지금 얼마나 호시탐탐 트집 잡히기만 기다리는 줄 아느냐고 소리를 버럭 지르셨다.

합창단원들이 다 집으로 돌아간 후 나는 혼자 학교에 남아 운동장 국기 게양대 옆에 쭈그리고 앉아 서럽게 훌쩍거렸다. 그날 내가 기대앉았던 게양대가 바람에 흔들리며 음산한 울음소리를 냈던 일은 내 기억 속에 묻어 다니는 어릴 적 빛바랜 사진 속에 또렷하게 남아 있다. 이따금씩 느닷없이 내 옆구리를 찔러 어린 시절과 맞닥뜨리게 하는 것이 있다면 바로 이 하찮은 재채기 소리이다.

13살짜리 어린 아이가 합창 지휘를 맡아야 했던 것도 생각해보면 희한한 일이었다. 합창 지휘를 맡으셨던 조영호 선생님이 퇴직하실 무렵이었다. 당시 남산국민학교에서 우리 창경국민학교로 전근해 오신 윤정로 교장 선생님은 우리 학교를 '음악특기학교'로 만들어보겠다는 꿈을 갖고 계셨다. 전근해 오시자마자 교장 선생님은 학생 중 합창지휘자를 선출한다고 광고했다. 6학년 학생 중에서만 뽑는다는 말이 들리면서 우리 반에서는 예선에 나갈 사람 세 명을 아이들의 추천으로 뽑아놓았다. 임옥자, 김효정 그리고 나 조병옥이었다. 별스럽게 큰 경쟁도 아니었는데도 우리 아버지는 뽑힌 딸을 자랑하느라 직장인 근화약품주식회사 직원들을 모두 불러다 청요리를 먹였다.

"야, 이놈들아, 딸을 낳으려면 내 딸 같은 걸 낳아야지 뭣들 하는 거야! 하하하."

술이 거나하게 취하자 아버지는 사정없이 딸 자랑을 늘어놓았다. 지금 생각해보면 그것은 딸을 빙자해서 보여주고 싶었던 아버지의 자존심 회복이었던 것 같다. 말하자면 '나도 젠장, 옛날엔 바이올린을 켰단 말이야. 내 딸이 누굴 닮았는지 이젠 알겠냐?' 하는 따위의. 내가 기억하기로는 아버지의 바이올린 실력은 술김에 〈목포의 눈물〉 정도를 켜는 수준이었다.

어쨌든 그런 아버지에게 또 한 번 이 딸년으로 인해 별스런 일이 생겼으니 그것은 아버지 표현 그대로, '잠자다가도 개처럼 벌떡 일어날 일'이었다.

부자들만 다닌다는 근처의 혜화국민학교 아이들로부터 '창경, 창경, 거지 떼들아' 하는 노래로까지 놀림을 받고 있었던 우리 '창경똥통학교'(혜화 아이들이 그렇게 불렀다)에 어느 날 놀랄 만한 기쁜 소식이 들어왔다. '창경'이 문교부가 뽑은 '음악연구수업학교'로 지정된 것이다. 새로운 음악 수업안을 창출해내기 위한 문교부의 정책에 따른 것이라고 했다. 어린 마음에도 우리가 그것을 잘 해내야 '똥통학교'를 면한다는 생각을 했고 이것저것 꼼꼼히 준비하느라 밤늦게까지 학교에 남아 있었다.

연구수업을 발표하는 날이 왔다. 장소는 지금 대학로에 있는 의과대학 강당으로 지정됐다. 그때만 해도 그곳은 서울대학교 음악대학 학생들이 자주 이용하는 콘서트용 강당이었다. 강당에 들어서니 2층은 각 학교에서 파견된 음악 관계 교사들, 참관하는 학부형들로 꽉 차 있었다. 아래층엔 연구수업을 맡은 학생들을 위한 책상과 의자가 우리 반 학생 수만큼 놓여 있었다.

당시 나는 음악부장도 아니었고 오히려 미술부장 쪽이었던 것 같은데 이 음악수업을 이끌고 가는 중요한 역할 중 많은 것이 내게 맡겨졌다. 말하자면 노래에 붙이는 즉흥반주라든가, 새 악보를 초견(初見)으로 시창하여 시범을 보여준다든가, 음악형식을 분석한다든가, 노래를 지휘한다든가 하는 등등의. 가난으로 밥을 비비며 자란 내가 악기로 즉흥반주를 할 수 있었던 건 바로 아버지의 일본 친구 호리다상 덕이었다. 패전 후 일본으로 쫓겨 갈 때 못 갖고 간 오르간과 바이올린을 아버지에게 넘겼던 것이다. 아무도 가르쳐주는 사람이 없었지만 나는 늘 오르간을 쳤다.

윤정로 교장 선생님이 개회를 알리는 말씀을 하고 단상에서 내려왔다. 장내가 조용해졌다. 벽에 걸린 동그란 시계의 긴 초침이 한 바퀴를 돌고 또 한 바퀴를 돌기 시작할 때 아동 음악 작곡가로 유명한 정세문 선생을 선두로 문교부 장학관들이 입장했다. 모두들 박수를 쳤다. 장학관들이 현장에서 생면부지의 새 노래 악보를 나눠주었다. 어떤 교안에 어떤 교육 목표를 가지고 어떤 방법으로 수업을 이끌어 나가느냐 하는 것이 50여 명의 6학년 꼬마들에게 주어진 과제였다. 아이들은 토론부터 시작했다. 이런 방법이 좋겠다, 저런 방법은 어떨까……. 나누어준 악보는 '순풍이 불어온다'라는 가사로 시작하는 〈봄바람〉이란 노래였다.

연구수업은 기대치를 훨씬 뛰어넘는 성과를 불러왔다. 지금 생각해보니 그것이 세상에 나와 기립박수를 받아본 첫 경험이었다. '분다, 분다, 순풍이 불어온다'로 끝난 〈봄바람〉이란 노래를 2부로 합창하면서 우리는 의기양양

하게 수업을 끝냈다.

어려운 가정 사정으로 육성회비도 제때제때 못 내고, 인생 출발점부터 돈 있고 잘 나가는 아이들 눈치나 보는 혐오스러운 내 유년기의 모습이 철저히 굳어지고 보편화되어 있던 그 시절, 뜬금없이 나타난 '순풍이 불어온다'라는 노래가 가져다 준 '순풍 부는 세상'으로의 초청은 참으로 이 조병옥이 기억하기에도 역겹도록 친절한 영접이었다. 살아가면서 나는 한 번도 이때 느끼고 본 세상을 제대로 표현해본 적이 없는 것 같다.

기자들의 카메라가 사방에서 번쩍거렸다. 라디오를 통해 알고 있었던 유명한 음악가 정세문 선생님이 나를 번쩍 들어올려 안아주자 모두들 환호해 주었다. 아버지는 딸 자랑을 하다 말고 눈물을 닦으셨고 우리 반 담임 김주경 선생님은 그런 아버지를 얼싸 안았다. 윤정로 교장선생님은 우리 반 아이들 머리를 일일이 쓰다듬어 주셨다. 그날 참관했던 신봉조 이화여고 교장이 내 앞으로 다가와(물론 나는 나중에서야 그분이 누구인가를 알게 됐지만) 내 키에 맞추시느라 쪼그리고 앉으셨다.

"중학교 원서는 물론 우리 이화여중에 내겠지, 꼬마 음악가야?"

생각이 안 난다, 그때 내가 뭐라고 대답을 했는지. 다른 아이들도 다 잘했는데 어째서 나만 그날의 신데렐라로 대우를 받고 있는 건지. 좀 어리둥절했던 기억만 난다.

물론 나는 이화여중에 입학원서를 냈다. 경쟁률은 4 : 1이었다. 석차순 3등까지만 소위 1류 학교라고 하는 이화여중과 경기여중에 원서를 내도록 권유하던 담임선생님은 그날 오후 아버지를 학교에 오시도록 했다. 나는 눈치를 챘다. 내 석차가 9등이니까 1류 학교 지망할 생각은 말라는 얘기겠지.

심란한 기분으로 담임선생을 찾아갔던 아버지는 교무실 문을 나서자마자,

기다리고 있던 내 손을 잡고 뛰는 것이 아닌가! 서울대학 부속병원 마당을 지나 한길을 건너 '배불떼기 과자집' 앞에 이르자 아버지가 대뜸 물었다.

"우리 딸, 뭐 먹고 싶냐? 셈베? 풀빵?"

아버지는 몇 가지 과자를 주섬주섬 봉투에 담더니 창경원으로 들어가자고 하셨다. 어린 마음에도 나쁜 일은 아닌 성싶었다. 아버지와 나는 연못가에 앉았다.

"내 말 잘 들어봐라."

"좋은 일이야, 나쁜 일이야?"

나는 빨리 알고 싶었다. 아버지는 담뱃불부터 붙이고 침을 한 번 깊게 삼키셨다.

"담임선생님의 말을 고대로 먼저 전하마. 네가 이화여중을 지망했지만 위험부담이 조금 있대. 그런데 말이야, 서울대학 강당에서 연구수업한 날, 각 중고등학교 음악교사들이 많이 참관했잖니. 풍문여고 음악교사가 오늘 아침 너희 담임선생님을 찾아 왔대. 조병옥을 '풍문여중'에 달라고 하더란다. 그렇게만 해주면 창경국민학교에서 금년에 풍문을 지망하는 학생들은 모두 무시험으로 받겠대. 그뿐 아니라 조병옥에게는 3년간 장학금을 지급해서 수업료 걱정 없이 공부하도록 해주겠다 하더란다."

"왜?"

"왜라니, 네가 그 음악선생 맘에 든 거지."

"왜 든 건데?"

"그 학교에 큰 관현악단인가 합창단인가 뭔가를 만든대. 학교 예산도 다 책정됐다고 하더래."

금방은 이해가 되지 않는 얘기였다. 아니, 몇십 년이 지난 지금도 이해가 안 되는 얘기다. 요즘 같으면 학교 비리로 덜미 잡힐 일이 아닌가. 모든 것이 너무 갑작스러워 도무지 이게 좋은 일인지 아닌지조차도 판단이 서질 않았다. 나는 투덜거렸다.

"'풍문'은 2차 학교예요."

"알아. 너도 2차는 풍문 지망했잖니. 그런데 경기, 이화, 숙명, 진명 떨어진 애들이 어디로 가겠니? 풍문이 왜 2차 학교가 됐는지 너도 알지? 일류학교에서 몇 점 차로 떨어진 우수한 학생들을 자기네가 받겠다는 속셈이잖아. 그러니 2차라고 하지만 우수한 애들이 몽땅 풍문으로 몰릴 건 뻔하지. 모르긴 하지만 경쟁률이 아마 20 : 1은 될 거란다."

"이십 대 일??"

나는 방에 틀어박혀 있었다. 엄마가 걱정스런 얼굴로 말씀하셨다. 아버지의 벌이가 지금 말이 아니니 돈 안 내고 3년을 다닐 수 있는 학교를 마다하기도 쉽지 않으실 거라고. 그러나 결정은 딸에게 일단 맡긴다고 하셨단다. 결국 나는 아무것도 결정 못한 채 날짜만 보내고 있었다.

입학시험 날이었다. 집을 나서며 나는 말했다.

"일단 시험을 보겠어요. 떨어지면 자동적으로 풍문에 갈 거고……."

"합격하면……?"

엄마가 통명스럽게 반문하셨다.

나는 대답하지 않았다. 현관을 나와 골목길을 뛰기 시작했다. 아직은 내 앞에 내 인생의 성패를 가르는 갈림길이 시야에 들어오지 않고 있었다. 나는 뛰었다. 나는 시험장으로 달려가 무턱대고 답안지를 써서 제출했다. 구두시험 때도 아무 준비 없이 구두만 잘 닦아 신고 갔다. 뜻밖에도 신봉조 교장선생님은 이내 나를 알아보셨다. '허구, 우리 꼬마 음악가 오셨네.

어디, 내가 노래할게 지휘 좀 한번 해볼래?' 하시면서 하나, 둘, 셋, 넷, 하고 예비박자를 주다가 '허허허, 나중에 합격해서 하면 될 걸, 뭘 지금부터 할 거 있겠니?' 하시는 게 아닌가? 나는 그 모든 것이 무엇을 뜻하는지 알 수가 없었다. 놀리시는 것 같기도 하고, 너는 벌써 내가 찍어놓았다! 하시는 것 같기도 했다.

'이화'에다 무게를 실어봤다가 '풍문'에다 올려놔 봤다가. 수도 없이 왔다 갔다 머리를 굴리는 동안에 드디어 발표 날이 왔다.

아침부터 비가 조금씩 오고 있었다. 정오가 되자 전화통에 불이 나기 시작했다.

"우리 아이가 떨어졌어요. 제발 병옥이네가 우리 아일 살려주세요."

1차 합격자 발표가 나오기 시작하자 낙방한 아이들 중 '풍문'을 2차로 지망한 학생의 부모들이 아우성이었다. 나는 전화를 내려놓자고 말했지만 아버지는 일일이 전화를 받아 그들을 위로하느라 벽에 달린 전화기 옆에 내내 서 계셨다.

"글쎄 아이가 말을 해야죠……. 오후 2시에 일단 풍문여중에 2차 지망생 예비소집이 있으니 수험표도 받을 겸 풍문으로 가겠습니다. 그때 뵙죠."

나는 신경질을 부렸다.

"왜 그 사람들한테 자꾸 기대를 하게 하세요? 아직 모른다고 했잖아요!"

"그럼 어쩌라고? 울면서 하소연하는데! 그러나저러나 이놈의 이화여중은 왜 발표를 저녁때나 한다는 거야!"

아버지가 화를 내는 것은 이화여중의 늦은 발표시간 때문만은 아니었다. 돈 없는 아버지에게 있어선 이화여중 같은 건 차라리 이번 장마통에 아주 떠내려가 버렸으면 좋을 학교였는지도 모른다.

오후 2시, 빗방울이 커지고 있었다.

나는 일단 수험표를 받으러 풍문여중으로 갔다. 이화를 제외한 모든 1차 학교가 합격자 발표를 끝낸 후라서 그런지 풀 죽은 학생들과 부모들이 우산 속에서 눈물을 닦고 있었다. 창경국민학교에서는 풍문 지망자 중 나를 제외한 9명의 1차 낙방자가 나왔다고 담임선생님이 말해주었다. 그것은 '조병옥, 네가 저 아홉 명을 책임지라'는 말로도 들려왔다. 풍문의 내 수험표 번호는 714번, 경쟁률은 15 : 1이었다. 여기저기서 곱지 않은 시선을 보내고 있는 '창경' 학부형들과 낙방한 친구들에게 조병옥은 아직은 그러나 큰 공격의 대상이 아니었다. 아니, 오히려 남아 있는 한 장의 마지막 카드일 수도 있었다.

4시 45분,

정동 이화여중 교정에는 우산들로 인산인해를 이루고 있었다. 아버지는 오시지 않고 회사에서 전화를 기다리겠다고 했다. 오빠들도 둘 다 왔으련만 기척을 주지 않고 숨어 있는 것이 분명했다.

갑자기 와아, 하는 소리가 나면서 우산들이 한쪽 방향으로 움직이기 시작했다. 둘둘 만 두루마리 종이를 든 남자와 풀통, 풀비를 든 사람이 기숙사 건물 쪽으로 뛰고 있었다. 나도 사람들 따라 뛰기 시작했다. 교정은 그 사이 고인 빗물로 철퍽거렸다.

평생을 두고 내 머리를 도리질하게 하는 내 인생사의 한 컷이 펼쳐지려는 극적인 순간이었다. 내 수험 번호는 414번이었다. 411번까지 종이가 펼쳐지더니 남자는 잠시 벽돌 벽에 풀을 칠하고 있었다. 차마 더는 지켜볼 수 없었다. 나는 몸뚱이를 180도 뒤로 홱 돌린 뒤 발을 쾅 굴렀다. 고인 물이 얼굴까지 튀었다.

나는 몰랐다. 정말 모르고 있었다. 내 바로 뒤에 빽빽이 서 있는 우산들이 모두 그 9명의 1차 낙방학생, 창경 출신 풍문 지망생들의 것이었다는 것을. 내 번호, 414번을 기다리는 숨 막히는 순간 나는 아홉 명의 아이들, 그리고 그들의 부모님 얼굴을 초조하게 마주 보고 서 있었다. 으아아아! 일순간 찢어지는 비명과 함께 내 앞에 서 있던 우산들이 일제히 땅바닥에 주저앉았다. 내 숨이 꺼졌다. 나는 꼼짝도 할 수가 없었다. 잔디밭 고랑으로 흘러내려가는 빗물이 모두가 그 아이들의 눈물 같았다. 경황 중에도 나는 슬그머니 뒤를 돌아다보았다. 빗줄기 사이로 똑똑히 보이는 414번을 확인하고 있었다.

몇 분 동안이었던가, 혼자 그렇게 잔디밭에 남아 비를 맞고 서 있었던 게. 오빠들에게도 먼저 집에 가 계시라고 했다. 나는 담임선생님이 기다리고 계실 학교로 향했다. 선생님은 차라리 축하한다는 말씀을 삼키셨다. 우리는 말없이 운동장을 걸었다. 국기 게양대 옆을 지날 때 선생님이 말씀하셨다.

"네가 좋아했던 자리지. 이젠 여기 앉아 있는 너를 볼 수 없겠다……."

나는 울어버렸다. 종일 참고 참았던 눈물주머니가 찢어지고 말았다.

어찌 헤아릴 수 있었으랴, 그 어린 것이, 그렇게 느닷없이 밀려 닥쳐왔던 엄청나고 불가사의한 사건들과, 그리고 절대 고의적일 수 없었던 어린 것의 선택이 평생 그녀를 죄수처럼 끌고 다니며 두려움 속에 살게 하는 무서운 음모를 내포하고 있었던 것을.

바람이 불면 깃대 꼭지가 울고, 그가 울면 재미로 귀를 거기다 대고 '이 속에 바람이 산다'고 말하며 해처럼 웃었던 아이였다. 그런 나에게, 흔들리는 깃대에 귀를 바싹 대고, 나로 인해 상처를 받았던 6명의 풍문 낙방자들(안춘자 등 3명은 2차 시험에 합격했다)과, 그들 가족의 원성에 귀를 기울이는 버릇이 생긴 것은 내가 바로 그 운명의 이화여중 배지를 가슴에 달면서부터였다. 나는 그들의 소리를 들었다.

"너는 끝내 음악을 못하게 될 걸! 두고 보자, 두고 봐."

"네가 돈 없이 어디 얼마나 버티나 보자. 이화만 가면 다 되는 줄 알아?"

이따금 그 속엔 그러나 나를 변명해주는 목소리도 있었다.

"괜찮다, 내 딸아. 너는 내게 미안해할 필요가 조금도 없어. 나는 너를 나무라지 않았단다. 너처럼 그렇게 살지 못한 나 자신을, 늘 남의 눈치 보다가 세상을 다 보낸 나를 지금도 나무라고 있어."

그 음성은 너무도 높은 곳에서 들려와 아버지의 음성 같기도 하고 다른 이의 목소리 같기도 했다.

내가 대학 4학년이 되던 해, 아버지는 그렇게도 조용히 숨을 거두셨다.

'당신 딸은 천재적인 예술적 소질을 타고 났소'라는 말을 들었을 때 아버지는 세상을 다 얻은 것 같았다. 그러나 그런 아버지에게서 레슨비 한 번을 받아다 공부해본 적이 없는 딸이 음악이라면 이가 갈린다는 말을 뱉어냈을 때부터였던 것 같다. 아버지의 말수가 적어지기 시작했다.

5남매 중 하나뿐인 딸이었다. 자신이 그렇게도 좋아하는 음악을 딸이라도 공부할 수 있게 될지도 모른다는 생각에 아버지 가슴이 희망으로 솟구칠 때도 있었다. 하지만 딸에게 필요한 피아노는 고사하고 실로폰 한 개도 사줄 수 없었던 당신으로선 그것은 진작부터 목 졸라버렸어야 했을 꿈이었다. 패전 후 일본 친구가 남기고 간 풍금과 바이올린, 그리고 수동 축음기가 다였지만 그것마저 6·25 전쟁이 앗아갔으니 아버지에게 있어서 딸의 음악 공부를 머리에 떠올리는 일은 곧 고통의 시간을 펴 올리는 일이었을 것이다.

다섯 아이 중 세 아이만 학교 보내기도 힘들어지자 아버지는 허구한 날 술로 소일하셨다. 다른 집 아이들 두세 벌 씩 가지고 있는 이화여중 교복을 사서 입히지 못해 애가 타던 엄마는 평화시장 노점상들이 파는 옛날 경찰관 제복을 사다가 검정색 물감을 들여 교복이라고 만들어 입혀주셨다. 오래 입어 염색 물감이 햇빛에 발해 빨건 색으로 변하면 애들이 비웃는다고 아예 학교엘 안 가겠다고 펄펄 뛰는 딸년 때문에 엄마는 앞치마에 코를 풀어가며 우셨다.

어쨌거나 하나님은 세상에 있는 귀인이란 귀인을 줄줄이 내게로 보내 어렵사리 고등학교를 나오게 했다. 사람들은 그것을 인복(人福)이라 했다. 소학교 졸업할 때는 이화여중이냐 풍문여중이냐 중에 택일을 해야 됐지만 고등학교 졸업할 때는 흥! 시집가면 되지, 머리 복잡해질 이유가 있나! 했다. 그런 나에게 또 하나의 귀인 같은 사람이 나타났으니 그분이 그 유명한 지휘자 임원식(林元植) 선생님이다. 서울예고를 창립하시고 개학 준비로 바쁜 어느 날, 나를 불러 대학 입학금을 선뜻 내주셨다.

"이놈아, 넌 음악을 해야 돼!"

아무튼 내 의지와는 상관없이 '귀'자 붙는 것들은 귀인이든 귀신이든 계속 내 뒤를 쫓아 다녔다. 와중에도 이화대학교 음악대학을 1등으로 붙어 반장으로 뽑혔던 날 엄마가 말씀하셨다.

"귀인이 도와주면 뭐 하니, 귀신이 뒤쫓아 와 다 뺏어가는 걸."

그랬다. 나는 어려서부터 많은 사람들의 도움을 받았다. 도움을 받을 때마다 어둡던 날이 반짝 꿈으로 되살아났다. 그러나 그 꿈이 되살아나는 순간 다른 저 편에서는 어둠이 밀려오고 있었다.

"팔자다, 팔자!"

사람들이 말했다. 그 '팔자'란 놈의 행각은 대체로 이러했다.

- 식구들 중 누가 별안간 큰 병으로 입원해 오래 끌면서 내 소유라고 이름 붙여진 모든 것을 몽땅 가져간다.

- 그래도 어떻게든지 음악을 해보려고 아반도주라도 하는 날엔 어느새 뒤쫓아 온 그 '팔자'란 악마가 건 딴지에 넘어져 이번엔 내가 병원으로 실려간다.

- 그리고 그 '팔' 씨는 내게 비아냥거린다. "암, 음악은 해야지. 네가 안 하면 누가 해."

애시 당초 풍문여중을 그냥 들어갈 걸 왜 이화여중을 택해가지고 이 고생을! 하면서 머리를 쥐어뜯던 어느 날, 나는 한 남자를 만나 청혼을 해보기도 했다. 남자를 위해 밥도 해주고, 양말도 빨아주고, 와이셔츠도 다려 입혀주며 한 여자로 살고 싶었다. 아무려나 이렇게 힘들게 공부하는 것보다야 행복하겠지 싶었다. 그러나 어찌하랴! '너는 음악을 해야 된다'는 깃발을 든 귀인의 행렬은 대학을 지나 대학원 졸업 때까지 이어지고 있었다. 이따금 나는 사람들의 질문을 받는다. '아니, 그렇게 돈 없이 어렵게 자란 네가 어떻게 대학원까지 나오고 어떻게 대학 교수까지 될 수 있었단 말이냐?' 나는 대답한다. 나도 모른다고. 길이 열릴 때나 막힐 때나 내가 선택해서 갔다기보다는 그냥 끌려서 간 것뿐이라고. 어른이 되어서는 조금 유식하게 대답하려고 안간힘을 쓰는 자신이 우스꽝스러웠다. '인간은 뭐가 진실로 옳은지를 잘 알 수 있는 존재가 아닙디다' 하고. 대학원 진학 같은 건 안중에도 없었던 내게 어떤 일이 일어났었던가. 졸업식을 며칠 앞둔 날 음악대학 학장 김영의 교수님이 나를 부르셨다. 너 대학 졸업하면 뭐 할 거니? 물으셨다. 시집밖에 갈 데가 없다고 했다. 학장님은 핸드백에서 돈뭉치를 꺼내더니 다짜고짜로 대학원 가라! 하시는 것이었다.

전혀 준비를 안 해서 못 간다고 했다. 이틀 남았으니 어서 준비하라고, 실기는 있는 작품 그냥 내면 되고 전공과목에 대한 인터뷰 준비만 하면 된다고 하셨다. 날벼락이었다. 영어시험도 있는데. 그건 평상시대로 하면 될 것도 같았지만 제2외국어는 대학 1, 2학년 때 해보고 그냥 짱으로 놀았는데 어찌하란 말인가!

불어시험 시간이었다. 번역하라는 문장이 나왔다. 아무리 읽어도 뭐가 어쨌다는 얘긴지 알 길이 없었다. 어차피 합격하긴 다 틀렸는데 장난이나 하고 나가자 생각한 나는 '고깃간'이란 단어가 눈에 들어오자 문장을 쓰기 시작했다. '고깃간에 간다. 우선 신선도가 좋은 고기를 고른다. 고기 빛깔이 시커멓게 변한 건 신선도가 떨어진다'라고 쓰기 시작한 나는 불고기 산적을 만드는 요리법을 장황하게 썼다. 물론 내가 만든 스토리이다.

합격자 발표 날이었지만 나는 잊어버리고 있었다. 학장 비서가 전화를 걸어왔다. 학장님이 속히 좀 보시자고 하셔요! 이크, 올 게 왔구나! 했다. 선생님, 용서하세요. 절을 하면서 선생님이 주셨던 돈 뭉치를 테이블 위에 올려놓았다. 야단맞기 전에 먼저 엉덩이를 까고 엎드린 것이다.

"불어 교수가 네 얼굴 좀 보고 싶단다. 가봐, 지금!"

학장님의 음성은 뜻밖에도 부드러웠고, 어쩐지 자꾸만 웃음을 참으시느라 애쓰시는 것같이 보였다.

불어 교수님은 내게 커피까지 내놓았다. 각오하고 왔습니다, 하고 내가 먼저 입을 열기가 무섭게 그는 하하하하…… 앙천대소를 했다. 잠시 후 그는 말했다.

"불어 선생 한 지 십여 년이 지났지만 너 같은 걸작은 내 첨 본다!"

여기까지 말하다가 그는 또 한바탕 호탕하게 웃었다. 결국 나는 '조건부

합격'이라는 판정을 받았다. 영어시험 성적이 좋은 것으로 미뤄봐서 불어도 한 학기 동안에 A 학점을 받을 수 있을 거라고 확신했다는 것이다. 첫 학기에 목적을 달성하면 합격이 인정될 것이라는 얘기다. 나는 불어뿐 아니라 모든 학과목에서 A 학점을 따냄으로써 대학원생 55명 중 1등에게 지급되는 '세계기도일 장학금'을 받게 됐다. 졸업 때까지 학비 전액 혜택을 받게 된 것이다. 어쩌다 좋은 일 있으면 틀림없이 뒤쫓아 와 훼방을 놓는 귀신이 이때만큼은 한눈을 팔았는지 한동안은 눈앞에 얼씬도 안 함으로써 내게 숨을 돌릴 시간을 주었다.

아버지가 숨을 거두시는 순간이었다. 그동안 손수 머리맡 벽에 붙여놓았던 이 외동딸의 작곡발표회 광고 포스터가 허르르, 힘없이 아버지의 얼굴로 떨어졌다. 모두들 섬뜩 놀라 서로의 얼굴을 마주 보았다. 나는, 아버지가 애지중지 아끼며 쳐다보고 만져보고 하셨던 포스터를 둘둘 말아 관 속에 넣어드렸다. 그것은 아버지가 마지막까지 소유하고 싶어 했던 그의 유일한 재산이었고 그가 그렇게 사랑하면서도 보살펴주지 못했던 딸의 분신이었다.

빚쟁이에게 멱살 잡혀 앞마당으로 질질 끌려 나오던 엄마를, 그리고 반신불수가 된 몸으로 그 옆에서 눈물을 흘리고 계셨던 아버지를 목격한 것은, 그날도 학비 버느라 악보 원본을 쇠판에 긁는 일을 하다 늦게 귀가한 이 딸년이었다.

'초보자가 첼로 활 긋는 그윽그윽 소리 정말 못 들어주겠다'고 투덜대는 오빠들에게 '난 그 소리가 자장가 소리 같다'고 하셨던 아버지는, 어느 날 이제는 딸의 그 자장가 소리를 들을 수 없게 된 것을 알았다. MIT 대학 데이먼(Damon) 교수가 한국에 왔다가 우연히 딸의 얘기를 소문으로 듣고 선물한 그 귀한 첼로가 당신의 빚을 갚기 위해 팔려나갔다는 것을, 방 한 모퉁이 휑하니 빈 딸의 방에서 확인했던 날, 그날부터 아버지는 방문을 닫으셨고 그렇게 그는 51세를 일기로 눈을 감으셨다.

이미 여러 날 혼수상태에 있었던 아버지였다. 위독하다는 전갈을 받고 뛰어 들어온 내가 '아버지, 나예요, 병옥이에요!' 하며 손을 잡아드렸을 때, 딸을 알아보고 주르르 흘린 그의 마지막 눈물이, 그의 마지막 침묵이 무엇을 말하고 있는지 아는 이가 있었을까.

십 년이 지나고 또 십 년이 두 번 지나갔다.
지금 아버지는 어디쯤 가고 계실까…….
먼 하늘로 빈 손 흔들며 지나가는 구름 한 점
머얼겋게 웃는다.

아버지 관 속에 넣어드린
저자의 연주회 포스터

29. 레이더에 걸린 위선

1987년 4월 5일. 단식치료 40일째.

차에 실려 강연장으로 가면서도 나는 무엇엔가 눌린 마음이었다. 이우재* 의 강연이 그렇게 중요해? 지금 이 마당에? 오늘 40일째 단식하고, 그리도 외롭고 슬픈 눈으로 누워 있는 사람을 집에 혼자 놔두고, '농민문제'를 다룬다는 강연을 들으러 가겠다는 내 말이 가했으리라 짐작되는 실망의 빛을 남편의 얼굴에서 보지 않으려고 나는 뒤도 안 돌아다보고 현관을 나섰다.

59킬로그램으로 몸무게가 줄어든 환자, 얼굴은 바싹 마른 오렌지껍질처럼 하얀 버섯이 피어 있고, 걸음을 옮길 때도 벽을 짚고 한 발 한 발 간신히 움직이는 남편인데, 그의 옆에 '함께 있어주는 것'보다 더 중요한 일이 지금 뭐란 말인가! 걱정 말고 다녀오라고는 했지만 다녀오라는 말은 내가 그로부터 이끌어낸, 어쩌면 반(半) 강요된 호의가 아니었을까?

'현모'까진 안 돼도 '양처' 정도는 된다고 스스로도 인정했던 내가 눈앞에 위기를 맞고 있는 중병환자를 내버려두고 일신의 재미를 찾는 싸가지 없는 유형의 인간에 속할 수 있다는 실례를 지금 보여주고 있는 건가…….

내가? 내가 어떻게? 내 의식 저 깊은 곳에 떠돌아다니는 무엇, 언뜻 포착해 느껴보려 하면 바퀴벌레같이 사라져 버리는 저 이상한 물체는 무엇인가? 얼마나 긴 시간을 숨도 못 쉬게 켜켜이 눌러놓았으면 그 컴컴한 곳에 둥지를 틀고 앉아 있다가 잠깐 뚜껑이 열린 사이로 경련하듯 위로 솟구쳐 올라 가슴 한복판을 날카롭게 찌르고 사라지는 걸까?

부부란 이런 것인가? 나는 새삼 묻는다. 이것은 어쩌면 단 한 번도 마음 기울여 생각해본 적이 없는 그에 대한 내 관심(사랑이라 해도 좋다)의 측면이었다. 사랑하며 사는 아름다운 부부란 겉으로 보이는 것과는 또 다른 모습을 지니고 있는 건 아닐까. 결국 그들이 어떻게 상대방을 보듬고 다루느냐에 달려 있는 게 아닌가. 그가 고통을 이기게 하려면 스스로 '견뎌서 배겨내게' 해야 된다는 것을 알고는 있었지만 그것이 적어도 '오늘', '지금'은 아니어야 한다. 분명 '지금'은 아니어야 한다'는 생각이 함축하는 바를 막상 정면으로 보기가 나는 두려웠다.

강연장 안에 들어선 나는 사람들과의 악수를 생략하고 기도하는 사람처럼 눈을 감고 앉아 있었다. 우선 나 자신을 달래고 싶었는지도 모른다. 내 의식 속에 떠다니는 혼란스런 힘의 파편이 일단은 내 안의 저 밑바닥으로 가라앉기를 기다렸다.

강연은 시작됐지만 나는 가지고 간 노트에 똑같은 단어만 내리 적고 있다. 사랑과 위선, 사랑과 위선, 위선, 위선…… 공책 빽빽이 끼적거리고 있었다.

이우재 씨는 내 고통과는 상관도 없는 이야기를 줄기차게 이어가고 있었다.

"농민문제는 곧 경제문제죠. 식량을 얼마나 생산하느냐를 측량하는 걸로 농민문제의 척도를 재왔던 종전까지의 경향이 1970년대 이후에 달라집니다. 농민운동이 사회운동으로 바뀌면서 농민이 다른 의식을 갖게 되는 거죠. 정치적, 사회적 의식이죠."

얼핏 보니 그는 가수 서수남 비슷하게 생겼는데 자세히 보니 그는 아주 미남형에 들어가는 얼굴이었다. 적어도 내게는.

"반외세, 반봉건을 들고 나온 게 동학의병 때 아니겠어요. 일제하의 농민운동이 뭐겠어요? 소작농민 운동이죠. 해방 후 토지개혁하고, 좌우익 싸움하고. 그때 좌익 잡기 위해 생겨난 게 그 무슨 대한노총농민조합청년회인가 그런 게 자유당 산하에 시녀로 있다가 흐지부지 없어지지 않았습니까. 그러고는 농민운동이 없어졌죠. 그리고 이제 사회운동으로서의 농민운동이 70년대 와서 그 움직임을 보입니다."

얘기가 점점 재미있어졌다.

"자본가들의 소농유지정책에 시달려온 농민들이 깨어나기 시작합니다. 무엇 때문에 당하는 착취인가를 사람들이 알게 되기 시작합니다. 국민식량의 50%, 즉 식량 20억 불 플러스 축산물 30억 불, 총 50억 불을 외채에 의존하고 있다는 것이 국가나 개인에게 어떠한 정치적, 사회적 의미를 부여하는지 알게 되는 겁니다."

"가톨릭 농민회가 생긴 것도 70년대 초 아닌가요?"

누군가가 불쑥 물어본다.

"맞습니다. 그것이 국제기구에 가입하면서 진보적 신앙을 통해 의식화운동에 박차를 가합니다. '강진의 민주화는 강진사람이!'라는 구호를 들고 나온 농민운동이 요즘 역점을 두고 있는 것은 무엇보다도 부조리를 캐내는 데 있어요. 특히 괄목할 만한 것은 여성들이 하고 있는 관료주의와의 싸움이죠."

이우재 씨는, 크리스천 아카데미의 프로그램 중 '운동가 양성교육'이란 게 부락, 지역, 전국 단위로 농촌 의식화작업을 하면서 합리적인 사고방식을 갖고 경제투쟁에 나서게 됐다는 말로 강연을 마치면서 질의시간을 갖겠다고 했다.

1979년 4월 박 정권은 이우재, 한명숙, 장상환, 김세균 씨 등 크리스천아카데미 간사들을 구속했다. '불법 지하 용공서클을 구성해 중간집단교육을 통해 사회주의 실현을 획책했다'는 혐의로. 이것이 그 유명한 '크리스천아카데미 사건'이고 이우재 씨는 이로 인해 3년 4개월의 형을 치르고 나왔다.

"니 미쳤어. 당신 혼자 두고 나갔다 온 거 좀 봐."

허울뿐인 말 같기도 했지만 이것은 최소한 위선은 아니었기에 망설임 없이 말했다. 아니, 그것은 내가 그에게 보여준 정중한 예의였다.

"그런 말 하지 마. 나 다시 살아나고 있어."

다시 살아나고 있다니? 그것은 전혀 예기치 못했던 대답이었다. 그의 목소리는 매우 조용하고 다정했다.

"곧 원기왕성해질 테니 두고 봐. 스물여덟 시간만 지나면."

나는 들고 있던 커피잔을 내려놓았다. 이 사람이 왜 안 쓰던 '원기왕성'이란 단어까지 입에 올리며 갑자기 삶에 대한 어떤 확신 같은 걸 보여주고 있는지 나는 잠시 어리둥절했다. '흥, 내가 제 남편이 아니고 제 자식이라면 이런 때 혼자 두고 나갔겠느냐 했겠지' 하는 내 멋대로의 추측은 완전히 빗나간 것이었다.

“늘 말했지만 당신은 참 신비로운 사람이야. 당신 마력의 암호를 풀었어. 천재들이 가지고 있는 광기에 연유한다는 걸.”

이 사람이 지금 누구 얘길 하고 있는 것인가?

“……내가 당신 혼자 두고 나간 게, 내 천재적인 광기에서 온 거라고요?”

“……마른하늘을 가르는 시퍼런 섬광, 그런가 하면 잠든 영혼들을 흔들어 깨우는 폭풍우와 같은…….”

그는 이미 시작된 지 한참 된 모노로그의 한 부분을 읊어 내려가는 배우처럼 어떤 경지에 올라가 있었다. 그의 얼굴은 평화로 가득 차 있었고 그의 목소리는 확고했다. 말을 잠깐 멈춘 그는 눈물을 닦고 있었다.

“우리의 고통스러웠던 드라마가 끝나가고 있어. 이제 몇 시간 안 남았어. 정말 고마워……. 당신, 나 때문에 고생 많이 했어.”

그는 나를 향해 양 팔을 벌리고 있었다. 눈동자엔 기다림이 흠뻑 배어 있었다.

“미안해요, 미안해요……. 더 잘해주었어야 했는데…….”

그 다음 말은 검은 목구멍 좁은 속으로 기어들어 갔다.

‘미안해요, 당신은 눈치 채지 못했겠지만 난 벌써부터 당신 옆에 있지 않았어요. 처음 나는 이상주의자인 당신에게 빠졌었지만, 같이 살면서부터는 당신이 이상주의자라는 것 때문에 힘들었어요. 로맨티스트의 극치인 내가 정신지고의 가치에 모든 것을 둔 당신을 만나 내 딴엔 그래도 힘의 중심을 서게 하려고 애를 썼지만, 당신이 나를 만나기 전부터 지고 온 당신의 인생이 너무도 내겐 무거웠어요. 당신은 너무 많이 넘어졌고 그럴 때마다 나 또한 덩달아 넘어져 무릎이 깨진 횟수가 점점 많아지면서 서로가

서로에게 긴장하며 살고 있었어요. 내게 남은 건 이제 피로뿐이에요.'

나는 힘들고 지친 40일을 그의 품에 묻어버렸다. 그는 그의 주름투성이의 손을 내 손 위에 얹으며 조용히 말했다.

"난 당신을 오래 그리워할 거야. 죽은 후까지도. 난 당신이 오늘 밤 돌아오지 않고 밖에서 늦게까지 놀고 있었어도 즐겨 기다리고 있었을 거야. 이건 믿음이 아니야. 능력이지, 당신이 준……."

그는 혼자 있었지만 외로운 곳에 있었던 게 아니었다. 딴 동네에 다녀온 것이었다.

그의 뜻밖의 고백은 '위선'이라는 단어를 공책 가득 채우며 자책감으로 시달렸던 나를 금방 구제해주는 데까지는 못 갔지만 적어도 회복으로의 물꼬를 터주고 있었다.

"이 끔찍한 단식을 끌고나가면서 난 당신을 또 한 번 보았어. 하늘을 오래오래 보고 있으면 신이 땅에 내려와서 그 사람을 데리고 올라갈 수도 있다는 얘기 누가 했더라? 당신이 목표를 향해 무섭게 뚫고 나갈 때 보면 그 흔히들 말하는 '최선을 다한다'라는 말로는 표현이 충분치 않아. ……난 이 엄청난 병을 전적으로 당신에게 맡기고 따라왔어. 당신이 날 살리려고 끌고 가다가 설사 실패한다 해도 당신은 성공한 거라고 생각하면서. 무슨 말인지 알지?"

나는 그를 똑바로 마주 보았다. 조리개가 점점 좁아지면서 하나의 점으로 떠오르는 남편의 눈동자 속에서 나는 무수히 그를 다시 만나고 있었다.

'42일 단식'의 끝을 이틀 앞둔 전야제가 이미 시작된 것인가! 극장이 터져 나갈 것 같은 박수갈채 소리를 들으면서도 깊은 감회에 잠겨 이내 관중 앞으로 달려나가지 않고 잠시 무대 뒤에 머물고 있는 발레리나처럼 나는 나만의 은밀한 환희와 비애에 젖어, 아직도 숨이 차 헐떡거리는 가슴 위로 폭포처럼 떨어지는 눈물을 음미하고 있었다.

화장이 지워지고, 위장이 지워지고, 위선이 지워지고 있었다.

무대 뒤 거울 속으로 흘낏 비춰진 자신의 얼굴을 목격하는 순간 나는 당황한다. 그 변화에.

* **이우재** 민중당 상임대표, 한나라당 부총재, 열린 우리당 상임고문 역임, 현 한국 마사회 회장.

30. 뒤축 꺾인 신발로 남은 이

1988년 7월 15일.

어허 어하 에헤 에하~
못 가겠~네~

어허 어하 에헤 에하~
못 가겠~네~

만고풍상 비바람은 몇몇이나 적셔왔나
심신 한 몸 높은 산은 얼마만큼 넘어왔나
태풍 불어 거센 물결 몇 번이나 적셔왔나

빈 손 들고 나왔다가 빈 손 들고 가는 인생
어이없고 애닯구나 불쌍하고 가련하지

어허 어하 에헤 에하~

못 가겠~네~.

고인을 앞세운 행렬이 프랑크푸르트 서쪽에 위치한 오펜바흐 시립병원 공동묘지를 향해 가고 있었다. 상여는 없어도 상두꾼의 구슬픈 노래를 좇는 행렬은 끝도 없이 길었다. 하얀 종이꽃으로 장식된 고인의 영정을 따르는 청년들은 임준철 군이 편곡한 상여노래를 앞서가는 요령의 선창에 따라 부르고 있었다. 그들의 손에는 만장(輓章)이 들려 있었고, 떠나가는 고인이 차마 발걸음을 떼지 못하는 것처럼 한 걸음 앞으로 갔다가 다시 아쉬운 듯 뒤로 한 발 물러서기도 하는 행진을 한동안 계속하고 있었다. 독일 각지에서 모여든 청년들이 이틀 밤을 새워가며 만든 만장에는 그들이 죽은 이를 애도하여 쓴 글들이 씌어 있었다.

길고 험한 죽음에로의 고통을 뒤로 하고 상두꾼의 노래에 취해 있을 고인 공광덕은 어쩌면 이 순간 꿈에도 그리던 그의 고향 춘천 호숫가로 들어서고 있을 것이었다. 아직은 공항 블랙리스트에서 지워지지 않았을 이 사람. 입국비자도 없이 들어선 고향 땅이 낯설어선가, 가다 멈추고 또 한 발짝 가다 쉬어가며 익숙지 않은 발길을 옮기고 있었다.

그 옛날 어쩌다 내린 간이역 매표소, 조그마한 구멍 속에서 마주 보며 웃어주었던 소녀의 얼굴이 천천히 지나갔다. 쟁기 들고 들에서 돌아오던 농부가 맨발로 논둑길에 서서 묵묵히 지켜보고 있었다. 진달래 철쭉이 흐드러지게 핀 개천 옆으로 그냥 생긴 대로 굽이친 흙길을 따라 휘파람 불며 뛰어가는 어릴 적 망자의 손엔 논에서 잡은 메뚜기 병이 들려 있었다.

어허 어하 못 가겠네~ 어허 어하 못 가겠네~

방금 기독교식으로 치러진 영결식에 참석했던 독일인들은 식장에 놓여 있던 온갖 색깔의 화환을 한 개씩 들고 만장 행렬을 쫓아가고는 있었지만 그들은 '이것이 한국의 기독교식 영결식이냐?'고 묻고 싶은 것을 아직은 참고 있었으리라. 기실 나를 비롯한 우리 두 아들놈도 좀 의아해했던 퓨전식 장례식이었다. 이 고별식을 준비한 아들의 친구들 중 하나가 내게 와서 묻지도 않는 변명을 했다. "공 박사님은 모든 종교를 초월하신 분이셨잖아요. 모두가 우애롭게 지내길 원하셨잖아요……. 그래서 우리들이 의논해서 그렇게 준비했어요."

나는 그냥 고개를 끄떡여주었다. 수고했어 하면서.

영결식 순서까지도 모두가 어른 아닌 청년들이 맡아서 진행했다. 순서 속에 들어가는 음악만큼은 내게 와서 의논했다.

오펜바흐(Offenbach) 시립병원 장례식장은 프랑크푸르트를 비롯한 독일 각처에서 모여든 친구들로 꽉 차 있었다. 고인의 42일 단식 때는 물론, 투병하는 2년 내내 곁에 있어주셨던 이해동 목사님의 집례로 영결식이 시작됐다.

고인의 소원대로 모차르트의 〈레퀴엠〉을 영결예배 반시간 전서부터 틀어놓았다. 모차르트는 그의 고통과 분노와 최후의 열정을 녹여 200년 후에 사는 우리에게까지 그 아픔을 평안으로 이끌어주고 있었다.

"지금부터, 지난 7월 13일 12시 10분에 작고하신 공광덕 선생님의 고별식을 거행하겠습니다."

아들의 친구 고종진 군의 목소리였다. 나는 '예배의 부름'에 맞는 조용한 음악을 눌렀다. 말리는 식구도 있었지만 남편과의 마지막 시간에 음악만큼은 내가 직접 들려주고 싶다고 오디오 기구를 내 좌석 옆에 놓아달라고 부탁했다. 음악의 볼륨을 작게 줄이자 이해동 목사님의 「시편」 낭송이 들어왔다.

"나는 새 하늘과 새 땅을 보았습니다. 이전의 하늘과 이전의 땅은 사라지고 바다도 없어졌습니다.

……(중략)……

새 하늘과 새 땅을 우리를 위해 마련하신 하나님, 이제 당신의 아들 고 공광덕 형제를 당신의 품에 안으셨사오니……."

모두 일어나 고인이 좋아했던 찬송가 364장을 부를 때 나는 앨토(Alto) 파트를 불렀다.

> 내 주를 가까이 하게 함은 십자가 짐 같은 고생이나
> 내 일생 소원은 늘 찬송하면서 주께 더 나가기 원합니다.

예수 믿는 사람들은 장례식 때마다 노래를 부름으로써 아픔을 평안으로 가장시키고 있다고 비난하며 영결식장을 뛰쳐나와 혼자 소리 내어 엉엉 울었던 중학교 시절이 떠올랐다. 그런 내가 지금은 뭘 하고 있는 건가. 이 노래가 지금 하모니 밸런스가 잘 맞는지 맘속으로 점검하며 노래를 부르고 있는 게 아닌가! '나' 라는 사람은 도대체 언제부터 이렇게 하나님을 굳게 믿고 산 것일까. 그렇게 끔찍하게 아파했던 망자가 지금 하나님 품에 안겨 편안히 쉬고 있을 거라고 믿는 게 어떻게 내게 가능한 일인가?

작년 4월, '42일 단식치료'를 마쳤을 때, 검진을 맡았던 대학병원 의사는 놀라운 일이 일어났다고 말했다. 암세포가 깨끗이 사라졌다는 것이었다.

덤으로 받은 목숨을 남편은 새로 살기 시작했다. 직장에 복귀한 그는 우선 배곯고 죽어가는 검은 대륙을 살려내기 위해 선진국들이 해야 할 시급한 일에 대한 논문을 쓰기 시작하겠다고 말했다. 자료 수집을 하면서도 남편은 자신이 근무하는 대학 '국제관계 정치학연구소'가 하나님이 택해주신 직장 같다고 말했다.

"우린 하나님을 사랑한다고 쉽게 말하지. 하늘을 사랑하는 것은 누구나 할 수 있어. 책임을 지지 않으니까. 하지만 이웃의 아픔을 나몰라라 한다면 날 이 땅에 보낸 분의 뜻을 저버리는 거지……."

남편은 진실로 그리스도를 만났고 그와 살고 싶어 했다. 단식을 하는 동안 이전보다도 더 많은 영혼의 거지들을 자기 속에 모아들이고 있었던 것 같다.

성경말씀은 「히브리서」 11장 1절부터 6절까지 봉독됐다. 목사님이 말씀하셨다.

"아벨은 죽었지만 믿음으로 여전히 그의 말을 하고 있습니다. 사랑하는 우리의 형제 공광덕 박사를 보내면서 그의 믿음이 영원히 말할 수 있도록 하나님께서 축복해주시길 바라는 것입니다. 선한 삶을 위해서 그의 전 생애를 보낸 고인이 죽은 후에도 우리에게 말할 수 있도록, 여전히 말할 수 있도록 해야 할 책임이 고인의 유족들에게, 그리고 그를 아끼는 우리들 모두에게 있습니다."

약력소개는 미국서 오신 성낙영 씨가 맡았다. 그는 이렇게 시작했다.

"약력은 고인과 뜻을 같이하고 활동하신 어르신들께서 하셔야 마땅하겠지만 역사는 개인과 개인사 속에만 머무를 수 없고 젊은 후배들에게 이어져야 한다고 하신 공 박사님의 뜻을 받들어 젊은 소생이 맡게 됐습니다.

선생님은 1932년 강원도에서 출생하셨습니다. 서울대학교 미학과 졸업, 59년부터 61년까지는 UPI와 동양통신의 외신부 기자로 근무하셨고, 본(Bonn) 대학에서 정치학, 철학, 사회경제학을 공부하셨습니다. 1966년에서 67년, 오스트리아 잘츠부르크 대학에서 「오스트리아의 중립국 정치」라는 테마로 학위논문을 쓰던 중 세칭 '동백림 사건'에 연루되어 67년부터 70년까지 징역 사시다가 8 · 15 특사로 석방됐고, 감옥 안에서도 성경번역 팀을 만들어 활동하시다가 가톨릭에 귀의하셔 영세를 받았습니다. 72년 하이네만 대통령, 프로이덴베르크 교수, 윤이상 교수 등의 도움으로 다시 서독으로 오셔서 73년엔 조병옥 여사와 결혼하셨고, 73년부터 79년까지 '구라파 김지하 구출위원회'를 만들어 독일, 오스트리아, 스웨덴, 스위스 등지를 다니며 김지하의 문학사상을 알리셨습니다. 82년에 받은 박사학위 논문 제목은 「덴노 파시스무스 Den-no Fasismus: 일본에 있어서 지배체제의 형성, 구조, 이념, 그리고 그 기능에 관한 것」입니다. 잠깐 동안이었지만 생계유지를 위해 조 여사님과 밥장사도 하셨습니다. 85년 5월 프랑크푸르트 대학 '국제관계 정치학연구소'에서 일하게 되셨고 이듬해 86년 11월 암 선고를 받아 '42일 단식'이라는 힘든 치료를 해내셨습니다. 완쾌되어 다시 복직했으나 불과 1년 남짓 근무하시다가 지난 4월부터 지병이 재발, 악화되어 그저께, 7월 13일, 정오 12시 10분에 우리를 떠나셨습니다."

오로지 아파하기만 하는 사람 옆에서 2년을 꼬박 함께 아파하며 보냈던 나에겐 그의 약력이 너무나 생소한 다른 사람의 역사처럼 들렸다. 머리부터 발끝까지 암세포로 점령당했던 남편, 임종과 더불어 줄 밖으로 내쳐진 그의 신체 모든 부분에 새로운 이름표가 붙여지면서 그가 다시 줄 안으로 들어서는 착각에 빠져들기도 했다.

그는 한마디 덧붙였다.

"그러나 고인의 개인사는 여기서 끝나는 것이 아니라고 생각합니다. 여기 호정이와 호산이가 버티고 있기 때문입니다.

선생님은 늘 고향에 가고 싶다는 말을 하셨습니다. 곧 여러분이 듣게 되실 그의 자작가사, 「나 고향으로 갈래」가 말해주고 있습니다.

'태어난 곳이 우리들의 고향이 아닙니다. 산과 들, 달려오는 우리 역사가 우리들의 고향이다'라고 고은 시인은 말했습니다. 이제 고인의 뜻을 우리가 받들고 우리 민족 통일의 역사 속에서 고인께서는 우리와 함께 다시 살아나실 것을 믿습니다."

'아버님은 청결한 믿음이셨습니다. 아버님은 인간에 대한 사랑이셨습니다. 아버님은 통일조국에 대한 확신이셨습니다' 하는 요지의 조시가 아들 친구에 의해 낭송된 후, 피곤하고 초췌한 얼굴에 충혈된 두 눈을 부릅뜬 홍세화 씨가 자작시를 낭송하러 단상에 올라섰다. 배경음악으로 나는 김영동의 대금독주를 올려놓았다.

그 누가 고통을 뛰어넘어 환희라고 했던가
그 누가 고통은 우리를 성장시킨다고 했던가
뼈를 깎는 고통은 다만 괴로움일 뿐
다만 괴로움일 뿐
가슴을 할퀴고 쥐어뜯으며
절망을 부르고 절망은 다시

고통을 부르는 것

오, 차라리 신명이여!
비바람에 날리는 찢겨진 기폭

추어라 마지막 춤
헤어져 흔적도 없을 때까지

뼈도 가슴도 가루가 되어
춤을 살라라

절망도
온통 휘몰아 살라라

그리하여 살라라
혼신의 의지를
오 우리들의 신명이여!

영원한 우리들의 형님, 공 선생님 영전에, 홍세화 드림

식장이 조용한 울음바다로 출렁였다. 무언가 바쁘게 돌아가던 바퀴가 잠시 그 출렁임 속에 멈춰 서서 미동하고 있었다. 눌려 있던 뜨거운 눈물방울 하나가 도르래 줄 타고 내려와 내 무릎 위 성경책으로 뚝 떨어졌다.

무겁게 침체된 공기 속으로 사회자의 목소리가 들려왔다.

"고향에 가고 싶었으나 가지 못했고 끝내 남의 땅에 묻히시게 된 고인이

직접 작사하시고 부인 되시는 조병옥 여사가 작곡하신 노래를 녹음으로 듣겠습니다."

(후렴)
갈래 갈래, 나 고향으로 갈래
살래 살래, 나 고향에서 살래

버리운 고을마다
한 얼이 묻히어 잠들은 구석구석마다
얼어붙어 숨진 땅에 새 씨앗 뿌리러 갈래
나 고향으로 나 갈래

(후렴)

어두운 거리마다
새 아침 기리며 한 맺힌 마을 마을마다
설음 깊이 묻힌 땅에 내 기쁨 전하러 갈래
나 고향으로 나 갈래.

"이어, 고인이 눈을 감으시기 이틀 전, 임종을 지켜본 친구 분과 부인에게 남기신 육성을 들으시겠습니다."

사회자는, 그것이 강한 진통제 주사를 맞고 산소 호흡기를 낀 채 힘들게 남기신 말씀이라고 설명했다.

"형……. 전 우주를 파악하는 게, 파악하기가 너무 힘들어……. (다음 말은 가래 끓는 소리로 잘 안 들림)

그래요, 로긱(Logik: 논리)에 의지하는 세계의 학자와 그나데(Gnade: 은혜, 지혜)에 의지하는 세계의 학자와……(심한 통증으로 말이 중단됨) …… 딴 거 아니에요. 결국 빛, 빛이지요. 빛이 뭐냐…… 우리가 찾는 것…… 빛, 빛은 우주거든.

좌우간…… 형이 이런 사고에 입각해서 이 세상을 다시 생각한다면…… (잠시 숨 고르다가) 형은 지식의 자식으로부터 지혜의 자식으로…… 원광, 원초를 이루는 빛, 원광…… 흥(환자가 픽 웃는 소리), 아주 동양 사람들은 이름 하난 잘 붙이지, '원광대학'이라……. (오 박사의 웃음소리 들린다) 동양 사람들은 대갈통이 좋아서 아주 선구적인 생각은 잘해(그 다음은 심한 기침으로 인해 무슨 말인지 잘 안 들린다).

형은 그래도 여태까지 날 아주 괜찮은 녀석일 줄 알았겠지? 흠……. 다 욕심이야. 욕심 때문에 내가 진리를 볼 수 없었던 거야. 학교에서 뭐 좀 주워들은 걸 가지고…… 오만불손하기 짝이 없는…… 난 노폐물…… 정치학 했다는 놈이…… 내가 어디까지 얘기했지? 응, 그래. 우리가 뭘 했지? 모여서…… 다 그런 건 아니지만, 결국 국내나 해외나 맹목적 집단을 만들어가지고는……. 야당 집단을 만들어가지고는 그들이 베트라이벤(betreiben: 이끌고 가다, 활동하다)하는 정치내용이 수시로 달라져, 응?

이 수시로 달라지는 정치적 목적 추구는, …… 그게 미국놈일 수도 있고 소련놈일 수도 있어 …… 그런 어떤 가상적인 것을 설정해놓고 현실여건을 그것들이 가상적이 되기 좋도록 만드는…… 하나의 아주 지극히 고악한 적들이 우리 마음속에 도사리고 있는 거야. (한숨소리)

형, 이건 인류의 적이야. 인류의 적이기도 하고 인간성의 적이야. '인류'라는 건 아주 애매해. 하나의 유동개념이야. '휴머니티'라는 것은 유동개념이 아니야. 이러한 영구불변한 개념, 이 휴머니티, 여기에 봉사하는 집단으로서의 야당이라야 하는 거야.

형, 나 힘들어 못 견디겠어. 내가 이 병을 앓는 마지막 두어 달 동안 말할 수 없는…… (흐느낌) …… 말할 수 없는 고통이 결국 진리를, 진리를 가져다주는데…….

형, 나 지금 내게 큰 변화가 일어나고 있는 걸 느껴. 하루하루를, 참 하루하루를 진실하게 사는 사람이 돼야 돼. '공자도 그렇고 그런 사람이다, 예수도 별 거 아니다.' 이런 식으로 얘기하는 사람들은 진리에 도달하기가 참 어려워. 조그마한 풀잎 하나, 돌 하나에도 온 신경에 호흡이 같이하고 있다는 것, 이 진리를 모르면 참 어려워.

형, 그리고 여보! (한참 침묵) …… 내가 죽음으로 들어가는 과정, 생명이 있는데 의식이 없어져 가고 있는 가사상태로 들어가고 있으니 내 옆을 떠나지 말고…… 떠나지 말고 나를, 나를…… 지켜봐 줘. (간호사가 혈압을 재러 들어왔지만, 1분만 더 얘기하게 해달라고 부탁하는 환자의 소리)

이 지상에서 가장 귀한 것은 우정과 사랑으로 봉사하는 거야. 희생, 희생이야. 형, 졸고 있수? …… 형, 내 말 그럴듯해? (오 박사 대답 소리가 잘 안 들린다)

당신……, 여보, 당신 귀 좀 가까이 대줘. 크, 크은, 큰 가책, 하늘나라……. 나, 집 나갔던 막내아들이…… 집으로 돌아오고 있어. 집으로 돌아오고 있어. 집으로…….”

이날 고인의 마지막 음성을 함께 들었던 오 박사가 그날 내게 이런 말을 했던 생각이 스쳐갔다.

“죽음이란 게 무서운 것이 아니라는 건 전 오늘 공 형을 통해서 처음

보고 있어요…….”

나는 녹음기의 정지 버튼을 눌렀다. 사회자가 말했다.

“공 박사님은 여기까지 말씀하시고는 혼수상태로 들어가 14시간 20분 후에, 선생님이 그렇게도 원하셨던 집으로, 고향으로 돌아가셨습니다.”

워싱턴에서 온 고인의 친구 김영경 씨의 기도 속에서는 고인이, 자신이 말했던 그 ‘빛의 우주’로 잠기셨다는 말이 나왔다.

두 아들을 옆에 세우고 상여노래 부르는 행렬을 따라 걸음을 옮기고 있을 때 한 여대생이 내게 다가와 묵직한 봉투 한 개를 건네주었다.

“지난주 서울에 다녀왔어요. 공 박사님이 언젠가 저희들에게 말씀하셨던 일이 생각나서 고국에 간 김에 제주도 돌멩이를 한 봉투 주워왔어요.”

그 유순옥이라는 여대생은 눈물을 훔치며 말했다.

“한국의 서낭(城隍) 얘길 하셔서…… 광대패들이 노중(路中)에서 객사하면 돌무덤을 만들어준다고 하시면서, 오고가는 길손이 내 무덤에 돌 하나씩 얹어주면 나 외롭지 않을 텐데, 하셨던 생각이 나서…….”

가슴이 울컥했다.

어허 어하 못 가겠네
어허 어하 못 가겠네

봄날 세상사 그립거들랑
양지쪽에나 앉았다 가소
하도 그리워 못 가겠거든 마른 풀이라도 뜯으시구려

이대로는 가기 싫네
어여 가서 어여 가소

나라가 어렵고 흔들릴 때마다 서낭에 쌓인 돌을 행주치마에 날라다 외적(外敵)을 물리쳤다는 고갯마루 길에 당도했는지 상여는 잠시 서서 머뭇거린다. 동네사람들이 개구리참외 깎아 서로 나누며 입을 축였던 원두막 위엔 새참 먹고 쉬고 있는 읍장(邑長)의 넓은 등짝이 보였으려나.

수수깡 울타리 부여잡고 서서 독일나라 유학 간 아들을 기다리던 어머닌 '내가 고향에 갈 때까지 나 살던 고향 길에 아스팔트가 깔리지 않았으면 좋겠어요'라고 쓴 둘째아들의 마지막 편지를 속옷 고샅이 호주머니에 고이 간직한 채 먼저 저세상으로 떠나시더니 오늘은 어느 구천에서, 상여 타고 라인 강변 아스팔트길을 가고 있는 아들을 지켜보실까.

정든 마을, 아련한 얼굴들이 이제는 그 긴 기다림 속에서 삭고 삭아 갱도처럼 허물어지는 길 위로 무겁디무거운 타향의 삶 한 짐이 조용히 내려놓아지고 있었다.

팔월 땡볕에 목 타거들랑 나무 그늘 쉬었다 가소
하도 목이 타 못 가겠거든 시냇물가로나 가오리까
어허 넘자 어허여 어허 넘자 어허이여

아직은 어두워지지 않은 하늘을 맴돌던 상여노래가 저녁 바람 속으로 사라져 갔다. 행렬 속의 사람들도 하나둘 흩어졌다.

모든 현실과 일상으로부터 숨이비린 고인만이 아들의 손에 들린 영정으로 남아 온통 딱딱한 표피로 자신을 감춘 한 마리 갑충이 되어 방향 없이 가고 있었다.

엄마는 아이들을 위해, 아이들은 엄마를 위해 눈물 한 방울 보이지 않은 하루였다.

"수고했다. 내 아들들, 집에 가자."

내가 말했다.

슬픔도 외로움도 비집고 들어설 자리가 없게 엄마를 양쪽에서 꽉 잡고 현관문에 들어서던 두 아들이 무너지듯 신발장 앞에 쓰러졌다. 오열하는 아이들 옆에 서 있던 나도 짚동처럼 쓰러졌다. 뒤축 꺾인 아버지의 구두 한 짝씩을 가슴에 안고 서럽게 울고 있었다. 벼룩시장에서 5마르크를 주고 산 구두를 그는 10년이나 신고 다녔다. 구두는 발에 끼고 발바닥에 흙만 안 묻히면 되는 거지 뭣 때문에 새 구두가 필요하냐고 고집스럽게 그것만 신고 다닌 남편이요, 아버지였다.

떠났구나. 그의 떠남과 내가 앞으로 또 다시 견뎌야 할 시간 사이에 숨겨졌던 무서운 균열이 폭우처럼 쏟아지는 눈물 속에 씻겨 내려가며 점점 더 선명하게 그 정체를 드러냈다. '그래도 한 번은 사랑했노라'고 큰 글자로 내걸었던 간판도, 우리 두 사람의 천방지축 꿈도 급류에 휩쓸려 한 조각씩 떨어져 나가고 있었다.

울고 있는 아이들을 손님들이 일으켜 세울 때 호정이가 말했다.

"화티가 우리에게 남기신 유산이에요. 정말 값 비싼 유산……. 엄마, 나 이 신발 오래오래 간직할 거야."

호산이의 울음소리가 더 커졌다. 엄마를 와락 안았다.

손님들이 다 갔다. 아이들과 나는 아빠의 침실 앞을 그냥 지나갔다.

응접실 바닥에 요를 깔고 셋이서 나란히 누웠다.

"엄마……."

어둠 속에서 작은아이가 엄마를 불렀다.

"응?"

"엄마, 지난주에 왜 화티하고 그렇게 싸웠어?"

"……."

"엄마가 막 발코니로 뭘 다 내던지면서 울었잖아?"

"왜 그랬어, 엄마?"

큰아이가 또 한 번 물었다. 이마까지 그들먹이 올라와 더는 지탱할 수 없었던 서러움이 또 한 번 터지고 말았다. 아이들의 얼굴에 난처함이 역력했지만 나는 알고 있었다. 어차피 아이들한테 털어놓아야 비로소 홀가분해질 이야기인 것을.

"……너희들이 다 이해할 수는 없을 거야. '42일 단식 치료' 할 때 엄마가 어떤 심정이었는지 너흰 헤아릴 수 없을 테니까. 알고 있겠지만 병이 재발하고 나서부터는 화티보다 엄마가 먼저 죽는 줄 알았어……. 너무 힘들었어.

암세포가 다 없어졌다는 진단을 받고 엄마는 그렇게 생각했어. 하늘이 화티에게 어떤 일, 내 말은, 하늘을 기쁘시게 하는 일 같은 걸 주시려나 보다. '후단식' 열심히 시키고, 면역 치료 계속 하고, 운동도 같이 하면서 화티 옆에 있어줄 땐 그래도 내 몸이 어느 정도 견딜 수 있었을 때야. 근데 병이 재발하고 화티가 직장 그만두고부터는 정말 힘들더라. 경제적 고통까지 엄마 목을 졸랐지…….

화티가 자주 입원해야 되고, 피 주사 계속 맞아야 되고, 모르핀 주사에다 인슐린 주사까지 엄마가 일일이 시간 맞춰서 놓아주고, 피오줌도 받아내고……. 정말 몸이 열 개라도 당해내지 못할 때야. 모르핀 주사 놓는 간호원이 약속된 시간에 정확하게 도착하지 못해서 화티가 통증으로 악을 고래고래 질렀어. 차라리 죽여달라고 하면서. 아마 열흘 전쯤 될 거야. 간호원이 드디어 왔어. 강한 속효성 모르핀 주사를 놓고 나니까 잠이 온다고 하시더라고. 그래서 엄마가 그 사이 잠깐 요 앞 마켓에 가서 물 좀 사오겠다고 했지. 그랬더니 벽에 걸린 십자가를 떼서 자기 손에 쥐어주고 나서 다녀오라고 하시더라고. 그렇게 해줬지. 그리고는 서둘러 다녀오지 않았겠니."

"응."

아이가 빨대를 입에 넣어주며 물을 마시라고 했다.

"그랬더니 글쎄, 내가 없는 동안 무지무지한 통증이 또 와서 화티가 글쎄 침대에서 떨어져 있더라고. 모르핀! 모르핀! 소릴 지르는 거야. 간호원이 뛰어와 응급조치를 했어. 통증이 가라앉았지. 근데 엄마가 막 속이 뒤틀린 거야. 벌떡 일어났어. 난 거기 걸려 있던 십자가란 십자가는 다 떼서 발코니로 집어던지고 예수님 사진도 액자를 바닥에 집어던져 다 깨부수고 하늘에다 대고 욕을 한 거야. 42일 굶겨서 살려주었으면 좀 살게 내버려두지 실컷 고생하는 거 구경하더니 또 죽이는 거냐고. '당신 같은 하나님 아버지 필요 없어!' 소리소리 지르면서 막 대든 거야. 하나님한테."

듣고 있던 아이들이 양쪽에서 엄마를 안았다.

나는 얘기를 계속했다.

"내가 제풀에 조용해지길 기다렸던가 봐, 화티가. 내가 조용해지니까 손가락으로 날 부르시더라. 이리 좀 오라고. 그래서 침대 옆에 앉았지. 참 이상한 일이지……. 화티 눈빛이 그렇게 빛이 날 수가 없었어. 그리고 그렇게 따뜻하고 평화스러울 수가 없어. 아주 조용히 말했어. 흠…….

그게 화티가 엄마에게 준 마지막 시선이었지. 살아 있는 마지막 따스함. 그 따스함이 엄마 가슴에 고스란히 옮겨오더라. 엄만 울기 시작했어. 엄마가 끝까지 울 때까지 기다려줬어.

화티가 조용히 말했어.

'여보……, 당신은 얼마나 하나님의 사랑을 많이 받으면 그렇게 그분에게 달겨들 수가 있어……. 꼭 지 아버지한테 달려들듯 하더라. 난 기도하고 회개하고, 또 기도하고 회개하면서 하나님 집 가까이 갔지만 하나님한테 얻어터질까 겁이 나서 집 문턱에 들어서질 못하는데, 당신은, 당신은…… 참 보기 좋았어, 당신의 아까 그 모습이. 당신이야말로 그분을 철저히 믿는 거야.' 화티가 그러시더라."

내 손을 잡고 있던 아이들은 이내 잠 속으로 추락해 코를 골고 있었다.

시계를 들여다보았다. 남편이 돌아올 시간이다. 나는 살그머니 일어나 현관문을 열고 계단을 내려갔다. 엘리베이터 앞 벽에 달린 전등 스위치를 올려놓았다. 계단을 계속 내려가며 층마다 달린 전등 스위치를 올려놓았다. 잠자리에서도 불을 켜놓아야 했던 남편의 습관은 감방에서 얻은 것이었다. 아파트 정문을 밀고 밖으로 나왔다. 밖은 온통 하늘이었다. 올려다 본 프러시안블루 색 평면 저 쪽에 해쓱히 걸린 달빛과 충돌처럼 만났다. 아팠다.

고 공광덕의 영결식

고 공광덕의 묘로
두 아들과 함께
걸어가는 저자

고 공광덕의
장지로 향하는 행렬

31. 잔등(殘燈)

에필로그

어 머 니

생존해 계시다니, 생존해 계시다니
팔십이 다 된 우리 어머니
꿈인가

이 기쁨 천근으로 몸에 실려 쓰러져서
이 아들 그만 땅에 엎드려
웁니다.

어머니 이날까지 생존해 계신 것은
이 아들 다시 안아본다던
의지요

꿋꿋이 머리 들고 단 하나 믿음으로

통일의 그날 기다리던 이

어.머.니........

곡: 일 초(남한)

시: 오영재(북한)

어떤 시련도 내게 고향을 잊게 하지는 못했습니다. 23년간의 그리움, 그것은, 곧잘 끌어안고 다니다가도 때로는 내던져 버리기도 한 차가운 슬픔이었습니다. 이제는 오래돼, 닳고 닳은 한 끝이 순간순간 옛날로 날아가 꽂히지만 이내 시름없이 제 자리로 돌아와 스스로 평정을 찾지 않으면 안 되는 실향민의 가슴이었습니다.

홍 형,

나 떠나요. 조국, 고향…… 그것들 더는 기다릴 수 없어 찾아 나서기로 했습니다. 공 서방 떠나고 나서 생기를 잃은 빈자리가 보기 싫어 어디로라도 가버려야지 하고 찾아간 곳이 미국이었더랍니다. 가보니 제게는 너무도 먼 곳이었습니다. 몇 해 동안 이리 저리 궁둥이 붙일 구석을 찾았지만 끝내는 어디에도 제 플러그를 꼽지 못하고 이렇게 또 하나의 타향을 향해 비행기에 올랐습니다.

지금 기내에 불이 켜지고 스튜어디스의 목소리가 들립니다. 홍 형, 들어보실래요?

'승객 여러분께 안내 말씀 드리겠습니다.

이제 약 두 시간 후면 서울 김포공항에 착륙하시겠습니다. 지금 서울의 기온은…….'

들리셔요? '서울'이란 말에 심장이 멎는 것 같습니다. 서울……. 목구멍이 울음으로 막혀 차마 불러보지 못했던 '서울'을 단 한 입에 마셔버린 비행기가 소화불량을 일으킨 듯 복통을 하고 있는 저 소리 들리시나요?

남편 삼오제 지내고 나서 그의 방을 치우던 날 침대에서 툭 떨어진 편지, 그이가 읽고 또 읽으며 눈물을 지었던 넉 장의 편지를 지금은 제가 지니고 있어요. 88년 5월, 홍 형이 파리에서 보내준 거랍니다.

미국 사는 걸로 인해 세상이 무의미해질 때, 잠 안 오는 밤 뒤뜰 으슥한 곳에서 둥지를 튼 귀뚜라미들의 울음소리가 이젠 정말 대지(大地)로 돌아가고 싶다는 유혹으로 나를 신음하게 할 때, 그런 땐 이 편지를 꺼내 읽기도 했더랍니다.

그이가 뭐라고 했는지 아세요?

'나 죽거든 내 사망신고서 추켜들고 귀국해. 나중에 홍 형도 들어갈 수 있는 세상이 오면 그 친구와 함께 군사분계선 비무장지대, 코스모스, 개망초 흐드러지게 핀 언덕에 올라가 정기적으로 〈시낭송의 밤〉 행사를 여는 거야. 거기서 이 편지도 낭송해야 돼. 이건 홍 형 한 사람의 편지가 아니야. '조선 사람'이란 명칭을 갖고도 끝내 제 땅을 밟지 못하고 눈발 날리는 이역에서 죽어간 실향민의 한숨이야.'

귀국할 때 왜 사망신고서 들고 가라고 했는지 형은 아실 거예요. 자기가 저승으로 갔다고 해야 마누라의 입국이 허용될 거라는 얘기지요.

형, 나 지금 홍 형의 그 편지 손에 들고 있어요.

지난번 뵌 후로 곧 글월 올린다고 했던 것이 이렇게 늦어졌습니다.

성격에 맞지 않는 것이 팔자에 맞는 것인지 어쭙잖게 '파리의 택시 운전사'가

되어 굴러다니다 보니 사람 노릇을 제대로 못하게 된 것 같습니다. 한 밤중에 — 어젯밤엔 구름 사이로 큼직한 보름달이 참으로 새롭게 닿아오더군요 — 인적도 별로 없는 곳에서 손님이 있을까 기다릴 때면 만감이 오고갈 때가 많습니다. 한국 생각, 한국에 있을 친구들 생각……. 무엇들을 하고 있을까? 그리고 물론 저희 부모님 생각 등. 곧 돌아가야지, 돌아가야지 확인하면서요.

지난번 공 선생님의 어리셨을 때의 잠자리 잡던 얘기 말씀이 지금 생각해도 그렇게 재미있을 수가 없습니다. 그러면서도 미소가 떠오르는 한쪽 구석에서 공연히 공허해지며 뭉클해지는 것은 무엇 때문일까요.

공 선생님의 옛날 말씀을 기억하면서 제 젊었을 적 — 어렸을 적 — 기억이 교차됩니다. 서울에서 자라났기 때문에 고향이 없습니다만 가끔 명절 때마다 아버지 고향(아산 황골)에 혹은 경기중고의 교복을 입고, 혹은 서울대 교복을 입고 내로라하는 식으로 다니곤 했습니다.

고등학교 때 영어보다 수학을 더 잘한 탓으로 당시의 흐름을 따라 공대에 입학한 그 해였습니다. 추석 때, 그때도 서울대 교복을 자랑스레 입고 그곳을 갔었지요. '재'자(字) '유'자 대부를 뵙게 된 것이 바로 그때였습니다. 그리고 6·25 직후 그 조그마한 마을에서 한 씨족 간의 학살극이 있었다는 것 — 100여 명의 죽음, 그 혼란의 와중에 제 동생 민화(民和, 1949년생)가 병으로 죽었다는 것 — 을 알게 된 것도 그때였습니다.

그 대부께서는 우리(아버지와 나)의 방문을 몹시 반가워하셨습니다. 그리곤 이불 쌓아놓은 뒤주 밑바닥에서 쌀을 꺼내 우리에게 저녁을 대접해주셨습니다. 그분의 가난과 함께 다가오는 따뜻한 정은 우선 낭만적인 희비감이 엇갈렸고 그리고 또한 놀라운 것이기도 했습니다. 그러나 그것은 큰 놀라움이 아니었습니다.

그의 부모님, 그의 부인, 그리고 그의 두 어린 아들이 모두 6·25 직후 당시에 한 동네 사람들에게 학살됐다는 것 — 인민군은 물러가고 아직 국방군이 들어오기 직전의 와중이었다고 하며 그분이 바로 부역자였다는 것, 다만 그 당시에 잠깐 그 마을을 비웠었다는 것 — 이었고 그런데도 아직 그 마을에 살고 있다는 것(떠날 수 없다는 것)이었고, 그뿐 아니라 지금은 그 마을의 유지가 되어 있는 당시의 가해자들 밭에 품앗이를 하며 생계를 이어나간다는 것이었습니다. 그리고 새로 장가 든 후에 딸만 다섯을 갖게 됐다고 허허롭게 웃는 것이었습니다.

저에겐 그보다 더 심한 충격은 일찍이 없었습니다. 반공교육뿐만 아니라 그때까지 갖고 있었던 관(觀)이 완전히 허물어졌습니다.

서울로 돌아오는 길에서 아버지는 재미있는 말씀을 하셨습니다. 분명히 아나키스트였고 이데알리스트(idealist)였던 아버지는 제 이름을 세화(世和: 세계평화)로, 제 동생 이름을 민화(民和: 민족평화)로 지었던 것입니다.

제 동생이 6·25통에 죽자, 아버지는 3차 대전이 터질 때 저도 함께 그 운명을 같이할 것이란 비유를 처음으로 해주셨습니다

그렇게 자란 제가 공대에 들어가 미분방정식 등이 머리에 들어올 리가 없었으니 문자 그대로 빌빌거리다가 결국은 문리대를 찾게 된 것이고, 또 이렇게 된 것 같습니다.

공 선생님, 그리고 조 선생님,

제가 길게 제 신상 말씀만 드린 것 같습니다. 사실 저에게는 운명의 갈림길이었음에 틀림없는 것일 테지요. 그리고 한편 제가 어려운 상황에 처했을 때마다 — 특히 보안대와 남산의 순간순간을 넘길 때 — 그 재유 대부의 모습, 그 허허 하시던 웃음과 함께 — 를 억지로라도 되새기면서 견뎌내고자 하는 버릇이 생겼지요. 그런데 지난번 공 선생님 말씀과 교차하여 요사이 자꾸만 그분의 생각이 들이겨지는 것은 왜인지 모르겠습니다.

공 선생님, 그리고 조 선생님, 부디 이 후배에게 힘을 잃지 않게 해주십시오. 두 분의 모습은 두 분만의 것이 아닙니다. 그것은 우리들 모두의 모습일 것입니다. 눈시울이 뜨거워져 옵니다.

1988년 5월 31일 파리에서 홍세화 배(拜)

형,

왕잠자리를 잡기 위해 잠자리를 우선 정신없이 어지럽게 해놓느라 손가락을 빙빙 돌렸던 어릴 적 얘기가 그렇게 재밌어서 동그라진 형이 왜 마음 한구석에서는 그렇게 입덧하듯 공허하게 웃었는지……. 6·25 때 온 가족이 학살당하고 지금은 가해자의 밭에 품앗이를 해가며 생계를 이어간다는 얘길 들려준 재유 대부는 어째서 그 와중에도 그런 허허로운 웃음을 보여줄 수 있었는지 한참 생각해보게 됩니다. 방안에 매화 한 그루를 키우다가 놓고 떠나왔어요. 나뭇잎이 있을 땐 안 피고 고목이 됐을 때 눈바람 속에서 피는 매화는 그 속에 모아진 아픔을 시커멓게 죽은 살갗에서 환한 미소로 들어올리더군요. 매화의 허허로운 웃음이겠지요.

형, 나 이제 떠나요. 집으로 들어갈래요. 남의 땅을 빌려 품앗이해서 키운 씨앗을 내 땅에 들어가 심어서 함께들 나누어 먹고 싶어요. 문전박대를 당할지 모르죠. 고향 아닌 고향이니까요……. 하지만 난 가요. 또 다른 고독 속, 또 다른 가난과 고통의 한복판, 무풍지대에 들어앉아 세상 여기저기 흩어져 사는 뜨거운 사람들 이야기, 철몰랐을 때 강간당하고 빼앗긴 모든 이들의 이야기를 서툴게라도 글로 써놓아야 된다고 생각했습니다. 어차피 또한 그건 진실이니까요.

LA를 떠나기 며칠 전 어느 친구로부터 들었어요. 홍 형이 『나는 빠리의 택시 운전사』라는 책을 써 국내에서 출판된 지 몇 달 동안에 최고 판매기록을 갖게 됐는데도 아직도 그놈의 블랙리스트에서 풀리지 못해 국내에 들어가지 못하고 있다고요. 이 말을 전한 친구는 기실 다른 말을 내게 해주고 싶어서 운을 띄웠던 걸 저는 나중에야 알아차렸지요. 그가 조심스럽게 말했어요.

"조 선생님, 혹시 김포공항에서 입국 거절당할 경우를 생각해서 힘 좀 쓰는 사람 몇 명더러 공항에 나와 있으라고 했어요. 물론 조 선생님을 잘 아시는 분들이에요. 그리고 국회의원 한 명과 신문기자도 두 명 나와 있을 거니까 일이 생길 경우 그분들이 도울 거예요. 걱정하지 마시고 당당하게 들어가서요."

멋모르고 밤길 뛰어가다가 빨랫줄과 마주친 기분이었어요.

아니, 내가 무슨 대단한 인사라고?

제 안에서 무언가 가시 돋친 말들이 튀어나오려는 순간 친구가 막았어요. 서울 가서는 지금 여기서 하던 막 본새를 바꾸시고 그저 아, 그렇습니까, 아, 알겠습니다 식으로 말하라는 거였어요.

이화대학교 사범대학 유아교육학과의 초청을 받고 4학년 졸업반에서 '어린이 리드믹 교육'에 관한 강의를 하러 가는 길이에요. 간 김에 영구 귀국하는 것도 고려해볼 생각이에요. 어쨌거나 며칠 동안 고민을 한 건 사실이에요. 나 같은 피라미를 잡아다 뭘 할라고, 하다가도 어느 날은 무서운 악몽에 시달리기도 했어요. 결국 저는 짐을 쌌어요. 에라, 얻어터질까봐 걱정하는 것보다 얻어터지고 말자! 한 것입니다.

마이크 소리가 들립니다.

'승객 여러분, 이제 잠시 후 기체는 서울 김포 공항에 착륙하기 위해 하강할 것이오니 승객 여러분께서는 안전벨트를 매시고 바른 자세로 앉아

주십시오.'

드디어 보입니다. 아주 작고 작은 지붕들이 보이기 시작합니다. 비 오는 날 우산 들고 나오신 어머니가 골목길마다 퀄퀄 흘러내려 가는 물줄기를 피해 지붕 밑에 서서 딸의 귀가를 기다리셨던 우리 동네가 금방이라도 보일 듯합니다. 가슴이 막혀옵니다. '이제는 영영 볼 수 없게 된 내 고향, 진달래꽃 환하게 핀 산언덕에, 불에 탄 내 몸 훌훌 뿌려주구려' 했던 남편의 마지막 얼굴이 어른거립니다.

더할 수 없이 아름다운 슬픔으로 촉촉이 젖어 있는 아주 잘생긴 내 고향 하늘위로 평화롭게 흐트러져 둥둥 떠다니는 저 구름에 네 것 내 것이 어디 있으며, 저 손바닥만 한 흙덩어리에 어디 비비고 들어가 경계선을 그을 데가 있다고 남과 북으로 갈라놓았단 말입니까. 분노와 애절함, 그리고 환희 같은 것이 엇갈려와 제 가슴을 누릅니다.

형……,

그래도 우리의 대지는 여기 꿋꿋이 서서 그 쓰리고 아픈 역사를 견뎌냈네요. 멍든 상처인들 어디 한두 군데겠습니까. 차라리 보여주고 싶지 않은 듯 안개로 여기저길 가리고 있어요.

이제 기체가 급강하합니다. 형, 나는 지금 자석처럼 끌려 내 하늘 내 조국의 심장 복판으로 빨려들어 가고 있어요.

'어머니! 이 불효자식 지금에야 옵니다. 집 떠난 이 딸년 보고 싶어 눈도 감지 못하고 가셨다는 어머니, 이제는 흙 속에 누워계실 당신을 만나러 이제야 옵니다.'

기체도 제 가슴처럼 심하게 경련하며 땅으로, 땅으로 하강하고 있습니다. 이런 무서운 속도가 아니면 절대로 뚫을 수 없는 두껍디두꺼운 벽이 아닙니까!

쿵, 드르르르!

드디어 육중한 쇳덩어리가, 이미 쇳덩어리 된 지 오랜 이 나그네의 무게를 업고 땅을 치며, 무서운 짐승처럼 울고 있습니다. 20여 년을 참았던 몸부림 소리, 저 소리! 타는 목마름으로* 울부짖는 아우성 소리, 문 두드리는 소리, 통곡소리, 호루라기 소리. 어머니! 어머니!

형,

며칠을 죽게 앓았어요.

오늘은 온종일 비가 내리고 있어요. 그 오랜 세월, 땅 끝 저쪽에서 마음으로만 더듬어 볼 수 있었던 고향의 비가 지금 내 방 창문을 두드리고 있어요. 그 소리는, 어린 시절 모든 것이 맑았던 때 소학교 운동장 느티나무 밑에서 들었던 소나기 소리 같기도 하고, 슬펐지만 그 슬픔이 아직은 살아 있는 싱싱함으로 머물러주었던 젊은 시절의 빗소리 같기도 하고, 그러나 아직도 내겐 저 지구 끝 멀리서 이곳을 바라보고 있을 쓸쓸한 사람들 편에서 들려오고 있습니다. '타향'이라는 이름의 땅에서 울고, 웃고, 아프고, 노래하고, 고뇌하며 함께 살았던 사람들 속에 서 있는 나를 봅니다. 끝내 집에 돌아오지 못하고 얼어붙은 외지에서 숨을 거둬야 했던 그들의 통곡인가. 이제는 무관심해진 듯 보이는 나를 바람의 힘을 빌려 흔들어대며 진종일 울더니 저녁이 되면서는 처마 끝으로 모은 눈물을 한 방울, 한 방울씩 연달아 떨어드리고 있네요.

창문을 활짝 엽니다. 쓸쓸한 바람이 그냥 지나갈 수 없다는 듯 나뭇가지와 뿌리를 흔들어 살아 있음을 보여주고 있습니다. 내 땅에서 듣는 바람소리가 어찌 라인 강변에서 듣던 바람소리와 같을 리 있겠어요……. 골목길 물구덩이에 작은 나뭇잎 하나 떨어지면서 잔주름을 일으킵니다. 미동하는 수면에서 온통 고향적인 것을 느끼면서도 문득 내가 고향에 있다는 것이 두려워지는 것은 어쩐 일인지요……. 새로운 밀림에 발을 딛는 나그네처럼 주위를 두리번거립니다. 모든 것이 한 순간 낯설어 보입니다. 이 두려움과 낯설음이 경이로운 새 세상에 대한 경건함이길 빌어보기도 합니다.

저녁이 되면 딸의 방 창가에 조그마한 등을 켜놓고 계셨다는 우리 어머니, 20년하고 또 몇 해가 지나도 오지 않는 자식의 밤길을 위해 켜놓은 등불은 어느 날부터 그렇게 꺼지고 말았다고 동네사람들은 그렇게도 슬프게 얘기해주었습니다.

이제 나는 이렇게 가만히 하늘에 정좌하고, 꺼져가는 잔등(殘燈)에 불을 다시 댕깁니다. 춥고 쓸쓸한 구천의 밤길을 아직도 마른 가슴으로 헤매고 계실 어른들, 동지들, 그리고 살아온 날보다 살아갈 날들이 많지 않을 그곳 벗들의 이름을 한 분 한 분 불러봅니다.

참으로 오래 잊고 있었던 마음의 진동으로.

* **타는 목마름으로** 김지하의 시 「타는 목마름으로」에서 발취한 구절

사랑하는 병우야 너를 작별하고 집
을 도라오니 허전하기 짝기 엽더러
집을 도라와 보니 천진난만한 호정
호산이는 장난감도 만코 먹글것도 이
스니 아모 생각 업시 잘 놀고 어미을 찻
지을 안코 핵교 잘 다니
가지도 미 한 근심도
열마나 고생이 마
서은타야 에 가서 열
나 이못난 너 애미는
스니 거정말고 네 나 몸
다 그리고 어머니 생일날
가족이 다 모여서 줄거
윤선 니외할머니께서
남애산까지 가서 불구
내단다 공선생도 한
고니스니 아모 념여
이스니 아모 걱정 말고 너나 성공하기을
손고마기다리다 호정 호산또 너 잇술
때보다 엄마을 찻지 안는다 열마나
다행인지 모르다

또 궁금한 것시 잇구나
이상한 말과 이스늘 말
이 다 나 궁금하구나 그리
고 네가 두고 간 돈는 윤선
애비가 은행에 가
공선생이 고 편
원주어서 생활에 보
태서다

어머니가 보내주신 편지

잘 보면 보입니다

'잘 보면 보입니다'

오랜 타향살이를 접고 귀국한 내게 처음으로 눈에 띈 광고문이었다. 언뜻 보니 초록색 잎사귀 한 장이다. 대체 무얼 잘 보란 말인가? 전철 손잡이에 매달린 채 나는 그 광고 속의 잎사귀를 찬찬히 들여다보았다. 에구머니, 그 안에 조그마한 벌레가 웅크리고 있는 게 아닌가! 그 벌레는 너무나 작아서, 그리고 잎사귀와 똑같은 색깔이어서 나는 하마터면 벌레를 찾아내지 못할 뻔했다. 동행했던 학생이 일러주었다. 국가 안전기획부에서 낸 '빨갱이 잡으라는 광고'라고.

등골이 오싹했다.

전철에서 내리려고 문 앞으로 다가가던 나는 또 한 번 움찔했다. 문짝에 붙여놓은 글씨 때문이었다.

'부자를 울리는 자는 개 패듯 패주겠다!'

잘 들여다보니 그것은 '부저를 울리면 문이 개폐됩니다'라고 쓴 것이었다.

아직도 내가 돌아갈 곳이, 쉴 곳이 있다는 것에 고마워하며 돌아온 고향, 노래가사에도 자주 나오는 '꿈속의 고향'이 이렇게 나를 몽땅 '현실'로 맞아 주었던 날, 내 길고 긴 기다림의 강물은 느닷없이 정지되는 순간의 충격을 감당 못해 구역질을 했다.

나는 늙어 있었다. 그 옛날 내가 힘들고 삶에 시달릴 때 자기에게 의존적이길 바랐던 어른들과 친지들은 이미 많이 세상을 떠났고, 살아 있어도 그들은 불행했고(부자가 돼 있든 가난한 자로 남아 있든), 그리고 그들의 불행은 대부분 전혀 생산적이 아니었다.

나는 엉뚱한 생각을 했다. '이럴 땐 방문 닫고 들어앉아 글을 쓰는 거다.'

독일에 17년, 미국에 10년 사는 동안 독일말도, 미국말도, 그리고 우리말도 제대로 쓸 줄 모르는 바보가 돼버렸다는 것을 절절히 깨닫게 된 것은, 내가 '글'이라는 걸 쓰기 시작하면서부터이다. 1994년 여름, 일시 귀국했던 나는 '글쓰기'를 배울 수 있다는 어느 백화점 문화센터를 찾아갔다. '나'라는 제목으로 40분간 글을 쓰라고 하더니 바로 그 자리에서 학생들의 합평을 받는 것이었다. 나의 글은 첫 시간부터 무참히 깨졌다.

"혹시 외국에 오래 살다 오셨나요? 어딘지 외국인이 한국말 하는 것 같은 문장이……."

이렇게 시작한 나의 '또 하나의 타향살이'가 어언 10년이 되어간다. 나는 자신을 그야말로 개 패듯 패가며 우리 말 쓰기를 익혀갔다. 좋은 단편소설이나 시가 있으면 고대로 '베껴 쓰기'를 해가며 묘사를 흉내 내보기도 했다. 소설작법 책도 빌려다가 읽고 또 읽었다. 재래시장에 들어가 땅바닥에 앉아 노상들과 이야기를 나누며 보통사람들의 말투와 보편적인 생각을 녹음기에 담아오는 걸 계속했다. 그러나 역부족이었다. 슈베르트, 슈만의 나라, 독일에 가서야 '내가 국내에서 슈베르트, 슈만 공부를 헛했구나' 하면서 허탈해했던 때가 떠올랐다. 근 30년을 한국의 문화권에 살지 않았으면서도 한글로 소설을 쓴다는 생각을 했다는 게 얼마나 어처구니없는 망상이냐! 나는 가슴을 쳤다. 그리고 연필을 팽개쳤다.

재작년 여름이었던 것 같다.

"엄마, 엄만 왜 꼭 이 땅에 오래 산 노련한 작가들처럼 써야 된다고 생각해? 지금 그대로가 얼마나 엄마답고 좋은데. 엄마가 쓰고 싶은 대로 그냥 써. 누가 엄마를 대신해서 엄마를 말할 수 있겠어. 호산이도 그렇겠지만 난 엄마가 살아온 날들을 우리들 기억 속에 오래 간직하고 싶어."

큰아이의 눈이 반짝이고 있었다.

"우리 엄마를 말할 때 사람들이 항상 쓰는 단어가 있어. 고뇌, 방황, 열정, 사랑, 한, 뭐 그런 거……. 엄마가 입원했을 때 문병 온 친구들에게 엄마가 했던 얘기가 난 가슴에 와 닿았어."

"무슨 얘기?"

내가 물었다.

"엄마가 그랬잖아. 아까 열거한 그런 말들, 한이니, 방황이니, 열정, 사랑, 그런 거로 엄마의 인생을 박제시키고 있다고. 그런 세간의 흥분 섞인 표현을 그대로 받아들이고 방치해놓는다는 게 어쩌면 엄마 자신에 대한 죄악일 수도 있다는 생각이 들 때가 있다고 말했잖아. 바로 그거야, 엄마가 써야 되는 이유가."

이렇게 말하며 아들이 내 손을 잡아주었다. 이상한 일이었다. 글쓰기는 시작도 안 했는데 글 속의 그림이 내 시야에 들어오기 시작했다.

나는 아들에게 말했다.

"그래, 떠나보자. 그 사람들이 말하는 대부분의 슬픔, 험한 것, 구차한 것도 이젠 즐길 만한 나이가 되었나 보다. 써볼게. 하긴 나도 내가 누군지 알지 못하니까, 찾아나서는 거지."

'잘 보면 보입니다.'

글을 쓰면서부터 비로소 조금씩 보이기 시작한 자신의 모습이 때로는 아까 그 광고 속의 벌레만큼이나 징그럽기도 했지만 이럭저럭 써나가다 보니 그것조차도 어느새 친구가 되었고, 그러다 보니 두 아들에게 남겨줄 선물도 한 권 생겼다.

나에게 있어서 세상은, 내가 이화대학 교수였던 시절 알았던 사람과, 귀국 후에 이름도 없는 거지로 돌아왔을 때 알게 된 사람들 두 그룹으로 나뉜다. 나는 일단 전자에 속하는 사람들을 향해 문을 걸어 잠그고, 지금 이대로의 나를 좋아하고, 조건 없이 사랑해주고 밥도 사주고 술도 사주는 사람들을 만나게 된다.

세월의 나이를 하얗게 머리에 얹고 귀국한 이 나그네에게 이화대학교 사범대학 유아교육학과에서 강의를 맡도록 배려해줌으로써 이 땅에 발을 딛게 해준 이은화 교수님, 김태련 교수님께 감사한다.

셋방 한 칸도 못 얻고 이집 저집으로 돌아다닐 때 선뜻 퇴직금을 내주시며, 보태서 전세방 하나라도 얻으라고 하신 한국건설기술연구원 원장 이승우 박사를 잊지 못한다.

지순희 선생님, 고철환 교수님께 감사한 마음은 이루 말로 다 전할 길이 없다. 백수로 귀국한 나와 내 두 아들까지 돌봐주시느라 너무 애쓰셨다.

중병으로 장기치료를 해야 한다는 말을 듣고 헐레벌떡 병원으로 달려와, 주머니 다 털어놓고 간 하월곡동 판자촌의 가난한 교사 유미란 양과 유미옥 양의 이름을 부를 때마다 가슴이 따뜻해온다.

남편의 마지막 시간, 환자를 자신들의 집으로까지 데려다놓고 물심양면으로 도와주고 간호해주신 홍순호 장로님, 홍문제 장로님, 노문걸 장로님, 유영희 님, 그리고 이길주 님을 오래 잊지 못할 것이다.

글을 쓰겠다고 약속하면 노트북 하나 사주겠다고 농담처럼 말하더니 어느 날 정말로 컴퓨터를 사들고 나타나서 하는 수 없이 글을 쓰기 시작하게 한 UCLA의 조선희 교수께 '그대, 참 멋있었어'라고 말한다.

이자경 선생님(한국인 멕시코 이민사를 집필한 재미 극작가)께도 감사드린다. '철저히 문을 걸어 잠그고 고독 속에서 써나가라'는 이 작가의 간곡한 충고가 없었던들 나는 이 작은 일 하나도 못 해냈을 것이다.

사랑하는 에세이플러스(Essayplus) 회원님들께 머리 숙여 감사한다. 창작 합평란에 올려준 한결같은 뜨거운 응원에 큰 용기와 힘을 얻으면서 써내려갔다는 것을 고백한다.

부탁을 드리지 않았는데도 스스로 교정을 맡아주신 윤종락 님, 안현숙 님께 감사드린다.

바쁜 일정을 쪼개서 글을 읽어주시고 격려의 말을 보내주신 리영희 선생님, 오재식 선생님, 이해동 목사님, 홍세화 선생님, 그리고 정범구 선생님께 감사의 절을 올린다. 보내주신 옥고를 받아 읽어 내려가며 몇 번이나 눈물을 문질러야 했다.

책 내는 기쁨을 함께하고 싶다고 이렇게도 아름다운 예술사진을 제작해 선물해 주신 백승휴 작가님께 감사드린다.

행여 중도하차하지나 않을까 조바심하면서도 끝까지 가슴으로 있어준 나의 호정이, 호산이, 그리고 하늘에 계신 어머니, 아버지께 이렇게나마 내 사랑을 전한다.

글 쓰는 기술도, 경험도 없이 오로지 가슴 속에 화산 하나만 갖고 불쑥 글 쓰는 반에 들어선 이 늙은 학생을 1년 반 동안 한결같이 이끌어주신 임헌영 교수님께 큰 절을 올린다. 선생님은 노련한 의사처럼 나의 병을 정확히 진단하셨다. 나는 차츰차츰 나를 드러낼 줄 알게 되었고 어느새 글 쓰는 것이 나의 카타라시스가 되고 있었다. 오랜 세월, 안에서만 끓고 있었던 노래를 토해내게 해주신 선생님은 참으로 큰 스승이셨다. 임 교수님의 멋진 서평을 받아들고 나는 미력한 내게 이 글을 쓰게 해주신 책 속의 모든 주인공들을 생각하며 눈물을 흘렸다.

그동안 마음 써주신 도서출판 한울의 이재연 이사님, 그리고 편집부 김경아 과장님을 향한 나의 고마운 마음은 오래도록 따뜻하게 남을 것이다.

글을 쓸 때는 춤을 추듯 즐겁게 썼다. 그런데 그것이 책이 되어 세상으로 나간다니 두려운 마음이 앞선다.

라즈니쉬의 장자 강의를 보면 이런 말이 있다.

> 재미로 활을 쏠 때는,
> 그때 그대는 갈등 속에 있지 않다.
> 그곳엔 '둘'이 있지 않다.
> 아무 긴장도 없다.

이제 나는 긴장한다. 갈등한다. '둘' 앞에서 춤을 춘다는 게 내겐 익숙지 않다.

2006년, 봄

조병옥

사랑의 진혼곡

임헌영 | 문학평론가

수풀을 이고 다니는 여자

여기 한 여인의 수기가 있다.

아니, '한 여인'이란 말로는 작가 '일초(一楚) 조병옥'의 진면목을 보여줄 수 없다. 우리 시대의 '여자 고은'이라면 남자인 '원조 진짜 고은 선생님'이 화내실까. 그녀의 호가 고 선생의 법명 '일초(一超)'와 닮았다고 해서만이 아니라, 어쩌면 그리도 잡기와 잡념과 잡상과 잡담과 잡태(두 일초 선생이여, 이런 표현을 용서하시라)가 미와 도의 경지에 이르러 인간의 육신으로 행하는 바 일체가 사무사(思無邪)를 느끼게 한다는 점에서 비조(鼻祖) 고 선사의 문하생으로 손색이 없을 터라는 취의로 이렇게 결례를 범해본다.

음악 이론(가히 백과전서다)이 전공인 그녀가 부르는 노래는 어떤 곡이든 '조병옥 작사 · 작곡'으로 바뀐다고 하면 아하, 음치의 경지로구나 할 테지만 그 거꾸로 낡은 유행가 한 대목조차도 아리아의 감동을 자아내는 절창이다.

목소리만이 아니라 온몸이, 머리와 가슴과 복부와 팔다리가 가사와 음향 효과를 배가시킬 수 있도록 바람 앞의 풀처럼 자유자재로 각개 분투한다는 점에서 고은 선생의 시 낭독을 듣고 보는 감동이다.

춤도 그렇다. 동서양 무용의 경계와 형식을 허물어버린 경지에서 그녀의 몸놀림은 바람이나 물결 탄 풀처럼 유연해진다. 기발한 착상과 각종 수사법을 동원한 반어법적 기교로 튕겨대는 재기 넘치는 대화술은 바로 그녀의 문장론으로 통한다. 웃을 때의 천진난만과 평상시의 시무룩함과 분노할 때의 일그러짐 사이에는 겹겹의 변화무쌍이 게재되어 있어 이 여인의 속내가 무엇인지 알기 어렵도록 만든다. 이거야 조병옥 혼자만의 전매특허는 아니어서 모든 여인은 다 천의 얼굴을 가졌다고 할 테지만 이 여인의 표정 변모는 사계의 기후처럼 너무나 뚜렷하여 숨길 수 없다는 점에서 역시 '순수'가 느껴진다.

이런 여인의 삶은 어땠을까? 굴곡 많은 시대를 살아온 터라 누군들 속속들이 파고들면 그 안에 서사시와 서정시가 몇백 편 도사린데다 대하소설 같은 사연이 길길이 펼쳐지지 않으리요만은 일초 조병옥의 육신과 마음이 겪어온 고통과 환희는 고스란히 한 편의 완벽한 모노드라마다. 그래, 그녀는 모노드라마의 주인공으로 딱 어울린다. 어떤 상대도 그녀의 조역에 지나지 않을 것이다.

이 글은 운명의 주역인 조병옥이 두 번째 선택한 남편 공광덕 박사와 나눈 지순한 사랑과 유럽 일대에서의 민주화 투쟁, 여기에다 불치병인 암을 향한 불굴의 투병의 연작 수채화다. 그녀의 조연 공광덕은 누군가. 영결식에서 낭독된 그의 약력을 그대로 옮겨보자.

선생님은 1932년 강원도에서 출생하셨습니다. 서울대학교 미학과 졸업, 59년부터 61년까지는 UPI와 동양통신의 외신부 기자로 근무하셨고, 본(Bonn) 대학에서 정치학, 철학, 사회경제학을 공부하셨습니다. 1966년에서 67년, 오스트리아 잘츠부르크 대학에서 「오스트리아의 중립국 정치」라는 테마로 학위논문을 쓰던 중 세칭 '동백림 사건'에 연루되어 67년부터 70년까지 징역 사시다가 8·15 특사로 석방됐고, 감옥 안에서도 성경번역 팀을 만들어 활동하시다가 가톨릭에 귀의하셔서 영세를 받았습니다. 72년 하이네만 대통령, 프로이덴베르크 교수, 윤이상 교수 등의 도움으로 다시 서독으로 오셔서 73년엔 조병옥 여사와 결혼하셨고, 73년부터 79년까지 '구라파 김지하 구출위원회'를 만들어 독일, 오스트리아, 스웨덴, 스위스 등지를 다니며 김지하의 문학사상을 알리셨습니다. 82년에 받은 박사학위 논문 제목은 「덴노 파시스무스 Den-no Fasismus: 일본에 있어서 지배체제의 형성, 구조, 이념, 그리고 그 기능에 관한 것」입니다. 잠깐 동안이었지만 생계유지를 위해 조 여사님과 밥장사도 하셨습니다. 85년 5월 프랑크푸르트 대학 '국제관계 정치학연구소'에서 일하게 되셨고 이듬해 86년 11월 암 선고 받아 '42일 단식'이라는 힘든 치료를 해내셨습니다. 완쾌되어 다시 복직했으나 불과 1년 남짓 근무하시다가 지난 4월부터 지병이 재발, 악화되어 그저께, 7월 13일, 정오 12시 10분에 우리를 떠나셨습니다.

—「뒤축 꺾인 신발로 남은 이」

남편과 두 아들을 가진 처지에서 이런 남자를 선택한, 아니 이 남자에 의하여 간택된 여인 조병옥은 어떤 경력일까. 가난한 집안에서 태어나 열 살 남짓이었을 때 '왕 서방'의 꼬임으로 일본 병정에게 성폭행을 당한 뒤 순결 콤플렉스에 시달렸던 여성, 초등학교 시절부터 합창 지휘자로 두각을 나타내어 가난과 천대를 딛고 이화여대 음대 교수가 되어 천진스런 아내에 지혜로운 어머니로 살던 중 국가보안법 위반자로 실직의 처지에 내몰린 공광덕과 열애, 이혼, 재혼, 독일에서의 망명 생활, 남편과의 사별, 미국을 거쳐 귀국한 할 말 많은 여인이다.

그 펼쳐내고픈 사연들을 이 작가는 한 편의 오페라처럼 극화시켜 읽는 이로 하여금 긴장과 폭소와 감동을 번갈아 느끼게 만든다. 노래와 춤과 그림과 글에 두루 재능을 가졌으니 그녀는 선천적인 '쟁이'인가 보다.

남편 공광덕 박사가 전립선암으로 길어야 8~9개월이라는 시한부 인생 판정을 받게 되자 그녀는 철저한 사전 연구와 조사 끝에 42일간의 단식을 감행하게 한다. 글은 단식 일기 형식으로 구성되어 있다.

때는 1987년, 무대는 프랑크푸르트, 바로 독일이다. 우리에게 그곳은 전혜린의 감상적인 에세이 덕분에 저 안개 낀 뮌헨의 낭만을 연상하거나 라인 강의 기적으로 개발독재의 신화를 떠올리기 일쑤지만, 1970~1980년대의 독일은 분단국가로서 동병상련의 처지에다 군부독재 시절 유럽 민주화 운동의 총본산으로서 동서 베를린의 으스스한 국제첩보의 본거지로만 비춰졌다.

공광덕 · 조병옥 부부의 집은 윤이상 선생이나 이응노 화백과 함께 해외 민주화 운동의 한 연결고리로서 수많은 인사들이 이 보금자리를 거쳐간 '유럽 속의 모국'이었다. 이 수기에 등장하는 유명인사들, 이응노 화백, 리영희 선생, 윤이상 선생, 이해동 목사, 이승만 목사, 작고한 안병무 교수, 이우재 현 마사회 이사장, 유재건 의원, 정범구 전 국회의원, 작고한 유인호 교수, 이삼열 교수, 오석근 박사, 김길순 박사, 홍세화 선생, 차옥혜 시인, 김수임의 아들 김원일, 여기에다 북녘의 여연구 선생, 루이제 린저(Luise Rinser) 등과의 조우와 각종 증언록은 이 부부의 삶을 그대로 반영해준다.

이 글에는 이들의 역사적인 활동이 벽화처럼 장식된다.

수기라지만 때로는 완벽한 단편이나 연작소설이 되기도 하고, 감동적인 회상록, 신뢰성 깊은 교우록(交友錄), 절절한 신앙 고백록, 시국에 대한 예리한 토론장, 처절한 투병기, 지고한 연애와 사랑의 일기, 허황되지 않는 참된 페미니즘 등등이 교직된다.

어머니와 딸의 비밀

「프롤로그」는 독립된 한 편의 소설로도 손색이 없다. 빈궁 때문에 여인이 육체를 파는 모티브란 점에서는 김동인의 「감자」를 닮았으면서도 "열 살배기 계집아이"인 미성년자란 점이나, 왕 서방이 직접 성을 약탈한 주체가 아니라 일본 군인에게 알선해줬다는 것은 식민지적 삶이 훨씬 구체적으로 드러내는 상징성을 지닌다.

"아랫도리가 얼얼하고 다리가 후들후들 떨렸지만 머리에 인 쌀자루를 움켜 쥔 아이의 손엔 아드득 악물은 이빨만큼이나 힘이 갔다. '오늘은 쌀밥 먹는다, 쌀밥 먹는다! 배불리 먹는다, 배터지게 먹는다!' 발걸음 하나하나에 음률이 붙었다"는 대목에서 배고픔의 고통이 지닌 삶의 사슬이 얼마나 무서운가를 절감하는데, "여울어가는 저녁 햇빛을 등진 미루나무 그림자가 저수지 옆으로 길게 드리운 좁다란 길 위를 가로질러 허리를 꺾고 누워 있었다. 자기 키보다 열 뼘은 더 자란 개망초, 달맞이꽃, 긴 오이풀을 헤치고 한길로 나선 아이의 눈에 '석바위 마을'이 들어왔다. 병든 엄마가 어린 딸을 기다리고 있을 녹슨 양철집 지붕이 눈에 들어오자 아이의 걸음이 빨라졌다"며 자연묘사와 대비시킨 건 절묘하다.

주인공은 '아이'로 객관화되어 등장한다.

"윗집 호리다 상네 집 발코니 빨랫줄에 매달아 놓은 생선포 따위, 오늘은 쳐다보지도 않을 것이다. 밥 때 되면 아랫집 혼다 상네 집 나무판대기 울타리 틈으로 보이는 수북한 공깃밥에도 오늘은 코웃음 칠 것이다. 보리쌀 꾸러 가면 마뜩찮게 쳐다보며 쯧쯧 혀를 찼던 친일파 오판규의 첩 집 앞을 지날 때도 오늘만큼은 낙타 모가지처럼 고개를 들고 도도히 걸어갈 것이다. 오늘은 나도 이밥을, 쌀밥을 배 터지게 먹는 날이니까"라는 심리묘사도 실감난다.

딸이 갖다 준 쌀에 놀란 어머니의 추궁 앞에서 소녀의 기쁨은 사라진다. 평생 비밀로 하자던 어머니가 "딸을 지켜주기 위해, 지켜주기 위해…… 자기 살점이 뜯기고…… 그러다, 그러다" 돌아가셨다는 소식을 외동딸은 "운동권 마누란 귀국 못한다고? 빨갱이라고?" 멀리 프랑크푸르트에서 남을 통해 들으면서 작가는 결심한다.

> "난 이젠 더 망설이지 않을 거야. 이젠 말할 거야."
>
> "그래, 다 말해. 글로도 쓰고 음악으로도 쓰고, 서울 들어가서 다 하자!"
>
> "내가 내 얘길 할 수 있고 앞으로 글로도 쓸 수 있다면 그건 내 능력 때문이 아니야. 이런 얘길 받아주는 우리 엄마의 가슴이 있기 때문이야. 죽기 전에 난 내 어머니 대지 위에 각혈 같은, 각혈 같은 내 몸부림을 쏟아 놔야 돼. 오래 기다리고 있었어."
>
> 친구가 힘 있게 고개를 끄떡였다. 그리고 말했다.
>
> "그래. 돌아가자! 가서 엄마를 위해 진혼곡을 쓰는 거야. 내가 서울 가서 일자리 좀 알아볼게."
>
> —「프롤로그」

바로 이 수기가 잉태하는 순간이다. 모녀간의 비밀의 장이 열리면서 수기는 시작된다.

사랑의 분신 공광덕 박사를 살리고자 작가는 "세잔느의 수채화 〈언덕길〉을 연상케 하는 자그마한 마을" 오스트리아의 알프스 산자락에 고즈넉이 안겨 있는 블루덴스로 찾아간다. 『42일간의 브로이스 단식요법』의 저자와의 면담을 위해서다. 정교한 계획으로 단식을 감행하면서 부부는 삶과 죽음의 경계인이 된다.

"니 무의식까지 사랑한다"는 말에 뿅 가다

"내가 남편 공광덕을 처음 만난 것은 1970년 겨울, 서울에서다"라고 작가는 담담하게 회억한다. "피아노과 조교 미스 유가 선을 뵈는 날" 세 동료 여교수와 동행한 자리에 "희극배우 찰리 채플린을 연상시키는 옷차림새, 앞단추가 잘 여며지지 않는 오버코트에 짧은 소매, 그리고 퇴색한 로이터 안경을 쓴" 한 남자가 뒤늦게 합석했다. "세칭 '동백림 사건'에 연루되어 3년간 옥살이를 하고, 두어 달 전 8·15 특사로 출감됐으나 거처할 방이 없어 시집간 누이네 집 방 한구석에 묵고 있는데, '전과자'라는 딱지가 붙어 다니니 취직은 물론 안 되고, 교통비 한 푼도 없어 외출도 잘 못하고, 어쩌다 바람 쏘이러 시내에 나왔다가 마주치게 되는 서울대 동창생들조차도 그를 알아보는 순간 얼굴을 홱 돌려 모르는 사람처럼 지나가 버린다는" 건달도 못 되는 공광덕이었다.

조교 선 보는 일은 뒷전이고 그녀들은 "누군가에 의해 학살당하며 신음하고 있는 우리들의 사랑을 되찾기 위해!" 건배를 외치며 무교동 술집 〈뒷간〉

에서 기염을 토하다가 "저는 도무지 이분에게 반해서……, 미안하지만 제게 옆자리 좀 양보해주시겠습니까?"라는 공광덕의 제의로 둘은 밀착하게 되었다.

사랑이란 "높은 벽에 못을 박을 때 흔들리는 의자를 누가 붙들어주면 안심하고 서서 못을 박을 수 있지 않습니까"라는 포근함에서 비롯된다. 이어 남자는 "얼마나 당신을 사랑했으면, 얼마나 사랑했으면 불면증에 걸려 병원엘 다 갔겠소"라거나, "연애할 때 술 먹고 저를 뚫어지게 짜리다가, 뭐랬는지 알아요? '니 무의식까지 사랑한다'고. 그 말에 지가 뿅 갔죠"라는 고백으로 그 절절함이 묻어난다.

밥벌이를 못 해 "성당 종지기가 되려고 신부님을" 찾기도 했던 그는 병상에서 "불도의 길을 걷겠다고 수덕사를 찾아가다가 절간 기둥을 붙잡고 눈물을 흘리던 청년이 백합꽃 향내 때문에 발길을 돌렸다는 얘기나 똑같지. 성당에서 신부님을 뵙고 내려오다가 당신을 만난 거야" 하고 고해하자 작가 일초는 재치 있게 "난 백합꽃 향내를 내진 않았을 텐데"라고 시침 떼며 화두를 돌리려 하지만 "음, 그보다 더 예쁜 꽃, 배추꽃이었어. 참 소박하고 예뻐 보였어. 그냥 보기만 했어야 했어. 꺾지 말고……"란 응대가 돌아온다. 이들의 사랑은 고통을 공유하기에 더욱 아름답다.

"자, 이 여자를 보았을 때 내가 어땠겠어? 이건 사랑이라기보다 선망이라 해야 될 거야. 만나면 자꾸 내가 다시 살아나는 거, 그냥 소나기처럼 퍼붓는 내게 대한 이 여자의 긍정이……, 그런데…… 이 빌어먹을, 이 여인을, 이 여인을 위해서 내가 할 일이 없더라고. 무슨 말인지 알겠수? 담을 그릇이 없더라고, 내겐……."

공박사의 조병옥 사랑론은 끝이 없다.

"남편과 자식이 있는 여자라고. 흠, 그랬지……. 절대로 그녀와 가까이해서는 안 된다 하면서도, 단 한 번만이라도 이 여인을 확인하려는 금기의 눈길이 화근이 돼 소금기둥이 된 '롯'의 부인처럼 천벌을 받는다 해도 어쩔 수 없이. 응? 차라리 그 저주를 택하고 싶은……."

그래서 사랑이 무서운 거다.

"조병옥이라는 여자…… 먼발치에서 지켜본 날, 난 서울역 벤치에 주저앉아 니체처럼 울었어. 같은 벤치에 앉은 어떤 여자가 어린 자기 딸을 죽어라하고 패는데 엉엉 서럽게 우는 아이 옆에서 나도 울음이 터진 거야. 말을 마구 채찍으로 후려갈기는 마부를, 보다 못한 니체가 말에게 다가가 마부 보는 앞에서 말의 목을 껴안고 울음을 터뜨렸다는 얘기가 떠올라서 나도 그 아이를 가슴에 부둥켜안고 목 놓고 엉엉 울고 싶었어."

이 사랑을 누가 막겠는가.

"집 주위를 빙빙 도는 정보원이 두 명 있었어. 외출을 하면 까만 지프차가 따라붙어. 일주일에 한 번씩, 무얼 하며 살았는지, 누구를 만났는지, 뭐 그런 걸 시시콜콜 다 일기로 써서 보여줘야" 하는 감시가 이들의 사랑에 오히려 기름을 부었다.

에라, 이 되다 만 여인아!

세상은 언제나 남에게 잔혹하다. 이들의 사랑이 주위에 어떻게 비춰졌을까 유추하기는 그리 어렵지 않다. 그 직접적인 언급을 피하는 대신 이 작가는 첫 결혼생활의 단면을 생생하게 보여준다. 「에라, 이 되다 만 여인아!」는 풍자와 해학미가 넘치는 멋진 단편소설이다. 시집간 첫날 혼숫감 때문에 벌였던 소동, 시집살이의 낭패, 친정이 그리워 홀연히 다니러 갔다가 어머니에게 야단맞은 내역 등에 얽힌 익살스런 묘사는 가히 통쾌의 극치다. '시집살이'란 말이 얼마나 여성들에게 가혹한 사슬인지를 한껏 야유했다.

이것 말고도 독립적인 단편이 더 있다.

1951년 1·4 후퇴 때 열차 지붕에 올라탔다가 월경 때문에 잠시 내린 사이에 가족과 헤어졌던 전말을 다룬 「기차만큼은 언제나 달려주지 않았던가!」, 부자 동네 혜화국민학교와 대조적으로 가난뱅이가 다녔던 창경초등학교 시절에 음악적 재능을 발휘했던 이야기와, 이화여중 입시에 얽힌 비화를 다룬 「귀인과 귀신의 행렬」과 「한 장의 마로니에 잎이 아니고는」 두 편 역시 소설적 구성미를 갖춘 아름다운 성장기록이다.

묵시록적인 에세이도 우리의 시선을 뗄 수 없도록 끈다.

김지하 구출위원회를 주로 다룬 「밥은 하늘입니다」에서 한국전쟁 때 배가 너무 고파 죽거나 도둑질을 선택했어야 할 기로에서 후자를 자행했다가 실패한 장면이나, 감방에서 이응노 화백이 밥덩이나 고추장을 짓이겨 그림을 그렸더니 파리가 덤비더라는 이야기는 한 예술가의 위대한 영혼을 만나도록 해주는 영매(靈媒) 작용을 느끼게 만든다.

> 빵에서 식사시간에 나오는 밥 덩어리를, 다 잡숴도 모자랄 밥을 말이야. 그걸 손으로 마구 주물러서 벽에다 짓이기구, 날계란을 벽에 확 던져 밥풀과 계란껍질까지 혼합해 무슨 작품을 만든다고 땀을 뻘뻘 흘리시는데……. 나 참, 그 왜 도시락통 있잖아? 재판받으러 나가는 날은 도시락을 주거든. 그 나무도시락 상자를 감춰놨다가는 경비가 안 볼 때 확 뜯어가지고 밥풀로 벽에 바르고는 물감이 없으니까 고추장으로 냅다 칠하는 거야. 나중엔 파리떼가

몰려와 그 소위 작품이란 것 위에 새카맣게 앉는단 말이야. 거기다, 그 작업을 하루도 빠짐없이 하시니 참 기가 막혀서. 파리새끼들만 모이나, 어디? 음식 썩는 냄새 때문에 밤에 잠을 잘 수가 있어야지. 저 냥반이 빨갱이로 누명 쓰고 동백림 사건으로 잡혀 들어온 세칭 정치범이 맞나 싶더라고. 다른 정치범들이 앉기만 하면 화제로 삼는 사회문제니 정치문제에는 관심이 없으셔. 그냥 작품 생각만 하시는 거야. 선생님, 그게 다 뭐예요? 바보 같은 질문을 했어, 뭐라 대답하셨는지 알아? '내 가슴이야. 내 혼이, 내 욕망이 끓고 있는 게 공 형은 안 보여?' 하시더라고. 난 아무 말도 못 하고 앉아 있었어. 무얼로 한 대 얻어맞은 것 같았어. 그리고는 며칠 후에 선생님과 헤어진 거야. 그냥 그렇게 아무 말도 못 하고 말야.

더 뭉클한 장면이 있다. "조 선생, 나 그림 그리다 똥 쌀까봐 걱정이야"라는 이응노 화백의 고백 대목이다.

나는 그게 무슨 뜻인지 얼른 알아듣질 못해 맑게 웃고 계신 선생님을 멍하니 마주 보았다. 부인 박인경 여사가 내 옆에 와서 귀띔해주었다. 선생님이 작품을 하실 때 우주의 에너지를 온 몸으로 모았다가 흰 종이 위에 쏟아놓으시는 그 다이내믹한 강도가 이따금 감당할 수 없이 강하게 솟아오르면서 종종 일어나는 일이라고. 최근 건강이 나빠지면서 그런 일이 자주 있다고 덧붙였다.

신명으로 치자면 이응노 화백에 뒤지지 않을 조병옥이다. 루이제 린저를 처음 만난 레스토랑에서 불렀던 노래 〈당신을 사랑해요(Ich liebe Dich)〉에 스며 있는 일초의 별명은 영락없는 〈생의 한 가운데〉의 니나일 터이다. 정말 그녀는 니나처럼 사랑의 화신 같다.

이제 해설을 마감해야 될 순간인데도 꼭 인용하고픈 멋진 장면들이 줄줄이 남아 있다. 그만큼 이 작품 전편이 감동적이란 뜻이다. 신앙에 얽힌 공 박사의 명언들, 민족과 통일에 대한 담백한 소망, "형……. 전 우주를 파악하는 게, 파악하기가 너무 힘들어……(다음 말은 가래 끓는 소리로 잘 안 들림)"로 시작되는 녹음으로 듣는 유언 등이 다 우리의 눈시울을 적신다.

그리고 마지막으로 호정, 호산 두 아이들과 얽힌 부정(父情)의 변증법적인 형성 과정은 능히 이 글의 대미를 장식해도 좋을 만큼 감동적이다. 의붓아버지에게 '아저씨'라 부르다가 '화티(Vati, 아버지)'로 정정하게 된 내역과, "만약 불행히도 화티가 저희보다 먼저 저세상으로 가신다 해도 하늘에서 내려다보시면 예쁘게 생긴 콩(Kong: 공 씨의 독일어)들이 여기저기 뛰어다니며 노는 모습 구경하실 거예요. 전 장가가서 무지 많은 콩을 낳을 거예요. 한국법이 아무리 우리를 캉(Kang: 강 씨의 독일어, 전 남편의 성)이라 우겨도 우린 화티가 길러준 화티의 콩들이니까요"라는 대목이 가슴을 울린다. 그것은 의리가 아니라 인간다운 세상을 향한 조화의 길목이다.

1988년 7월 15일, 공 박사는 소원대로 모차르트의 〈레퀴엠〉을 들으며 프랑크푸르트 서쪽에 위치한 오펜바흐 시립병원 공동묘지에 묻혔다. 그리고 그의 연인 조병옥은 그 레퀴엠처럼 이 글을 썼다. 이어 우리는 레퀴엠을 듣듯이 이걸 읽는다. 누군들 레퀴엠이 필요치 않을까.

한국판 디아스포라의 최근사(最近史)를 본다

리영희 | 한양대 교수

저자 주(註)

리영희 교수님은 오른손의 떨림과 손가락 마비로 인해 손으로 글을 써주시는 것이 불가능했다.

내가 자리에 앉아 녹음기를 꺼내놓자 선생님은 그 떨리는 손으로 우선 차이코프스키의 바이올린협주곡부터 올려놓으셨다. 그리고 나를 향해 뱅그레 웃으셨다.

"조병옥의 글 속에 나오는 사뮤엘 바버(Samuel Barber)를 준비했다가 탁 틀어줄라고 했는데 그걸 못 구했어" 하고 말씀하시는 것이 아닌가.

선생님은 "그냥 생각나는 대로 순서 없이 말할 테니 조 선생이 고쳐요" 하고 말씀하셨지만, 나는 선생님이 말씀하신 그대로를 여기 옮겨놓음으로써 그날 그 시간에 담긴 선생님의 생생한 입김과 목소리를 간직하려 한다.

아주 재미나게 읽었어. 아아, 대단한…… 워낙 하여간 천재는, '천재는 광적이다' 공 선생 말 그대로야. 하여간 대단하다, 감탄하면서 읽었어.

내가 살아오면서 글 쓴 것들이 그렇잖아요, 그저 분석적이고 지적인, 사회학적인, 정치학적인……. 그저 줄거리만 갖추면 뭐 그 위엔 군더더기나 감정적인 건 붙을 필요가 없는 글들만 쓰다 보니까 이렇게 정서적인, 감성적인, 문학적인 글에는…… 거저 읽긴 하지만 쓰는 덴 익숙지 않아서 서툴다 할까, 좌악 물 흐르듯이 얘기를 만들기가 힘들어. 그러니까 조병옥이가 문장을 만들어야 할 거야.

근세에 들어와 인류사에서 하나의 서러움을 안고 사는, 그렇게 태어나고, 자라나고, 그리고 생을 바쳐 살아갈 제 땅에서 쫓겨나 세상 정처 없이 흩어져 흘러 흘러 살아가는 그런 민족들이나 또는 집단들의 서러운 생존이 퍽이나 많았지.

대표적인 것이, 이스라엘 민족들이 그 고토를, 고토에서 뿌리 뽑혀 천 년 이천 년을 이 땅 저 땅 남의 나라 국경을 넘어 흘러가면서 부평초처럼 적당한 곳에 뿌리를 하나씩 내리고, 그리고 소집단을 이루면서 기약 없는 고향에의 귀환을 영원의 미래로 꿈꾸면서 서럽게 살아간 거. 이걸 우리 문화인류사에서는 디아스포라(Diaspora), 또는 다이아스포라라고 하지. 우리 민족으로 말하면, 이를테면 한일합방으로 쫓겨나서 정처 없이 시베리아로, 또 거기서 다시 저 멀리 중동아시아까지 그렇게 흩어지고 밀려가서 기약 없는 삶을 산 사람들이 있잖우? 지금도 아직 남아 있지. 또 그들이 언제 고향을 찾을 수 있을지는 아무도 알 수 없는 일이고…….

'고향', 고향에서 밀려나고 거기서 삶의 터전을 빼앗기고, 그렇게 해서 다시 돌아오지 못하는 사람들 마음에서의 '고향'이란 우리가 국내에서, 원래 자기가 사는 집단 속에서 잠시 이런저런 이유로 고향을 떠난 사람들의 얘기와는 아주 질적으로 다른 정서를 지니는 눈물겨운 낱말이지.

해방 전 일본으로 건너가서 그 모진 환경과 세파에 시달리면서 거의 목숨을 걸고 생존해갔던 사람들에게 있어 '고향'이란, 그것은 어떠한 말로도 표현될 수 없는 간절함이 있는 거지. 디.아.스.포.라……. 이것은 이스라엘 민족의 언어지만은 우리들이 우리의 지난 100년사에서도 보잖아? 심지어는 영어가, 이 꼬부랑 말이 전혀 필요 없다고 생각되었던 해방 후의 우리 남한 사회에서도 많은 사람들이 그야말로 이 디아스포라로 떠났던 거야.

조병옥의 수기에서 당신은 바로 그러한 서러움을 안고 산 '한국판 디아스포라'의 최근 유형을 그린 거야. 박정희 군사독재하에서 고향을 쫓겨났거나, 고향, 대한민국에서 박해받아 삶의 터전을 다른 나라에 가서 찾아 헤맸던 군상들의 생활모습……. 글을 읽는 동안 난 마치 내가 그 속의 한 사람이 되어 있는 것 같았어. 그 비애와 슬픔과 간절함과 기쁨 속에 들어가 하나의 우리 민족 최근사의 디아스포라 역사 속에서 그들과 함께하고 있는 것 같았어. 다른 땅에 살면서도 민족의 장래, 평화와 사람다움과 그리고 나아가서는 통일된 민족의 장래까지 염원하면서 살아야 했던 많은 분들의 값진 삶과 아픔과 그 파란만장한 앞에 난 가슴 속 깊이 죄책감을 느끼면서 읽었어.

그래도 국내에서는 적잖은 고통이 있었다고는 하지만 서로 도움이 있고, 원조가 있고, 협력이 있고, 지원이 있고, 박수소리도 있었고, 때로는 승리의 환호도 있었던 그런 싸움의 길이었는데…….

나는, 이 조병옥의 글에 등장하는 사람 중 많은 분들을 알지. 먼 거리에서도 알고 있었고, 1985년 하이델베르크 대학에서 6개월 지내는 사이에 아주 오랜 친지와 같이 사귀고, 알게 되었고, 때로는 그들과 더불어 아픔과 기쁨을 나누기도 했지. 여기 나오는 한국판 디아스포라의 인물들은 하나같이 그야말로 모두가 순수하고 선량하고 때 묻지 않은 순정의 인물들이지…….

이 수기 속에서는 그런 사회 속의 하나의 전형적인 인물, 공광덕과 조병옥,

이 두 사람의 개인사가 축이 되어 전체의 얘기를 전개해나가지. 파란만장한 삶을 꾸려가는 부부로서의 이 두 사람은 우리 민족사의 한 시기와, 독일, 불란서, 유럽을 아우르는 그 수많은 한국인 디아스포라의 중심에 서 있어.

그런데 말예요.

이 책의 저자, 다시 말하면, 자기의 일생을 아주 특이한 형식으로, 특이한 구성으로 전개하고 있는 이 『라인 강변에 꽃상여 가네』의 주인은 말이요, 자서전의 형식을 빌렸는데도, 아주 특이해. 정말로 천재적인 지식인이야. 우린 이 책 안에서 이 주인공이 어려서 어떤 일을 당했으며, 어떻게 삶에 시달렸으며, 여성으로서 겪지 못할 일을 어떻게 당했는지…… 자신은 비교적 잔잔하게 풀어내며 썼지만 난 이, 소설 같은 이야기 속에 그냥 빨려 들어가게 돼. 그런 삭막한 삶 속에서도 불꽃같이 사랑에 정열을 태우는 여자, 식을 줄 모르는, 재가 되길 거부하는 그 화산 같은 사랑을 뿜어내는 한 여성이 어떤 인생을 꾸려나가고 있는지를 흥미진진하게, 하지만 때론 숙연한 마음으로, 엄숙한 마음으로, 그리고 때로는 너무도 아픔에 견디지 못해 눈물을 같이하면서 읽게 되는 거야.

(잠시 침묵)

남편의 암 투병과정을 그려나가는 데도 그래. 그 과정의 전 인생을, 그 하루하루의 힘든 나날의 일기를, 혹은 회상록처럼, 혹은 멀리서 불어오는 환상처럼 기록해나가는데, 그런데 이 책은 그 구성에 있어서, 난 일찍이 적잖이 책을 읽은 사람이지만 이런 특이한 구성은 만나본 일이 없어요. 응, 만나본 일이 없어.

난, 40일 이상 단식을 어떤 스님이 뭔가 때문에 했다는 일 외에는 과거에 아일랜드의 독립투사가 40일인가 50일인가의 단식 끝에 목숨을 대의를 위해 바쳤다는 얘긴 들었지만 이렇게 멀쩡한 남자가 — 물론 암이라는 병마 때문이라고는 하지만 — 생으로 굶었다는 얘긴 처음 들어요. 부인 조병옥의 그 끝없이 따뜻하고, 끝없이 사려 깊은 보살핌 속에서 끝을 맺는 이 드라마 아닌 드라마 전체 과정이 때로는 너무 숭고해서 천사들의 이야기를 듣는 것 같기도 하고 때로는 너무나 가슴 저려서 읽는 나로 하여금 아픔을 참지 못하게 했어요.

내일을 인생의 끝으로 바라보는 남편이 이렇게 말하지. '내가 죽거든 내 사망신고서 치켜들고 귀국해라.' 자기가 죽었다는 증명서가 아내에게 귀국할 권리를 줄 거라는 얘기잖우.

이 얼마나 처절한 말이요.

한 군사정권에 의해서 재입국할 수 있는 권리를 박탈당한 동안에, 그 어린 시절 원한과 통곡의 세월을 이겨내면서도 오로지 한 마음으로 '행복한 딸'이길 바라셨던 어머니는 이 독일 땅이 디아스포라로 되어 있던 그때에 돌아가셨으니.

이런 슬픔과 아픔과 환희의 연속적인 기록 속에, 그러면서 그 속에서 뜨겁게 서로 나누었던 공광덕과 조병옥, 한 쌍 남녀의 온 인생 이야기가 42일간의 단식치료 기록과 맞물려 하나로 흐르는데, 그야말로 최고의 인간 드라마를 보여주는 이 드라마틱한 인생기록으로 인해 가끔 난 숨이 막혀서…….

이때 초인종이 딩동 울렸다. 선생님은 웃으시며 "오늘 이만큼 할까? 됐는지 안 됐는지 모르갔는데……. 조 선생이 고치라고" 하고 말씀하셨다.

역사의 심지

이해동 | 목사

글을 읽으면서 이토록 내 가슴 깊은 곳을 후비는 진한 감동을 느낀 것은 참으로 오랜만의 일인 것 같다. 내 아내 종옥 역시 마찬가지였다. 그녀는 이 원고를 손에 잡은 후 한 번도 놓지 않고 새벽 두 시까지 밤잠을 설치며 무려 A4 용지 150쪽에 이르는 글을 단숨에 읽었다. 글 솜씨나 글 내용이나가 읽는 사람의 마음을 사로잡기에 넉넉했다.

조병옥 선생은 원래 음악을 전공하신 분으로만 알고 있었고, 한때 그분이 부른 노래에 나만 아니라 많은 사람들이 반했던 시절이 있었다. 조 선생이 한국에 돌아오신 후 몇 해 전부터 그림을 그리시는 것을 보고 그 그림 솜씨에 놀랐는데, 이번에는 수기 원고를 접하고 또 한 번 그 글 솜씨에 놀라게 되었다. 감칠맛 나게 표현하는 문장력이나 글 내용의 구성에서 속된 말로 작가 뺨칠 만한 작품이라는 생각이 들었다.

1970년대 후반이라고 기억되는데 고 안병무 박사를 통해 조병옥 선생의 가슴을 울리는 애절한 노래를 들을 수 있었다. 안 박사가 독일에 가셨다가 들어오시는 길에 조병옥 선생이 김지하의 「밥은 하늘입니다」 또는 「안 박사의 편지」 등에 손수 곡을 만들어 부른 노래 카세트테이프를 몰래 숨겨가지고 오셔서 그 테이프를 복사하여 여러 사람에게 보급하셨기 때문이었다. 당시 이 테이프에 담긴 조 선생의 노래는 조국의 민주회복을 열망하는 많은 사람들의 심금을 울렸다. 조 선생의 노래에 반한 사람들이 한둘이 아니었고 나도 그 중 하나였다. 그러기에 나와 조 선생 내외분과의 만남은 얼굴로 직접 대면하기 이전에 이미 노래로 만났고 또한 뜻으로 만났다고 할 수 있다.

우리 가족이 독일에 체재한 만 4년간 조 선생 내외분과 우리 내외와의 사귐은 각별했다. 조 선생은 교회 성가대 지휘를 맡아 수고하시기도 했고, 이런저런 행사가 있을 적마다 조 선생의 노래는 그 행사의 질을 높여주곤 했다.

내가 독일에 갔을 때 조 선생님 가정은 형편이 매우 어려운 시기였다. 공광덕 박사는 실업자였다. 아들 호정과 호산은 학생이었다. 생계를 위해서 조 선생은 한때 자그마한 부엌을 빌려 손수 조리를 하셨고, 공 박사는 조수 겸 밥 배달원 노릇까지도 하셨다. 그러면서도 두 분의 모습은 늘 웃음과 농담을 잃지 않는 여유로움을 보여주었다. 나는 조 선생님 가정을 심방할 때마다 그토록 고생하시는 두 분에게 아무런 실질적 도움도 드릴 수 없는 나의 무능과 무력함이 안타까울 뿐이었다.

그 후 공 박사께서 프랑크푸르트 대학의 한 연구소(국제관계 정치학연구소) 연구원으로 취직되셨다는 소식을 듣고 얼마나 좋았는지 모른다. 그러나 그 기쁨도 잠시, 공 박사의 발병(전립선암) 소식을 듣게 되었다. 정말이지

하나님이 원망스러웠다. 나는 두 분에게 위로할 말을 찾을 수가 없었다. 그래도 어찌겠는가, 우리가 매달릴 곳은 역시 하나님밖에 없었다. 또한 내가 두 분을 위해 할 수 있는 일도 역시 하나님께 기도드리는 일밖에 없었다.

공 박사 내외분의 암세포와의 싸움은 격렬하고 처절했다. 이미 전신에 번진 암세포를 굶겨 죽이기 위해 42일간의 단식요법을 결행한 것이다. 굶는 것은 공 박사지만 조 선생의 헌신적인 노력은 눈물겨웠다. 나도 기도로 동참했다.

'엘리 엘리 레마 사박타니?' — '나의 하나님, 나의 하나님, 어찌하여 나를 버리셨나이까?' 라는 뜻이다. 예수님이 십자가의 고통 속에서 부르짖은 이 처절한 외침에 끝내 침묵으로 일관하셨던 하나님께서는 공 박사 본인과 조 선생은 물론 주변 모든 사람들의 간절한 호소에 대해서도 역시 침묵해버리신 것일까? 인간의 지혜를 가지고 하나님의 뜻을 온전히 헤아릴 수는 없는 노릇이 아닌가 싶다. 공 박사의 병은 다시 도졌고, 마침내 그는 1988년 7월 13일 영면하셨으며, 15일에 영결식이 거행되어 가족과 더불어 평소 그를 존경하고 좋아하던 많은 동지들의 오열 속에서 석별했다.

나는 이 장례를 집례했다. 그리고 이것은 나의 독일 생활을 마감하는 최종 행사가 되었다.

나의 이 서툰 글의 제목을 '역사의 심지'라고 잡았다. 우리말에서 '심지'라는 말은 일반적으로 두 가지 의미로 쓰인다고 할 수 있겠다. 하나는 등잔이나 초 따위의 불을 붙이는 심지이고, 다른 하나는 마음 본새를 일컫는 심지(心志)다. 이를테면 '그 사람은 심지가 곧다'라고 할 때의 심지(心志)다. 공광덕 박사와 조병옥 선생 내외분의 경우 이 두 가지 의미가 다 타당하다.

역사에도 심지와 같은 역할을 하는 사람들이 있어야 한다. 자신의 몸을 불태워 몽매한 세상을 밝히고 스스로는 아무런 흔적 없이 재로 사위는 심지와 같은 사람이 있어야 한다. 그런 사람들이 있어서 역사는 비틀거리다가도 다시금 제자리를 찾게 된다고 나는 믿는다. 우리들의 삶의 현장은 언제나 기회주의자들이 득세하는 모순현상을 들어내지만 오늘을 바로잡고 미래를 가꾸려는 역사의 심지와 같은 삶을 사는 사람들이 있어 우리는 절망이 아닌 희망을 가지게 된다.

두 분의 일생은 시련과 고난의 연속이었다. 남들에 비해 결코 뒤지지 않는 재능과 실력을 갖추었음에도 불구하고 약삭빠르고 무자비한 현실의 경쟁의 마당에서 늘 국외자로 밀려났을 뿐만 아니라 불의한 세상의 표적이 되어 고통의 사슬을 매고 신음해야만 했다. 삶을 평면적으로만 본다면 분명 두 분은 세상을 미련하게 살았고, 불행했다고밖에 말할 수 없을 것이다. 그러나 삶을 뜻으로 본다면 두 분은 장한 삶을 살았다고 나는 확신한다. 미래의 바른 꿈을 이루기 위해 어둠의 현실을 밝히는 '역사의 심지'로 자신을 불태웠다. 우리에게 옛날에 비해 다소나마 나은 오늘이 있음은 공광덕 박사와 같이 '역사의 심지'가 되어 아낌없이 자신을 불태운 의로운 사람들의 덕분이라고 해야 옳다고 나는 생각한다.

조병옥 선생, 뜨거운 가슴으로 역동적인 삶을 살아 낸 그분의 삶에 나는 깊은 감격과 경의를 보낸다. 『라인 강변에 꽃상여 가네』에서 자신의 극적인 삶을 너무도 훌륭하게 그리고 진솔하게 그려낸 그 필력과 용기에 대해 나는 감탄해 마지않는다.

살아남은 자의 밥값

정범구 | 언론인

"정 형, 요새 어째 소변이 시원칠 않고 그러네."

조병옥 선생님의 글 묶음을 여러 가지 복잡한 생각과 함께 읽으면서 20년 저쪽에서 들려오는 공광덕 선생님의 목소리를 들을 수 있었습니다.

선생님은 일본의 천황 파시즘(Denno - Fascism)을 주제로 한 박사논문을 마무리하기 위해 당시 제가 공부하던 마부르크에 일주일에 몇 번씩 들르셨습니다.

어느 오후, 아마도 겨울이 임박한 때였던 것 같습니다, 기차 시간을 기다리면서 역 앞 카페에 앉아 차 한 잔 마시며 이런저런 이야기를 나누던 끝에 그런 이야기를 하셨던 것 같습니다.

저는 심상하게 대꾸했던 것 같습니다.

"연세가 드셔서 그러신 모양이네요."

선생님이 전립선암이라는 판정을 받고 오랜 기간 투병하시다가 돌아가신 후, 전 참으로 깊은 죄책감에 시달려야 했습니다. 왜 그때 빨리 병원에 가보시라고, 정밀진단을 받아보시라고 말씀드리지 못했는지…….

그러기에 저는 아직 젊은 30대였고, 선생님은 이미 인생의 고비를 넘고 계시는 50대였습니다.

그러던 제가 벌써 50대가 되어 선생님을 맞닥뜨리게 되었습니다.

이제는 고인이 되셨지만 유학 시절 내게는 스승 같은 선배가 한 분 계셨다. 지금은 프랑크푸르트 근처 한 작은 도시의 기찻길 옆 공원묘지에 외롭게 묻혀 있는 분이다.

그분은 1960년대 말 세상을 떠들썩하게 했던 소위 '동백림 사건'에 연루되어 독일에서 한국으로 끌려와 갖은 고생을 다 겪고 다시 독일로 돌아갔다. 그런 저런 사연으로 40을 넘기도록 독신으로 있다가 아이 둘이 있는 비슷한 나이의 여인에게 장가를 들었다. 음악을 하는 분이었는데 인생의 굽이굽이를 돌아 만난 두 사람은 늦게 만난 것을 보충이라도 하려는 듯 참으로 아름다운 사랑을 했다.

남편이 시를 쓰면 부인은 거기에 곡을 붙여 노래하기도 했던 이 부부는 그러나 이미 자신들의 아이를 갖기에는 너무 늦은 나이였다.

한참 연하였던 내게 그분은 종종 이렇게 이야기하곤 했다.

"사랑에 빠져 봤수? 멋진 사랑 말이야."

50대 중반을 넘기면서 그분은 암으로 세상을 떠났다. 자신의 병명이 암으로 밝혀지기 바로 얼마 전까지도 그분은 사랑에 대한 환희를 종종 내게 이야기하곤 했다.

나는 그분이 돌아가시고 나서야 그 말이 무엇이었는지를 깨닫게 되었다. 그것은 생명에 대한 열렬한 갈망이었던 것이다. 자신이 살아 있음을 확인하고 또한 강하게 느끼고 싶어 했던 것이다.

자신이 살아 있음을 확인해주는 사랑. 늙고 병든 몸이지만 자신이 여전히 뜨겁게 불타오를 수 있다는 것, 그것을 통해 자신이 살아 있음을 확인하고 싶어 했던 그분의 절실한 갈망을 나는 그 후 오랫동안 생각하곤 했던 것이다.

(정범구 외 공저, 『일 중독 사랑 중독』「아름다운 사랑을 위하여」 중에서)

"정 형! 글쎄 그 관상쟁이가 나보고, 적어도 국회의장은 할 상(相)이라고 하잖아?"

1960년대 초에 외신기자로 유럽에 나간, 적어도 당시로선 잘 나가던 선두 지식인의 한 사람이었던 그가, 권력욕에 눈이 어두웠던 김형욱의 정치공작의 산물로 졸지에 한국에 끌려들어 와 철저히 망가진 후에 한국에서 겪었어야 했던 이야기들은 생략하겠습니다.

날개 꺾이고 미래에 대한 전망도 상실한 채 하루하루의 삶을 연명해야 했던 그에게 현실의 삶은 여전히 암담한 것이었지만 그는 이 시기를 이렇듯 해학으로 넘기고 있었던 것입니다.

공자의 후예인 곡부 공 씨의 후손인 공광덕 선생님은 제가 보기에도 고대 중국 귀인상에 나오는 인물처럼 후덕하고 인자한 분이셨습니다. 삼국지에 표현된 유비의 귀에 거의 가까울 정도로 귀가 크고 넓적하셨을 뿐 아니라 어떤 어려운 상황에서도 늘 웃음을 잃지 않으시고 주변에서 걱정하는 저희들을 우스갯소리로 위로하곤 하셨습니다.

돌아가시기 직전까지도 병상 주변에 모여든 지인들에게 우스갯소리를 잃지 않으셨던 진정한 거인! 그분은 지금 프랑크푸르트 근교 오펜바흐란 도시의 한 기찻길 옆에 영면하고 계십니다.

누구보다도 공 선생님께 많은 가르침을 받았던 저는 선생님의 장례식에 함께할 수 없었습니다. 다른 많은 유학생들처럼 저도 어느 공장에선가 일하면서 학비를 벌던 시절이었기 때문입니다. 쏟아지는 피눈물을 흘리면서 그분의 장례식 시간에 열심히 주물공장의 용광로 입구를 지키고 있었던 기억만이 아프게 남아 있습니다.

그러나 세월은 과연 많이 변했습니다.

자신의 모든 것을 온전히 바쳐 조국의 민주화와 통일을 위해 헌신했던 이들의 이야기는 이제 옛날이야기가 되고 있습니다. 더구나 고립무원의 해외에서, 끝내 자신을 속이지 못하고, 자신의 전부를 내놓았던 이들의 이야기는 이제 이 시대 어디에서도 기억되지 못하고 있습니다. 민주화 투쟁 경력이 더 이상 쉬쉬해야 할 이야기가 아니라 당당한 훈장으로 내세워지는 시대가 됐음에도, 해외에 흩어져 외롭게 싸우다 간 이들의 이야기는 잊어지고 있습니다.

일초 선생의 글을 읽으면서 많은 분들의 이름이 떠오릅니다.

임희길, 정규명, 홍세화, 오석근…… 정식으로, 또는 약칭으로 거명되는 수 많은 이름들 중에 결코 잊을 수 없는 이름이 있습니다.

김길순!

주위로부터 종종 '길순이 언니'로 애칭되던 그는 대구 출신의 투박하고 무뚝뚝한 노총각이었지만 자신보다는 남을, 이웃과 주변을 먼저 배려하던 그의 헌신은 많은 이들의 추억 속에 살아남아 있습니다.

국내외를 막론하고 아직 박사 '학위'가 귀하던 1970년대 초, 이미 학위를 마치고도 유신독재의 그늘이 짙게 드리운 조국에서의 입신영달을 꾀하기보다는 민주화 투쟁의 현장이 된 해외에 남아 자신의 마지막 생을 온전히

다 바쳤습니다. 외롭고 고독할 뿐 아니라 생활고와도 맞닥뜨려야 했던 그는 끝내 간경화 등의 질병을 얻어 말년에 고국에 돌아와 눈을 감았습니다. 나이 50이 넘도록 독신이었던 그에게는 90이 가까운 노모가 계셨으니 그는 큰 불효를 한 셈입니다.

그가 만년에 열정을 가지고 키워나가려 했던 한국학술연구원(KOFO)은 독일 최초의 한국 관련 민간연구소로 각종 자료집 발간과 국제 세미나 등으로 민주화 투쟁 중인 한국의 현실을 국제사회에 알리는 데 많은 역할을 했습니다. 끝내 재정난으로 문을 닫아야 했습니다만. 이 한국학술연구원의 비좁은 공간에서 공광덕 선생뿐 아니라 국내와 일본 등지에서 방문한 쟁쟁한 선배들과 여러 현안에 대해 말씀 듣고 토론하던 시절이 기억에 아련합니다.

일초 선생의 원고를 읽으면서 제가 봤던 여러 영화의 장면이 스쳐 지나갑니다.

동서를 초월하여 많은 영화들이 기억납니다. 한 시대, 또는 체제의 선전물이었거나 흥행물이었던 영화들…….

〈태극기 휘날리며〉 같은, 우리의 아픔마저도 상품화시키는 걸작에서부터 이제는 흑백으로나 볼 수 있는 과거 소비에트의 사회주의적 사실주의적 영화들에 이르기까지…….

이런 장면들이지요.

한 늙은 병사가 마지막 전투에 임하면서 부대의 막내 귀염둥이인 소년병에게는 후방 연락 임무를 주어 보냅니다. 소년병은 떨어지지 않는 발걸음을 억지로 내딛으며 뒤를 돌아보고 또 돌아보지만 노병은 총에 착검을 하고 적을 향해 용감히, 그리고 장중하게 나아갑니다. 국내에서만 1,000만 명 이상 관객을 동원했다는 〈태극기 휘날리며〉에서도 비슷한 장면이 나옵니다. 어떻게든 동생만은 살리기 위해 모든 것을 다 희생하려 드는 형의 이야기. 어려움에 빠진 동생을 구하고 살리기 위해 형은 장렬하게 산화하는 길을 택합니다.

이런 장면들이 떠오르는 이유는 무엇 때문이었을까요?

아마 자신을 희생하면서까지 끝내 누군가를 살리려 했던 것은 이 산 자들의 입을 통하여 자신들의 죽음을, 또는 그들이 치열하게 싸웠던 시대를 증언하게 하기 위함이 아니었을까요?

살아남은 자들의 임무는 결국 이것일 것입니다.

스러져 갔던 이들을 증언하고 기억하는 것!

새삼 제가 서 있는 자리가 부끄럽습니다.

조병옥 선생님의 건강이 좋아지셔서 함께 오펜바흐의 그 기차 길 옆 공원묘지로 선생님을 찾아뵈었으면 좋겠습니다. 그러면 선생님은 또 만면에 그 사람 좋은 미소를 활짝 지으시면서 뭐라고 저희들을 즐겁게 해주실라나요?

혹시 '뒷산의 딱따구리' 이야기부터 시작하실는지요?

공광덕 선생님! 뵙고 싶습니다.

2006년 봄 서울에서

정범구 올림

살아남은 자에게 남아 있는 것

홍세화 | 언론인

조병옥 선생님,

우리는 지난날을 추억하지 않습니다. 다만 기억합니다. 잔인했던 세월, 남의 땅에서 유민으로 살아야 했던 사람들, 뒤틀린 역사의 뒤안길에서 먼 땅을 바라본 채 텅 빈 가슴으로 살았습니다. 병들게 했고 마침내 죽음에 이르도록 그리워하던 땅으로 끝내 돌아오지 못한 분들을 우리는 차마 추억할 수 없습니다. 그 아련한 기억과 함께 살아갈 뿐입니다.

살아남은 자의 몫은 기억하는 것입니다. 남은 생존을 그 기억들과 함께 사는 것입니다. 가슴이 아려도 뭇 사람들을 불편하게 해도 그 시간들이 안고 있던 절망과 분노와 그리움의 기억들을 오늘 되살려야 하고 되새김질해야 합니다. 차디찬 겨울밤. 살아남은 자의 보잘 것 없는 감상마저 허용치 않을 듯한 매서운 추위가 차라리 기분 좋았습니다. 몇 번을 집어 들었지만 막상 선뜻 읽기를 주저하던 글이었습니다. 겨울날의 차가움이 선사한 단순함으로 읽기를 시작했고 한 달음에 읽어내려 갔습니다. 반가운 사람들을 다시 만났습니다. 사랑하느라 애쓰며 살았던 사람들의 골 파인 주름과 서러움들을 다시 만났습니다. 일초 선생님의 글에는 억울함과 분노, 서러움과 슬픔에도 특유의 산뜻함이 있었습니다.

유민. 추방과 배척으로 떠돌아 살아야 하는 사람들에게 그것은 절망을 안고 살라는 천형이었습니다. 뿌리 뽑힌 삶은 소리 없는 절망이었습니다. 유민. 그 무엇도 제 땅을 향한 본능을 잠재울 수 없습니다. 보이는 것과 들리는 것, 느끼는 것이 호흡처럼 자연스럽기를 바라는 것에 이유를 물을 수 없습니다. 뿌리 뽑히고 거부당한 사람들은 분노하고 절망하고 그리워했습니다. 그리고 병들어 갔습니다. 너무 멀리 있어 아무도 기억해주지 않는 사람이 모두를 그리워하며 병들어 갔습니다. 그리고 죽어갔습니다. 아, 그렇지만 우리에게도 함께 부른 노래가 있었습니다. 프랑코의 독재가 길어지면서 피레네 산맥을 넘었던 스페인 청장년들은 노인이 되었고 하나하나 동지들을 남의 땅에 묻었습니다. 그들을 이렇게 말했다고 합니다. "우리의 삶은 실패했다. 그러나 우리는 이 세상에서 가장 아름다운 노래를 불렀다. 그 기억만으로도 나는 평안하게 눈을 감을 수 있다."

그렇습니다. 우리에겐 함께 부른 노래도 있었고 연극이 있었습니다. 저에게 독일 땅은 따스했습니다. 송곳으로 뚫고 싶은 두꺼운 잿빛 구름이 하늘을 덮고 있었지만, 그래도 제게 독일 땅은 유별나게 따스했습니다. 독일 땅에 가기 전에 저는 이미 병들어 있었습니다. 영혼은 피폐해질 대로 피폐해져 있었습니다. 남은 영혼을 건사하고 목숨을 부지하고 싶은 본능적 몸짓으로 독일 땅으로 달려갔습니다. 프랑크푸르트로, 오펜바흐로, 보훔으로, 베를린으로 달려갔습니다. 무엇보다 인간 냄새를 맡고 싶었습니다. 살아 있다는 것을 확인하고 싶었습니다. 그리고 함께 연극을 했습니다.

연극을 해보기는커녕 연극 구경조차 해본 적이 거의 없는 분들이었지만 이미 연극보다 더 연극적인 삶을 살고 있었습니다. 제 병이 치유되고 있다는 것을 감지한 것은 연극 연습을 할 때부터였습니다.

그렇게 저는 절망에서 탈출할 수 있었습니다. 그러나 서둘러 먼저 가신 분들이 있습니다. 그분들에 대한 기억으로 오늘을 삽니다. 그러나 살아남은 자는 생각만큼 삶이 주는 피로에 의연하지 못한 것 같습니다. 그럼에도 먼 길 저편 기억의 시선들은 저에게 다시금 깊은 호흡을 하도록 독려합니다. 그래서 세상의 변화보다 앞질러 바뀌어버린 사람들을 보면서 살아남은 자의 부채의식에 더욱 힘이 실리기를 바랍니다. 헛것이 마치 세상 돌아가는 이치인 양하는 잔망스런 변화에 민감한 자신을 추스르고 성찰의 짐을 지우길 바랍니다. 늠름한 민중으로 살아남았다가 마침내 시어짐으로 살아남은 자의 노릇을 다하기를 바랍니다.

그런데 걱정이 앞섭니다. 조 선생님께서 이렇게 글로 기억을 노래한 뒤 그 허허로운 마음을 어떻게 추스르실지 염려가 됩니다. 기억하는 동안 곁에 있어준 소중한 사람들과 다시 작별해야 할 테니 말입니다. 그러나 낯설지 않은 말들과 사람들의 모습에서 위로를 받으시기 바랍니다. 하늘과 땅, 바람과 빛 모두 일초 님의 소중한 분이 그토록 그리워했던 것들입니다. 저 역시 이 땅에 돌아온 지 상당한 시간이 흘렀지만 습관처럼 우울한 기분으로 눈을 뜨곤 합니다. 그러다 불현듯 들리는 소리에 이내 안도하고 설레는 마음이 되기도 한답니다. 내가 눈뜨는 곳이 파리가 아니라 서울이라는 확인은 쇠약한 환자의 손에 꽂힌 링거 병처럼 신속하게 활력을 불어넣어 줍니다.

아시듯이 저는 별로 명민하지 못합니다. 그러나 말씀드릴 수 있습니다.

잘 보이지 않지만 이 땅에도 희망의 거처들이 곳곳에 살아 숨 쉬고 있습니다. 그분들과 함께 숨 쉬고 위로를 나누십시오. 그리고 우리의 공 선생님을 병들게 하지 않았을, 이 땅의 햇살에 잠시라도 게으른 휴식을 취하십시오. 눈이 많이 와서인가 봅니다. 햇살이 무척 화사합니다.

일초(一楚) 조병옥(趙炳玉)은

충남 서산에서 태어남
이화여고 졸업
이화대학교 및 동 대학원 졸업
작곡(서울에서), 리듬학(독일에서) 수업을 받았으며
모교인 이화대학교 음악대학에서 작곡과 전임강사로 재직했고
독일 프랑크푸르트 청소년음악학교에서 리듬학 강사로 활동하다가
남편과 사별 후 미국으로 이주함
귀국 후에는 이화대학교 사범대학 유아교육과에서 리듬학 강의
이화대학교 평생교육원 강사
한국 어린이육영회 부속 음악치료연구소 근무

라인 강변에 꽃상여 가네

지은이 | 조병옥
펴낸이 | 김종수
펴낸곳 | 한울엠플러스(주)

초판 1쇄 발행 | 2006년 8월 1일
초판 2쇄 발행 | 2026년 2월 5일

주소 | 10881 경기도 파주시 광인사길 153 한울시소빌딩 3층
전화 | 031-955-0655
팩스 | 031-955-0656
홈페이지 | www.hanulmplus.kr
등록 | 제406-2015-000143호

Printed in Korea
ISBN 89-460-3552-2 03810

* 가격은 겉표지에 표시되어 있습니다.